若森章孝
植村邦彦
［著］

# 壊れゆく資本主義をどう生きるか

人種・国民・階級 2.0

唯学書房

プロローグ

# 日本はどこに向かうのか

植村邦彦 UEMURA Kunihiko

この報告と対談の企画が最初に立てられたのは二〇一四年の一一月に遡ります。六月に唯学書房からエティエンヌ・バリバールとイマニュエル・ウォーラーステインの共著『人種・国民・階級――「民族」という曖昧なアイデンティティ』(若森章孝ほか訳)が再刊されたのを受けて、彼らが提起した問題を日本の文脈に即して受け止め、それを若い読者にわかりやすい形で伝えよう、というのが基本的な問題設定でした。そのために、その後ほぼ二年間近くにわたって、主に関西大学の若森章孝さんの研究室で折々に行われた報告と対談の記録がこのような形になりました。

この対談が進む中で改めて思い出したのは、ウォーラーステインの次のような言葉でした。「階級も、エスニック集団、あるいは身分集団、あるいは民族＝国民も、世界経済の現象である」(イマニュエル・ウォーラーステイン『資本主義世界経済Ｉ――中核と周辺の不平等』藤瀬浩司他訳、名古屋大学出版会、一九八七年、二八頁)。彼は、同じ論文集の中で次のようにも述べています。「このことは、概念としての階級のあいまいさを説明するものでもある。というのは、階級は世界的規模の経済に関係しているが、階級意識は政治的な、したがって第一義的には国民的現象だからである」（八一－八二頁）。つまり、「階級」は資本主義世界経済という基礎に関わる客観的な分析概念であるのに対して、「階級意識」の方は政治的＝国民的な上部構造に関わる現象なので、対外的な国家間競争の中でナショナリズムの干渉を受ける、ということです。

ウォーラーステインの世界システム論は、民族や国民が自立した自然的な実体ではなく、むしろ「世界システムの函数」として機能する近代的な構築物であることを明らかにしました。そして、ナショナリズムを「国家間システム」内部での階級闘争の一現象として相対化することによって、ナショナリズム理解の転換に大きく貢献しました。それはまた、人種主義が、資本主義世界経済における労働力の「エスニック別編成」を正当化し、現存する国際的社会構造を維持するための「イデオロギー装置」であることを明らかにしました。この点にこそ、世界システム論の思想史的意義があると思います。

他方、ウォーラーステインとの共著『人種・国民・階級』の中でバリバールが主張したのは、個々の労働者自身が主体的に自覚的にナショナリズムと人種主義から自らを解放すること、つまり、移民や外国人労働者を労働市場における競争者（仕事を奪う者）として排除するのではなく、彼らとの連帯を構築すること、でした。

その後のバリバールは、このような立場から実践的な活動を続けています。彼は、フランスで「移民の〈再植民地化recolonisation〉」が生じていることを指摘し（エティエンヌ・バリバール『ヨーロッパ市民とは誰か――境界・国家・民衆』松葉祥一・亀井大輔訳、平凡社、二〇〇七年、九八頁）、それに対して「外国人の、とくに〈移民〉の市民の権利」、とりわけ「滞在権と労働権の決定的な自由化」を主張しています（一一一頁）。彼は、このような移民の権利にかかわるさまざまな闘争の現場（裁判、労働時間をめぐる労働組合の闘争、さまざまな境界の開放と民主化、多文化の実践など）を、まさに「民主主義の建築現場」（三六七頁）と呼んでいます。

この現場での闘いが困難なものであることは、現在のフランスにおけるイスラム嫌悪の広がりからも明らかです。二〇一五年一月七日にはアルジェリア系フランス人による風刺週刊誌『シャルリ・エブド（Charlie Hebdo）』襲撃事件が起き、二〇一五年一一月一三日にはモロッコ系ベルギー人らの戦闘員によるパリ同時多発テロ事件、さらに二〇一六年七月一四日にはニースで在仏チュニジア人によるトラック・テロ事件が起きました。フランスやドイツをはじめとするヨーロッパ諸国では、このようなテロリズムだけでなく、二〇一一年以降のシリア内戦の結果として流入する難民の受け入れ問題も加わって、特にイスラム教徒を標的とした排外主義が高まってきています。しかし、そのような事件に対抗するためにも、「民主主義の建築現場」での作業を地道に積み重ねる以外にはないでしょう。

日本の状況は、もちろんフランスとは異なります。二〇一五年末現在の日本における外国人登録者数は二二三万二一八九人で、日本総人口一億二七〇九万人の一・七五%にあたります。定住外国人の人口比率からすれば、フランスの六・六%、ドイツの八・六%には及びません。しかし、経済状況の悪化が定住外国人を標的とする排外主義的言動を引き起こしているという点では、日本も変わりはありません。二〇一六年五月に「本邦外出身者に対する不当な差別的言動の解消に向けた取組の推進に関する法律」（いわゆる「ヘイトスピーチ規制法」）が成立して、状況が多少は改善されたとはいえ、在日外国人に対するヘイトスピーチや排外主義的意識そのものがなくなったわけではありません。バリバールのいう「民主主義の建築現場」での日々の闘いが、日本でもこれからますます問われていくことになるはずです。

このような意味での排外主義や人種主義に養分を与えているのは、現在の資本主義的秩序が揺らいでいることへの不安だと思います。「資本主義の終わりの始まり」については本書の第5章でも触れていますが、私自身も、ウォーラーステインやアリギと同じように、「資本主義的世界経済の構造的危機」（ウォーラーステイン『近代世界システムⅣ――中道自由主義の勝利1789－1914』川北稔訳、名古屋大学出版会、二〇一三年、八頁）はすでに始まっており、私たちはすでに「長期にわたるシステムの混沌」（Giovanni Arrighi, *Long Twentieth Century: Money, Power and the Origins of Our Time,* New and updated edition, London & New York: Verso, 2010, p. 386）に巻き込まれている、と考えています。

世界的規模で経済成長率（＝資本蓄積の指標）が低下し、特に世界システムの中心部でマイナス成長に陥る国が続出していること自体が、その一つの現れだと思います。ただし、重要なのは、この「資本主義の終わりの始まり」の過程は、それ自体きわめて不均衡な形で進んでいる、ということです。

第一に、資本主義企業にとって「剰余価値の実現」が困難になるという過程は、企業間の業績格差の拡大を伴いながらきわめて不均衡に進行しています。つまり、一方で、利潤を確保して拡大再生産を続ける少数のグローバル企業と、他方で、赤字に転落して倒産し廃業する多数の企業との、両極分解の進行です。この不均衡はたんに企業規模の問題ではなく、日本でもかつては花形だった大規模家電メーカーの多くがここ数年で危機的状況に陥ったことが示しているように、業種による構造的不均衡という形でも現れています。

第二に、このような収益条件の悪化と連動して中心部での労働条件が急速に悪化し、それによって、日本でも国内の階級間格差だけでなく、労働者階級内部の格差が拡大しています。正規のフルタイム職に就くことのできる労働者の割合が低下し、非正規のパートタイム労働者や派遣労働者の割合が増加し、失業率も増加しています。

第三に、ウォーラーステインが指摘するように、そもそも「資本主義とは、経済的損失を政治体が絶えず吸収しながら、経済的利得は〈私人〉[つまり資本家または私企業]に分配されるような仕組みを基礎として」います（ウォーラーステイン『近代世界システムⅠ――農業資本主義と「ヨーロッパ世界経済」の成立』川北稔訳、名古屋大学出版会、二〇一三年、四〇九頁）。日本でも、労働条件の悪化が急速に進み、貧困層の増加に伴って生活保護や失業保険などの社会保障関連支出が増大し、それが国家財政を圧迫しています。財政赤字を補填するために国債発行に依存し続けた結果、日本の政府債務残高は二〇〇九年に国内総生産の二〇〇％を超えてしまいました（IMFによる二〇一五年四月時点の推計値で、GDP比二四六％＝一二三二兆円）。ギリシャやイタリアの財政破綻状態は、けっして他人事ではないのです。

それでは、「資本主義の終わりの始まり」の中で、私たちはそれに対応してどのように生きていけばいいのでしょうか。資本主義が終わるということは、「経済成長」が不可能になる、ということです。「経済成長」が止まるということは、個人消費が低迷し、商品が売れなくなり、利潤を獲得できずに赤字に転落して倒産する企業が増加していく、ということです。大学を卒業して会社に就職し、定年まで同じ会社で勤め上げる、という生活の仕方を選ぶことがますます困難になる、ということです。

そうだとすれば、私たちは、これから次第に縮小していくはずの、会社に雇用されて賃金労働者として働く「第一経済」以外に、副業としての「第二経済」や互酬的な「第三経済」にも足をかけて、危険を分散するとともに生活維持を図る、という複線的な生き方を選択せざるをえなくなるでしょう。

それが本書の第5章でのテーマの一つでもありますが、そのような生活実践はすでに少しずつ始まっています。具体的な生活の現場で、そもそも市場での対価を求めない、身近な人々との「助け合い」や「支え合い」がなければ、そもそも人間の社会は存続できないはずです。「共に分かち合い、共に生きる」ことのできる具体的な人間関係を身近な場所から構築していくこと。その場所で、地域で、年齢や性別や国籍や人種の違いを超えた人間関係を構築していくこと。それが、まさに「民主主義の建築現場」でもあるはずです。そのような生活実践の詳細については、本書の第5章で具体的な例に即して論じていますので、ぜひ読んでいただきたいと思います。

二〇一六年の六月にはイギリスでの国民投票の結果、イギリスのヨーロッパ連合からの離脱が決定しました。一一月にはアメリカの大統領選挙の結果、不法滞在移民の国外追放やイスラム教徒の入国禁止を主張するドナルド・トランプが大統領に選ばれました。世界の各地で、内向きのナショナリズムや排外的な人種主義の波は収まりそうにありません。そのような時代だからこそ、世界システムがどのように変化していくのか、世界はどこに向かうのか、私たちは目をこらして見ていく必要があります。そのような中で私たちは、本書を読むことが、日本がどこに向かうのか、あるいはむしろ、日本をどのような方向に向けていったらいいのかを考えるヒントになることを祈っています。

目次

# 壊れゆく資本主義をどう生きるか

人種・国民・階級2.0

How to Survive the Collapse of Capitalism

対談

# 第2章 国民/ナショナリズム

植村邦彦
UEMURA Kunihiko

対談

# 第3章 人種／レイシズム

植村邦彦
UEMURA Kunihiko

対談

# 第4章 階級/階級闘争

若森章孝
WAKAMORI Fumitaka

# 第1章

# 新自由主義と自由、民主主義

WAKAMORI Fumitaka
若森章孝

新自由主義とは、一言でいえば、競争的市場秩序の構築とその担い手である大企業の利益のために、国家の権力をどのように利用するかについての理論と思想です（若森［二〇一三］六九－九〇頁）。それゆえ、新自由主義をケインズ主義的福祉国家［▼1］の大きな政府［▼2］に代わる「小さな政府」の主張として理解する見方は誤りです。また、新自由主義を「市場原理主義」として理解する見方は、間違いではありませんが、国家の権力の用い方や国家と企業との癒着を問わないならば、不正確な議論です。新自由主義について、これまで経済学、政治学、社会学はそれぞれ別々の問題関心から議論してきました。経済学は、新自由主義の導入による格差の拡大と金融危機（バブルの崩壊）に注意を注いでいます。政治学は、新自由主義時代における民主主義の後退に警鐘を鳴らしています。社会学は、セキュリティ（安全と安心）と自由との関連を問い、新自由主義時代における自由の不確かさに関心を持っています。新自由主義の本質を解明し、その社会への計り



［▼1］一九二九年の大恐慌とそれに続く一九三〇年代の長期不況と大量失業の経験を経て、第二次大戦後の先進国の国家は、マクロ経済の不安定化と失業を防ぐという新しい経済的役割を果たすようになった。国家が財政支出を操作することによってマクロ経済を安定化する理論はケインズによって体系化されたので、国家の新しい経済的役割はケインズ主義と呼ばれる。また、戦後の国家は家計や企業が支払う租税や社会保険負担金を財源にして、医

知れない影響を理解するのは容易なことではありませんが、そのためには経済学、政治学、社会学がそれぞれの境界を超えることが必要です。また、リップマン・シンポジウム[▼3]（一九三八年）やモンペルラン会議[▼4]（一九四七年）に見られるように、新自由主義の生誕には経済学のみならず、哲学や歴史学、法学も関わっていることを想起するならば、新自由主義の全体像を明らかにし、そのオルタナティブを探求する作業には、社会科学のすべての知恵の結集が求められているのです。

## 1　新自由主義の起源と国家の役割の再定義

一九八〇年代初頭からイギリスやアメリカを中心に、規制撤廃、民営化、社会保障支出削減という三本柱の政策理念を過激に実行に移してきた新自由主義は、ケインズ主義的介入主義と福祉国家の行き詰まり、とくに経済停滞（不況と失業）と物価上昇が併存する状態を意味するスタグフレーションに対する解決策として登場しました。そのために、新自由主義は一九三〇年代に自由放任主義を主張する一九世紀的な自由主義の危機から生まれ、自由主義の再生プログラムを起源にしている、ということがしばしば忘れられられています。

療や年金、教育などの福祉サービスを提供するようになり、福祉国家が誕生した。福祉国家の発展はケインズ主義によってマクロ経済が安定し、福祉の財源が規則的に得られることを前提にしている。このような新しい経済的役割と福祉サービスを提供する国家はケインズ主義的福祉国家と名付けられた。

[▼2]　小さな政府を主張するフリードマンやスティグラーなどの新自由主義者（市場原理主義者）がケインズ主義的福祉国家を批判する際に用いる用語として生まれた。大きな政府論は、マクロ経済の安定化や社会資本の整備、社会の平等や福祉の充実、完全雇用などを実現しようとする政府の

第一次世界大戦後の主要資本主義諸国では、再建された金本位制と各国通貨の安定を維持するための緊縮政策が政府の介入によって実施されたので、雇用の創出や失業手当の維持を求める労働者の要求は無視され、広範な人びとは市場経済の過酷さを耐え忍ぶことが求められました。そして、各国の緊縮政策は、再建された金本位制のもとで世界経済を再び繁栄させるという意図とは正反対の結果をもたらし、一九二九年の大恐慌と各国の金本位制からの離脱を契機に、一九三〇年代の世界経済の崩壊と大量失業につながりました。このような緊縮政策（社会政策と民主主義の抑制）は、世界経済危機という一九二〇年代から一九三〇年代の歴史的文脈のなかで、多くの人びとが資本主義的市場経済に期待を抱かなくなり、社会主義や全体主義に解決策を求める事態が生じたのです。

## 新自由主義の起源とリップマン・シンポジウム

自由主義の危機の原因とその再生のための課題を探るために、一九三八年八月にリップマン・シンポジウムがパリで開催され、フランス、ドイツ、アメリカ、オーストリア、イギリスなどから参加した経済学者、哲学者、歴史家、ジャーナリスト（総計二六名）がこのような自由主義の危機に対して、次のような診断を下しました。



介入を、市場競争や企業活動、消費者の購買欲を委縮させ、失業や低成長をもたらすだけであると批判し、規制緩和や民営化、市場化、金融化を推進する「小さな政府」を提唱した。

［▼3］自由主義の危機の原因を探りその再生の道を探るために、多様な自由主義者が結集した最初の国際会議で、リップマンの『良き社会』のフランス語版の刊行を記念して、一九三八年の八月二六日から三〇日までの五日間にわたりパリで開催された。このシンポには、ハイエク、ミーゼス、レプケなど、二六名が参加した。自由主義の再生を志向する思想潮流を新自由主義と呼ぶようになったのはこの会議からである。

第一に、国家が普通選挙制と議会制民主主義のもとで、失業保険などの福祉国家の発展と労働組合の要求に応じた賃金上昇を許した結果、一方で市場経済の価格調整システムが損なわれ、他方で国家が労組などの特定の職業団体の利益を実現する経済国家に変質してしまった。

第二に、市場の自己調整機能を信頼する自由主義は、市場経済の拡大によって生み出された失業や貧困などの社会問題を一時的な不均衡ないし摩擦として考え、このような経済的摩擦がその犠牲者にとっては不正義や失望を意味することを理解できず、適切に対応することができなかった。

第三に、自由放任主義を信奉する一九世紀の自由主義者たちは、自由主義国家が果たすべき積極的役割を軽視し、価格メカニズムと両立しうる国家の介入形態についての研究を怠ってきた（権上康男［二〇〇六］四八－四九頁）。

以上のような診断に基づいて、自由主義国家の介入の形式と可能性、その限界に関する問題が、リップマン・シンポジウム参加者の最大の関心事となりました。自由主義の危機における国家介入の再定義を通して、新自由主義が誕生したのです。

危機に陥った自由主義の再生というリップマン・シンポジウムの課題は、フリードリヒ・ハイエク[▼5]の呼びかけによって一九四七年四月にスイスのジュ



［▼4］ハイエクの呼びかけによって一九四七年四月一日から一〇日までスイスのジュネーブ近郊のモンペルランで開催された、二〇世紀後半の自由主義再生の知的・思想的運動の出発点となった会議。この会議を契機に生まれたモンペルラン協会は、世界各国に新自由主義の研究と政策立案のためのシンクタンクをつくり、政財界や国際機関、ジャーナリズムに大きな影響力を発揮するようになった。会議には、ハイエク、ミーゼス、レプケ、リュストウに加えて、シカゴ学派のフリードマンやナイト、ディレクター、イギリスLSEのロビンズ、ドイツの秩序自由主義のオイケンなど、三九人が参加した。法学者や歴史学者、ポッ

ネーブ郊外で開催されたモンペルラン会議に引き継がれました。この会議に参加した三九人の出席者には、ハイエクやルートヴィヒ・フォン・ミーゼス[▼6]に加えて、後に新自由主義の支配的潮流となるシカゴ学派[▼7]のミルトン・フリードマン[▼8]、フランク・ナイト、アーロン・ディレクター、イギリスのLSEのライオネル・ロビンズ、ドイツの秩序自由主義のヴァルター・オイケン、ヴィルヘルム・レプケ、アレクサンダー・リュストウ、マイケル・ポランニーやカール・ポッパーのような哲学者が含まれていました。計画化と福祉国家が資本主義経済の支配的な政策理念となった第二次世界大戦後の時代状況という逆境のなかで、新自由主義のさまざまな潮流が孤立感と無力感を味わいながら参加したモンペルラン会議は、二〇世紀後半における自由主義再生の知的・思想的運動の出発点となったのです。具体的には、この会議を契機に生まれたモンペルラン協会は、世界各国に新自由主義の研究と政策立案のためのシンクタンクを作り、一九七〇年代には大学やジャーナリズム、国際機関、政財界、世論形成に絶大な影響力を発揮することになります。また、ハイエク、フリードマン、ジェームズ・ブキャナンなど多数のノーベル経済学賞の受賞者がここから輩出されました。

### モンペルラン会議の主張——国家による競争的秩序の構築



パーのような哲学者もごく少数ではあるが参加している。

[▼5] Hayek, Friedrich August von (1899–1992)。オーストリア出身の経済学者で、ウィーン大学卒業後、ロンドン大学教授、シカゴ大学教授、モンペルラン協会初代会長などを歴任。一九七四年にノーベル経済学賞を受賞。一九四四年刊行の『隷従への道』で、ファシズムと社会主義の双方を全体主義として一括批判するとともに、当時イギリスで進展しつつあった福祉国家を市場経済の機能と個人的自由を侵害するものとして激しく批判した。彼は未知の情報や知識が価格シグナルの適切な機能を通じて効果的に伝達され利用される

モンペルラン会議では、リップマン・シンポジウムで争点の一つとなった社会問題への国家の介入とその可能性についてはほとんど議論にならず、議論の焦点は、ハイエクが基調報告「自由企業と競争的秩序」において提起した、「競争的秩序を作り出すために国家権力をどのように用いるべきか」という問題に当てられました。ハイエクは、市場の競争的秩序は自生的に自動的に生まれるものではなく、国家の法的介入（強制される法的枠組み）を通じて創出されるべきものであり、競争と価格メカニズムは国家の介入を方向づける原理、秩序を与える原理として理解されねばならない、という主張を提起しました。さらに彼は、法的介入による競争的秩序の構築の具体例として、カルテルや独占を規制する立法措置のみならず、労働組合を普通法のなかに取り込んで競争的労働市場を復活させることを提唱したのです。会議では競争的秩序と国家介入の形態を中心に議論が展開され、ハイエクやオイケンなどの選出された六人によって最終的な議論の到達点を総括する声明文の草案が作成されました。一〇項目からなる声明文には、「個人の自由は、有効な競争市場が経済活動の主要な調整機能を果たす社会においてのみ維持される」「有効な競争秩序はそれに適応した法的・制度的枠組みに依存する」「自由な社会の破壊に導いた知的誤りのうちでもっとも危険なものは歴史的決定論である」といった、モンペルラン新自由主義のコアにある理念と主張を端的に表明

ことを、市場の本質的機能として理解し、この視点から価格機能を欠く社会主義経済を批判した。主な著書に『個人主義と経済秩序』（一九四九）、『自由の条件』（一九六〇）などがある。

[▼6] Mises, Ludwig Heinrich Edler von (1881–1973)。オーストリア出身の経済学者。ウィーン大学教授、ニューヨーク大学客員教授などを歴任。一九四七年にアメリカに帰化。初期の貨幣理論では、銀行のしい的な信用創造を排して貨幣価値を安定させるために、金本位制をとるべきことを主張した。思想的には自由の培養器としての市場経済を信奉し、生産手段の私的所有と、合理的な価格計算の基礎になる市場メカニズム

する項目が含まれています。しかし、会議では声明文草案について異論が続出し、結局、ロビンズによって作り直された、前文と六項目の研究課題からなる現行の「モンペルラン協会の声明」（一九四七年四月七日）が採択されました（若森［二〇一三］）。

これらの項目は、国家の介入による競争的秩序の構築という新自由主義のコアにある主張を明確に表現していないとはいえ、「全体主義的秩序と自由な秩序をより明確に区別する、国家の諸機能の再定義」や自由と私的所有権の侵害を許さないように「法の支配を確立する方法」など、国家の役割を定義し直すことを中心に構成されていることは明らかです。このように、「新自由主義はなによりも、市場とそのもっとも重要な参加者である現代企業の成功を保証するために国家をいかに再起動させるかについての理論」（R.V. Horn and P. Mirowski［2009］p. 161）として生まれたのです。

一九三八年のリップマン・シンポジウムから一九五〇年代のモンペルラン協会の研究集会までは、さまざまな新自由主義の潮流が存在していました。競争的労働市場の均衡を妨げ慢性的失業を生み出す要因として労働組合や失業給付を非難するハイエクやミーゼスなどのオーストリア学派［▼9］、労働組合に独占禁止法を適用すべきだとするシカゴ学派のフリードマンやディレクター、価格メカニズムと両立する限界内で自由主義が社会問題に対応する方策（市場経済の原理と議会制



とを通じてのみ、経済システムの合理的な運営が可能になると主張し、そのようなメカニズムを欠く社会主義的計画経済は実行不可能であると論じた。また、内省的な人間行為に基礎を置く市場過程の分析は、新オーストリア学派の先駆的な業績となった。おもな著書には、『共同経済——社会主義研究』（一九二二）、『人間行為論』（一九四九）などがある。

［▼7］政治と政府の役割をできる限り少なくし、自由市場を強く求める経済学者の集団で、アメリカのシカゴ大学を拠点としている人びとの総称。一九二〇年代にシカゴ大学経済学部を中心に形成される。一九五〇年代にシカゴ学派の第二世

民主主義によって選択される政策目標との調整）を提唱するフランスの経済学者ジャック・L・リュエフ、国家の介入による競争的秩序の構築を主張しながらも、労働や食糧、企業や家計を競争秩序の適用対象外（労働力と土地の脱商品化）として考えていたリュストウやヴァルター・オイケンなどのドイツのオルド（秩序）自由主義者[▼10]、失業や貧困といった労働者の苦痛や不満は法律や制度、教育、社会慣習が市場経済の変化に適応していないことから生じていると考え、法律の変更による社会秩序の改革を主張したアメリカのジャーナリスト、ウォルター・リップマン、といった多様な新自由主義が、自由主義の再生と国家介入の可能性をめぐって意見を戦わせていました。

## シカゴ学派の新自由主義

しかし、一九六〇年代になると、レプケをはじめとするヨーロッパの会員がモンペルラン協会から退会し、協会は次第にシカゴ学派を中心とするアメリカ人によって主導されるようになります。フリードマンやディレクターによって指導された一九五〇年代以降のシカゴ学派は、「独占は競争秩序と民主主義に敵対的である」という初期のモンペルラン協会の見解（ハイエクとドイツの秩序自由主義が共有していた見解）を変更して、「独占的企業は競争の妨害者ではなくむしろその促進



代に当たるフリードマンやスティグラー、ウォーリスなどによって開始された、市場の自由化と規制緩和を求めるその政策理念は一九八〇年代にケインズ主義に代わって主流派になった。

[▼8] Friedman, Milton (1912–2006)。ニューヨーク出身の経済学者。コロンビア大学で博士号取得。一九四六年から一九七六年までシカゴ大学で教鞭をとる。一九七六年、ノーベル経済学賞受賞。フリードマンは、経済が不安定なときは、政府が財政政策を通じて市場に介入すべきである、というケインズの考え方を否定し、マネーサプライ（市場に流れる通貨の供給量）の伸びを固定しておけば、経済はうまく回る、というマ

者になっている」「独占の価格への影響は誇張される傾向にある」といった独占肯定論を主張するようになります。このシカゴ学派における新自由主義の変質を象徴する出来事が、私的独占の規制・解体論者から規制の撤廃論者への転向、いわゆる「スティグラーの転向」です。一九五〇年代後半にシカゴ大学で産業組織論ワークショップを開始したジョージ・スティグラーは、「集中度の高い市場でも、あたかも競争的であるかのように作動している」ことを実証して見せました（スティグラー［一九八二］）。

また、フリードマンは一九六二年に刊行された『資本主義と自由』のなかで、国家の介入による競争的秩序の構築という新自由主義の政策理念を具体化し、①競争秩序を妨げる規制や規則の撤廃、②国家が所有する企業や施設の民営化（民間への売却）、③社会保障支出の大幅削減、の三つを柱とする自由市場経済実現のための実践的な提言を行いましたが、この提言のうちには、自由な企業活動を妨げる輸入関税や産業規制、銀行規制、金利規制、最低賃金の撤廃、医療や郵便事業、教育、年金の民営化、社会保障制度の削減などが含まれています（フリードマン［二〇〇八］八五－八七頁）。

フリードマンの提言は、個人の自由を保障するための競争的秩序の構築というハイエク的な新自由主義の当初の理念を逸脱して、制約なき経済的自由を手に



ネタリズムの体系を確立した。フリードマンの主張は、一九八〇年前後に誕生したイギリスのサッチャー政権やアメリカのレーガン政権の政策に大きな影響を与えた。主な著書に、新自由主義（市場原理主義）のバイブルとなった『資本主義と自由』（一九六二）がある。

［▼9］カール・メンガーを祖とし、彼が一八七一年に刊行した『国民経済学原理』を起点とする一連の経済学者の集団の呼称。メンガーは、ワルラスやジェヴォンズと同様に労働価値説あるいは生産費説に基礎をおいた古典派経済学を批判し、限界効用＝主観的価値理論に基づく新しい経済学の体系を樹立しようと試みた。メンガーの後継者に、

入れた巨大企業に、国家そのものと社会保障分野を新しい市場フロンティアとして提供するシナリオを意味しています。強い国家による競争的秩序の構築(規制撤廃)を掲げるフリードマンは、他方で国家自体の市場化(民営化、社会保障費の削減)を求めているのです。このような民営化・規制撤廃の強行を推し進める、労働者の要求を排除した強い国家と巨大企業との同盟を、『ショック・ドクトリン』の著者のナオミ・クライン[▼11]は「コーポラティズム」(クライン[二〇一一]二〇、一一九頁)と名づけ、「シカゴ学派の経済学のもとでは、植民地のフロンティアにあたるものが国家であり、今日の征服者[多国籍企業]は、かつて先祖たちがアンデスの山々から金や銀を持ち帰ったときと同じ非常な決意とエネルギーをもって、国家を略奪する」(同上、三四一頁)と述べています。フリードマンの新自由主義は、新しいフロンティアを貪欲に求める巨大多国籍企業の利害と合致しているのです。二〇〇五年に刊行された『新自由主義小史』(渡辺治監訳『新自由主義――その歴史的展開と現在』)のなかで、デヴィッド・ハーヴェイ[▼12]が与えた次のような新自由主義の定義は、フリードマンによって代表されるシカゴ学派の思想と理論を特徴づけるものとなっています。

「新自由主義とは何よりも、強力な私的所有権、自由市場、自由貿易を特



ベームバヴェレク、ヴィーザー、ミーゼス、ハイエク等の経済学者がいる。

[▼10] 一九三〇年代の大量失業や長期的不況を打破するために、経済危機に無力な一九世紀的な自由放任的自由主義を批判し、国家の積極的な介入によって独占や労働組合の影響力を取り除き、市場の競争秩序を構築することを主張した、ドイツで生まれた経済政策思想で、新自由主義の源流の一つとされる。その名前は一九四八年にオイケンを創始者として刊行された学術雑誌『オルド』に由来する。オルドはラテン語で「秩序」を意味する。秩序自由主義には、フライブルク学派のオイケン、ベーム、ミクシュ、社会学的新自

徴とする制度的枠組みの範囲内で個々人の企業活動の自由とその能力とが無制約に発揮されることによって人類の富と福利が最も増大する、と主張する政治経済学的実践の理論である。……国家の役割は、こうした実践にふさわしい制度的枠組みを創出し維持することである」（ハーヴェイ［二〇〇七］一〇頁）。

さらに、シカゴ学派の新自由主義は、国家を新古典派理論の中心問題として把握したジェームズ・ブキャナンの公共選択の理論［▼13］に見られるように、政治領域の大部分があたかも市場過程であるかのような理論的革新を展開し、すべての政策が投票者および政治家の経済的利害によって説明されます。その結果、国家は理論的には市場領域と区別されなくなり、市場がより効率的に提供できるだろう結果を達成するための劣った手段であると説明されます。「公共選択の理論とは政府の失敗の理論である」というブキャナンの言葉が意味するように、政治的市場における公共財の調達は、市場における交換を通しての合意（満場一致）と比較すれば、つねに政治的意思決定（多数決）の欠陥を含んでいるとして非難されるのです。



由主義のリュストウ（イスタンブール大学）、レプケ（マールブルク大学）、社会的市場経済派のミュラー＝アルマック（ケルン大学）などが属している。

［▼11］Klein, Naomi（1970－）。カナダ出資のジャーナリスト、作家、活動家。第一作目の『ブランドなんか、いらない――搾取で巨大化する大企業の非情』（松島聖子訳、はまの出版、一九九九年）で反グローバリゼーションの旗手として評価される。その後、『ショック・ドクトリン――惨事便乗型資本主義の正体を暴く』（幾島幸子・村上由見子訳、岩波書店、二〇一一年）では、徹底した市場原理主義を主張したシカゴ学派のミルトン・フ

## 2　新自由主義における自由と民主主義
### ——ハイエクからフリードマンへ

国家の権力を競争的市場秩序の構築のために系統的に動員する新自由主義は、競争秩序から排除された人びとを不可避的に生み出し、社会のなかに格差の拡大を作り出しています。そのような格差社会、不平等な社会を作り出すにもかかわらず、新自由主義は大企業ばかりか広範な人びとにも訴える魅力を備えています。新自由主義の思想的アピール力は、社会生活における国家機能の縮小と政治領域の最小化を通じて個人の自由を拡大するというユートピア的な約束にあります。この政治領域の絶えざる縮小による個人的自由の拡大という自由市場経済のユートピアは、ハイエクよりもフリードマンの方が過激になっています。新自由主義、とりわけシカゴ学派の新自由主義は、民主主義を回避する理論を作り上げた、ともいえるでしょう。

### ハイエクと個人的自由の条件としての法の支配

ハイエク(一八九九－一九九二年)は『隷従への道』(一九四四年)、『個人主義と経済

リードマンを批判。アメリカの自由市場主義がどのように世界を支配したかという構造を暴いた。

[▼12] Harvey, David (1935－)。イギリス出身の経済地理学者。ジョンズ・ホプキンス大学教授、オックスフォード大学教授を経て、現在、ニューヨーク市立大学名誉教授。その著書に、『新自由主義——その歴史的展開と現在』(渡辺治監修、作品社、二〇〇七年)、『〈資本論〉入門』(森田成也・中村好孝訳、作品社、二〇一一年)、『資本の〈謎〉——世界金融恐慌と21世紀資本主義』(森田成也・大屋定晴・中村好孝・新井田智幸訳、作品社、二〇一二年)、などがある。

秩序』(一九四九年)、『自由の条件』(一九六〇年)、『哲学、政治学、経済学の研究』(一九六七年)、『法と立法と自由』(一九七三、一九七六、一九七九年)において、議会制民主主義のもとでの福祉国家の発展は法の支配の後退をもたらし、個人の自由を危機に陥れる全体主義への道につながる、という議論を展開し、有効な競争的秩序を作り出すための国家の法的介入、および個人の自由の条件としての「法の支配」について研究しました。彼が法の支配として説明している中身は、「形式的なルール」と「実体的なルール」との区別に関してです。両者の区別は、法の支配によって想定される法(law)の概念、つまり、一般的な状況に適用されるルールと、特定の状況や目的・必要を満たす法令(measures)または命令、つまり意的なルールとの違い、として説明されます。ハイエクは『隷従への道』のなかで、国家によって制定されるルールが法の支配の理念によって想定される一般的ルールであるべきことについて、次のように述べています。

「国家は、一般的な状況に適用されるルールのみを制定すべきで、時間と場所の状況に依存するすべてのことは、個人の自由に任せなければならない。というのも、それぞれの場に立っている個人のみが、その状況を十全に把握し、行動を適切に修正できるからである。そして個人のそういう知



[▼13] 公共選択の理論はいわば政治家や公務員の悪意を想定したモデルであって、政治的アクターは市民の声ではなく、自己の利益を最大化するように行動する。新自由主義と公共選択の理論とは、政治的領域の縮小と市場の範囲・影響力の拡大を主張する点で共通性をもっている。

識が自らの計画の作成に有効に使われるためには、計画に影響を及ぼす国家の活動が予期できなければならない」（ハイエク［一九九二］九六頁）。

ハイエクは、個人の自由の条件としての一般的ルールの意義を指摘したうえで、法の支配は一般的ルールが諸個人によって適用される結果に無関心であるべきだ、ということを強調します。実質的平等を要求して一般的ルールの適用の結果を修正する措置は、特定の状況や特定の団体の利益を優遇する恣意的なルールであって、個人の自由を侵害する、というのです。彼は老齢年金や失業保険のような再分配政策を批判します。なぜなら、法の支配の達成は、二〇世紀における議会制民主主義において発達した国家の経済的介入（社会政策）や福祉国家をできるかぎり縮小させることを条件とするからです。しかし、民主的政治のもとでは法律が議会と政府によって決定されるほかないとすれば、個人の自由の条件としての法の支配と民主的政治には対立的関係が含まれていることになります。

では、どうすれば民主主義による多数派の支配を退けて、国家による法の支配を達成することができるのでしょうか。個人的自由の条件としての法の支配は、政治的自由との対立をどうすれば回避できるのでしょうか。

一つは、自由を議論する論法を変え、そのような論法を大衆の日常的意識にまで浸透させることです。ハイエクは『自由の条件』のなかで、普通の人びとが法の制定や政権選択に参加する政治的自由は、彼らに個人的自由の実質を与えるものではない、とまでいい切っています。ハイエクが提案する自由とは、競争的市場秩序の転変の過程に投げ込まれた諸個人がもちうる、ささやかな「経済的自由」です。市場経済に基づく社会は「複雑な社会」であり、予見可能な伝統的社会とは違い、「ある人の行為の影響がその人の視界の範囲をはるかに超えて広く及ぶ」社会であって、「個人は、誰が作ったのかわからない一見非合理的とも見える社会の諸力に服従する必要がある」社会なのです。ハイエクは、物的福祉の保障では勝っているかもしれない計画化や福祉国家が個人の自由を侵害することを批判しながら、市場の非人格的な諸力を、個人の自由と大衆の福祉の確保のための主要な手段である、と位置づけています[▼14]。市場の非人格的諸力に従うことは、たとえ物的には「すずめの涙」ほどの福祉しか得られないとしても、個人の自由の確保という点では福祉国家や計画化よりもすぐれている、というハイエクの論法は、新自由主義を信奉する〝大司教〟が、政治的自由の権利を忘れて市場経済の変動に適応する仕方を選択する自由を学習するよう、大衆に向かって説教しているかのようです。自由を議論する論法が、政治的なものから経済的なものに転換されているのです。



[▼14] ハイエク(『自由の条件』一九六〇)が認める福祉政策は、自由な市場秩序を侵害しないものとして理解された次の三点である。
①絶対的貧困水準を克服するための最低所得保障
②個人の権利としてではなく、病気、加齢、失業を含む個々人の不運を社会で一括して管理するために、国家が強制する公共財としての社会保険制度
③知識の交換や伝播に必要な義務教育の確立(教育バウチャーを支持)

多数派の支配を退けて国家による法の支配を達成するもう一つの方法は、競争的秩序が自生的に維持できない経済危機の場合や、権力を握った多数派（大衆）が国家の経済介入（国有化や再分配政策）を強めて民主主義と市場経済が対立する場合に、民主主義の機能を一時的に停止させて国家による法の支配を権威主義的政府によって回復させるやり方です。新自由主義の説く法の支配は、潜在的あるいは暗黙のうちに「例外状態」を想定し、民主主義を排除する権威主義によって法の支配と市場経済秩序を守る、という論理を含んでいるのです。

## フリードマンと政治領域の縮小による自由の拡大というユートピア

競争的市場を信奉するシカゴ学派の旗手であるミルトン・フリードマン（一九一二―二〇〇六年）は、『資本主義と自由』（一九六二年）において、「政治領域の縮小による自由の拡大」という主張を展開しましたが、「資本主義と自由はイコールである」とするこの主張には、法の支配と民主主義（政治的自由）とのジレンマというハイエク的な難問を解消する効果があります。政治領域が縮小し政治的自由の影響力がなくなるならば、市場領域の拡大と経済的自由（選択の自由）の規制されない行使が個人的自由を拡大する方法として現れます。

フリードマンは、競争的資本主義を、広範な相互依存関係と個人の自由を調和させる仕組みとして捉えていますが、ここでは、政治の場での合意を市場での合意によって代替することが、自由な社会における合意の理想として理解されています（フリードマン［二〇〇八］六八頁）。彼によれば、市場を通じた調整は、個人が自発的に交換し助け合うやり方であり、国家の強制を必要としない調整の様式なのです。

「市場の役割は強制によらずに合意を導く役割を果たすことである。いわば市場は、実質的な比例代表制として機能する。……政治の関与は避けがたいが、政治の場での意見調整は、社会の安定を成り立たせている市民の関係にひびを入れやすい。……合意の表明が求められる範囲が広がるほど、人々を結びつけている絆は危うくなる。……市場が広く活用されるようになれば、そこで行われる活動に関して無理に合意を強いる必要がなくなるので、社会の絆がほころびる恐れは減る。そしてそういう問題が減れば減るほど、自由な社会を維持しつつ合意に達する可能性は高まっていく」（フリードマン［二〇〇八］六六－六八頁）。

このようなフリードマンの主張によれば、強制によらずに合意を導く市場の



［▼15］政府にゆだねるべきでない事業（温情的配慮による政府の介入は、多くの点で自由主義者にとって望ましくない）は以下のとお

役割が、強制や妥協や不満をともなう政治領域における意見調整にとって代わることは、人びとの絆を維持し自由な社会を達成する方法なのです。強制は、政治領域には存在するが市場領域には存在しないという想定のもとで、強制や規制のない、企業にとって理想的な純粋資本主義の実現が自由な社会の達成と等値されています。企業の自由な活動という、企業家(つまり資本家)のユートピアと個人の自由とが同一視されているともいえるでしょう。国家の権力を用いて作られた競争的秩序に基づく資本主義が、伝統的マルクス主義が理想として描いた共産主義と同じように、強制のない自由な社会の条件として理想化されているのです。

　フリードマンは、自由な社会における政府の役割を、市場を通じた諸個人の合意に委ねることのできない事項、すなわち、ゲームのルールの決定と審判に限定します。具体的には、自由な社会の政府の管轄事項は、①法と秩序を維持し個人を他者の強制から保護する(法の支配)、②自発的に結ばれた契約の履行の保障、③財産権の定義と、その行使の保障、④通貨制度の枠組みの用意、という四項目に最小化されねばなりません。いい換えれば、すでに指摘したように、彼が「政府に委ねるべきでない事業」[▼15]と考える一〇項目(輸出入の関税や最低賃金の規制、老齢年金などの社会保障制度、公営住宅など)は、国家の権力を用いて規制撤廃されるか、民営化される必要があります。「競争的資本主義と自由とは切っても切り離



り(フリードマン[二〇〇八]八五-八七頁)。

⑴農産物の買い取り保証価格制度
⑵輸入関税または輸出制限
⑶産出規制
⑷家賃統制、物価統制
⑸最低賃金や価格の上限
⑹産業規制、銀行に対する規制
⑺ラジオとテレビの規制
⑻現行の社会保障制度、特に、老齢・退職年金制度
⑼事業・職業免許制度
⑽公営住宅および、住宅建設を奨励するための補助金
⑾徴兵制
⑿国立公園
⒀営利目的の郵便事業の法的禁止
⒁公営の有料道路

せない関係にある」(フリードマン[二〇〇八]八頁)というフリードマンの教義は、国家の権力を用いて競争的市場経済の妨げとなる不純物を取り除き、公的領域(社会保障分野、郵便事業、学校、電話事業、水道事業、航空路線、公共電波、油田など)を新たな利得が見込めるフロンティアとして巨大企業のために開拓しようとする、先進国ではレーガン政権やサッチャー政権によって強行された一種の資本主義革命を想定して組み立てられているのです(中山[二〇一三])。

このような、新自由主義による民主主義の回避理論の優勢を決定づけたのは、一九八九年のベルリンの壁崩壊とそれに続く社会主義体制の解体、そして市場経済への急速な移行をめぐるプロセスの帰趨です。その当時、アメリカ国務省の政策立案スタッフであったフランシス・フクヤマは、一九八九年の冬、シカゴ大学で「われわれは歴史の終わりに近づいているのか?」という講演を行い、共産主義の崩壊は急進的資本主義(経済領域の規制撤廃)と政治領域の民主主義の融合による「人間の統治の最終的形態」をもたらす、と主張しました。その主張は、東欧やソ連の内部で生まれていたもう一つの統治の可能性、すなわち、人びとが独裁体制を打倒する過程で苦労して手に入れた民主的な力を行使して、自分たちの国の将来を決める当事者になり、すべての公的事柄の主要な決定に発言権を持つようになる可能性を、あらかじめ封殺することに道を開きました(クライン[二〇一一・上〕二五六―二五八頁）。このフクヤマの主張は、一九九二年に『歴史の終わりと最後の人間』（フクヤマ〔一九九二〕）として刊行されました。

また一九八九年には、世界銀行とIMFによって、資本主義と自由を等置するフリードマンの『資本主義と自由』の資本主義改革案をベースにした「ワシントンコンセンサス」が発表され、シカゴ学派の新自由主義が各国の経済危機の唯一の解決策として世界的規模で推し進められることになりました。ワシントンコンセンサスは、①財政赤字の是正、②補助金カット、③税制改革、④金利の自由化、⑤競争力ある為替レート、⑥貿易自由化、⑦直接投資の受け入れ促進、⑧国営企業の民営化、⑨規制緩和、⑩所有権法の確立、という急進的自由市場改革のための一〇項目から成っています。実際、旧体制の崩壊と混乱のなかの東欧諸国やソ連において、自由市場と自由とは切り離せないという新自由主義のプロジェクトが、シカゴ学派のエコノミストの処方箋に従い国家の権力を用いて実行に移されました。

インフレと債務の悪化によって経済危機に直面したポーランドでは、ボリビア経済をIMFとともに再生させたことで有名なジェフリー・サックス（今日では貧困問題の専門家）の指導のもとで、新自由主義的な経済改革計画（経済ショック療法）が典型的に実施されました。このように、一九八九年から九〇年代前半における旧社会主義圏の「非常事態」のなかで、新自由主義的経済改革計画は国家の権力を使って、「民衆が苦労して手に入れた民主的力」の行使を抑圧するかたちで実行に移されたのです。フクヤマのように、一九八九年に始まる社会主義体制の崩壊と市場経済移行国の大量出現を、全体主義または独裁体制の終わりと自由民主主義の勝利であるかのように、自由の理念に挑戦してきた平等の理念の失脚として総括するのは一面的であり、各国の新自由主義的経済改革が民衆による民主的力の行使を制限する形で実行に移されたことを忘れてはなりません。

## 3　社会政策の個人化と新自由主義的統治

一九八〇初頭から主導権を握った新自由主義は、「強い国家」による法的制度的介入を通して、具体的には一連の規制緩和、民営化、自由化などによるゲームの規則の変化を通じて、競争的市場秩序の構築を推進してきました。サッチャー主義やレーガン主義には、市場競争の原理によって、国家による経済と社会への介入を方向づけ、国家の法的介入を通して競争秩序を作り出し、より有効な競争秩序を作るために法的体制をたえずバージョンアップしなければならない、という新自由主義のコアにある思想が脈打っています。国家介入の再定義と新自由主義の誕生とが一体のものであることを想起するならば、ケインズ主義的福祉国家にとって代わる国家とは、何よりもまず、市場に有効な競争を作り出すために積極的に介入する新自由主義市場国家、あるいは新自由主義的な法的介入主義国家であるといえるでしょう。

このような法的介入主義は、ゲームの規則を構成し、そのもとで経済競争が繰り広げられることを通して、競争秩序が作り出されるのです。この場合、競争は、それぞれが目標を立て戦略的に行動する経済主体(企業)の間の関係を調整する様式として作用します。つまり、フォーディズムを調整した労使妥協は、新自由主義においては競争による調整にとって代わられたのです。

ミシェル・フーコー[▼16]によれば、法的介入主義は資本主義の画期的な制度的革新であり、法の支配を経済領域に適用したものです。彼は『生政治』の一節で、法の支配を計画化の反対物として定義したハイエクの『隷従への道』の一文を巧みに引用しながら、制度的革新としての法的介入主義について説明しています。フーコーの説明は、これまで誰も理解していなかった、新自由主義における法(経済に形式を与えるものとしての法)と経済(ゲームとしての経済的活動)の関係に焦点を当てています。やや長くなりますが引用します。



[▼16] Foucault, Michel (1926–1984)。フランス出身の哲学者、社会学者。一九六〇年後半から一九七〇年後半頃に誕生したポスト構造主義における代表的な思想家の一人。その著書に、『狂気の歴史』(田村俶訳、新潮社、一九七五年)、『言葉と物』(新装版、渡辺一民・佐々木明訳、新潮社、二〇〇〇年)、『知の考古学』(新装版、中村雄二郎訳、河出書房新社、二〇〇六年)、『監獄の誕生』(田村俶訳、新潮社、一九七七年)などがある。

「経済は一つのゲームであり、経済に枠組みを与える法制度はゲームの規則として考えられねばならないということ。法の支配と法治国家によって、統治の行動が経済ゲームに規則を与えるものとして形式化されるということです。その経済ゲームをおこなうもの、つまり、現実の経済主体は、個々人のみ、あるいは、こう言ってよければ、企業のみです。国家によって保証された法的かつ制度的枠組みの内部において規則づけられた企業間のゲーム。これこそ、刷新された資本主義における制度的枠組みとなるべきものの一般的形式です。経済ゲームの規則であり、意図的な経済的かつ社会的管理ではないということ。経済における法治国家ないし法の支配のこのような定義こそ、ハイエクが、非常に明快であると私には思われる一節のなかで特徴づけているものです。彼は計画について次のように語ります。まさしく法治国家ないし法の支配と対立するものとして、『計画は、一つの明確な目的に到達するために社会の資源が意識的に導かれなければならないということを示す。法の支配は、逆に、その内部において個々人が自らの個人的計画に従って自らの行動に身を委ねるような、最も合理的な枠組みを作ろうとするものである』。……したがって、ゲームの規則としての法律システムがあり、次いで、自然発生的な経済プロセスを通じてある種の具体的秩序を表明するようなゲームがある、ということです」(フーコー[二〇〇八]二一三-二一四頁)。

この新自由主義的な法的介入主義国家は、社会政策のあり方を根本的に変更し、福祉国家を再編する力を持っています。それは、医療保険、年金保険、失業保険、教育や住宅、保育のような、公共サービスの形で「脱商品化」されて市場から取り除かれていた国家の諸活動(社会的なもの)の市場化を推し進めます。具体的には、社会保険や公共サービスの現物給付の民営化や市場化の推進によって「社会政策の個人化」(同上、一七八頁)が広がり、競争秩序に投げ込まれた諸個人は、直面するリスクに自分自身の責任で対応せねばならなくなります。新自由主義的な介入主義国家は、失業や貧困、不平等や格差拡大といった、市場競争の結果として生み出された諸問題に介入する必要を拒絶するのです。「失業率がいかほどであろうと、……介入すべきものは何もありません。……何よりもまず救うべきもの、それは、価格の安定です。価格の安定はおそらく、結果的に、失業危機の際よりも高い雇用レベルの存在を実際に可能にするでしょう。……失業者とは何だろうか、それは移動中の労働者である。それは、収益のない活動とより収益のある活動とのあいだを移動中の労働者なのだ」(同上、一七二頁)、というのが新自由主義の社会政策と労働市場政策です。

そればかりではありません。フーコーによれば、新自由主義は、競争メカニズムを社会の調整のための原理として導入することによって、「社会において生じる可能性のある反競争的メカニズム」（同上、一九八頁）の解消を試みるのです。ここでの「反競争的メカニズム」は、カール・ポランニーのいう社会の自己防衛のさまざまな運動、あるいは、最近のギリシャ債務危機[▼17]に見られるような金融市場（債権者）の圧力にたいする民衆の反発を指しています。そのような反競争的メカニズムが社会のなかで生じる可能性を解消するには、競争のメカニズムが「社会の厚みのいかなる地点においても調整の役割をはたすことができるようにしなければなりません」（同上、一八〇頁）、とフーコーは指摘します。「社会の厚み」のなかには、資本主義的企業だけでなく、中小企業、労働者、農民家族、家内工業、零細な小売業、さらに、プレカリテ（不安定就労者）と呼ばれる非正規雇用者までもが含まれています。彼は、競争メカニズムによる社会の統治を「新自由主義的統治」と呼んで、それを次のように定義しています[▼18]。

「獲得がめざされているのは、商品効果に従属した社会ではなく、競争のダイナミズムに従属した社会です。スーパーマーケット社会ではなく、企



[▼17] 二〇一〇年一月、欧州委員会が、ギリシャの財政赤字に関する統計上の不備を指摘したことで、同国の財政状況の悪化が世界的に表面化した。格付け会社が相次いでギリシャ国債の格付けを引き下げ、その結果国債が大暴落。この危機に対して、ユーロ財務相会合は、支援の条件として、増税や年金改革、公務員改革、公共投資削減などの厳しい緊縮財政策を課し、ギリシャ国民に大きな負担を強いた。その後、二〇一五年一月の総選挙では、反緊縮派の急進左派連合が勝利し、チプラス政権が誕生。二〇一六年七月には、緊縮財政策の受け入れをめぐって国民投票を実施。有権者の六一％はユーロ圏からの離脱もやむを得ないとの覚

業社会であること。再構成されようとしているホモ・エコノミクスは、交換する人間ではないし、消費する人間でもありません。それは、企業と生産の人間です。……『企業』形式とは、国民的ないし国際的規模の大企業という形式……のもとに集中させられてはならないものです。社会体の内部において、このような『企業』形式を波及させること。これこそが、新自由主義政策に賭けられているものであると私は思います」（同上、一八一―一八三頁）。

新自由主義は、競争の原理を社会の調整に適用し、多種多様な企業形式を社会に普及させ、競争的調整に従う企業社会を作り出しています。競争原理によって調整される社会では、労働者を含むすべての個人が、自分自身を〝労働力または就労可能性を開発する企業家〟として位置づけ、自己の人的資源への投資によってたえず自分の競争力（職業的能力）の向上をめざす企業単位になるよう要請されています。新自由主義は、自己の効用または欲望満足を最大化する人として考えられてきたホモ・エコノミクス[▼19]（経済人）を修正し、それを企業家として再構成する考え方を提起したのです。このような新自由主義的統治の方法は、今日、教育改革や医療改革に見られるように、競争原理を市場領域の外の社会的領



悟で受け入れ「反対」票を投じたが、チプラス政権は、わずか一週間後に、最大八六〇億ユーロ（約九兆九〇〇〇億円）の第三次金融支援と引き換えに、国民投票で拒んだはずの緊縮策受け入れを決めた。

[▼18] フーコーのこのような新自由主義的な社会の統治の分析を継承し、それを「環境介入権力」として展開した研究として、佐藤嘉幸［二〇〇九］がある。

[▼19] 自己の経済利益を極大化せることを行動基準として行動する人間の類型のこと。経済人ともいう。

域にまで適用する政治的企画として猛威を振るっているのです。

## 4 新自由主義時代において、なぜ民主主義は後退するのか

民主主義とは、「民衆(多数者)の支配」「民衆による民衆のための統治」を意味します。それは、単に選挙を通して政治の代表を選択することばかりか、社会を構成する平等な個人が暴力や強制ではなく公的な討論や民主的な意思決定を通して社会的な合意を作り出す制度です。

### 二〇世紀における最大の成果としての民主主義

アマルティア・セン[▼20](一九三三年-)によれば、民主主義は二〇世紀の最大の成果であり、次の三つの意義を持っています。

第一に、民主主義自体が、封建制や独裁体制とは違って、基本的人権の尊重や言論・思想の自由、地方自治と司法の独立といった構成要素を含んでいて、人びとの暮らしと人生を豊かにする可能性を持っています。第二に、民主主義のも



[▼20] Sen, Amartya (1933-)。インド出身の経済学者。カルカッタ大学を卒業後、ケンブリッジ大学で博士号を取得。LSE、ハーバード大学、ケンブリッジ大学などの教授を歴任。社会的選択理論や厚生経済学、開発経済学などの発展に大きく寄与し、人文・社会科学全般に影響を与える。一九九八年には、「所得分配の不平等にかかわる理論や、貧困と飢餓に関する研究についての貢献」により、ノーベル経済学賞を受賞。主な著書に、『不平等の経済学』(鈴村興太郎・須賀晃一訳、東洋経済新報社、二〇〇〇年)、『貧困と飢饉』(黒崎卓・山崎幸治訳、岩波書店、二〇〇〇年)などがある。

表1　各国の投票率低下（1945～2005年）

（単位：%）

| | 最高投票率（年） | 最低得票率（年） | 下落率 |
|---|---|---|---|
| 日本 | 74.7（1980） | 44.9（1995） | 29.8 |
| イギリス | 83.6（1950） | 59.4（2001） | 24.2 |
| フランス | 82.7（1956） | 60.3（2002） | 22.4 |
| アメリカ | 62.8（1960） | 49.0（1996） | 13.8 |
| ドイツ | 91.1（1972） | 77.8（1990） | 13.3 |
| スウェーデン | 91.8（1976） | 77.4（1958） | 114.5 |

出所：ヘイ［2012］19頁。

とでは、政府が国民の生存と安全に責任を負っており、責任を果たしていないと判断されるときは、選挙によって政権交代に追い込まれることが予想されます。それゆえ、民主主義が機能する国では、貧困や飢餓に苦しむような状況は発生しにくくなります。いい換えれば、貧困や飢餓の発生は、民主主義が不在である証拠なのです。第三に、民主主義は、「公的な討論を通して諸価値に優先順位をつけ、今・ここで社会にとって「何が重要であるか」についての合意を作り出します。民主主義は政策の優先順位を決定する（セン［一九九九］）のです。

つまり、民主主義のもとでは、一人ひとりが自分の置かれている状況を改善する権利を有しているので、民主主義は制度変化の可能性を内蔵することになります。いまここで何が重要であるかが民主主義によって決定されるということは、制度の変化が、新自由主義の主張するように、市場の要請や消費者の選択に従ってではなく、国民の討論と民主的な意思決定によって行われることを意味しているのです。

## なぜ民主主義は魅力を失ったのか――脱政治化と民主的討議の縮小

二〇世紀の最大の成果であった民主主義は、一九九〇年代から人びとの政治家への不信や政治への幻滅を背景にその意義と影響力を急速に失い、先進国では、民主主義が市場経済の要請に屈服するポスト・デモクラシー的状況が生じています。

民主主義の後退または凋落を示す指標として、投票率の低下傾向があります。日本の衆議院選挙の投票率の推移は一九八〇年の七四・七％をピークに低下傾向にあり、一九九〇年から二〇〇三年までは六〇～六三％となり、二〇〇九年の政権交代期には一時的に六九・二八％に上昇したものの、その後は、二〇一二年に五九・三二％、二〇一四年に五二・三二％と低下しています。また、先進諸国の投票率の低下は北欧諸国を例外として著しく、各国の最高得票率と比較した最低投票率の下落率は、日本、イギリス、フランスで二〇％以上になっています。

このような投票率の低下に象徴される民主主義の後退の要因には、コリン・ヘイが指摘するように（ヘイ［二〇一二］）、第一に、政治過程の脱政治化が進行し政治が有権者から隔離して、選挙で選出された政府と企業利益を代表する政治エリート（企業のロビー団体）との交渉によって行われるようになったことがあります。その結果、民主主義的政治は、普通の人びとの暮らしと生活を守る機能を一段と低下させています。政治とは、社会を構成する自由で平等な諸個人が討議と集団的な選択に参加することですが、このような政治過程の脱政治化、すなわち、政治家の意思決定と行動が社会や市民や有権者から隔離して、責任や説明責任、あるいは批判を遠ざける制度化が新自由主義のもとで急速に進展しました。具体的には、欧州理事会、欧州中央銀行（FRB）、最低賃金改善委員会（日本の場合、厚生労働省の中央最低賃金審議会）などの制度は、政治家による選択を市民や有権者から遠ざけ、説明責任や批判を回避する装置として、端的にいえば、市場から信任を得るための欠かせない装置として機能しています。このように意思決定に備わる政治的性質を取り除くことを目的とする脱政治化プロセスは、「市民の要求（市民からの入力）→政治家・官僚による意思決定→行政による政策の出力」という政治的回路から市民の要求を省き、政治家や専門家集団の決定や説明責任を市民や有権者から隔離するものです。このような脱政治化によって、市場経済の破壊的影響から国民の生活と雇用を守る民主主義の能力が低下しているだけに、民主主義に対する人びとの期待感が減っているのです。

民主主義の機能を低下させる第二の要因として、グローバリゼーションが民主的討議を縮小させ、政策の選択の幅を縮めていることがあります。グローバリゼーションは何よりも、公共政策の民営化を促進させて、政府と政治家の公的な説明責任からの免除を推し進めます。そしてグローバリゼーションは、各国の政府に投資家の選好（法人税の引き下げ）を優先させ、財政健全化の名目で引き締め政策を推進させせます。さらにグローバリゼーションは、国民国家の政策形成能力と自律性を奪い、政策形成が、公的機関から準公的機関（中央銀行）へ、ナショナルな場所から超国家的な場所（ＥＵの機関、ＩＭＦ、世界銀行、ＷＴＯなど）へと移管される傾向にあります。

## ポスト・デモクラシーの時代

一九四五年から一九七〇年代までのケインズ主義的福祉国家の時代は、民主主義の興隆期で、一般の人びとが選挙行動や労働組合などの中間団体を通して公共的生活の方針決定に影響を与えることができました。しかし、イギリスの政治学者のコリン・クラウチが指摘するように（クラウチ［二〇〇七］）、工業労働者階級の衰退を背景に、労働組合の弱体化と一般大衆による政治参加の空白が進行し、間接選挙で選ばれた政府と企業利益を代表する政治エリート（専門家、各種の顧問、コンサルタント）との交渉による政治が影響力を有するようになりました。その結果、グローバル企業と企業全般の政治力が巨大化し、「福祉や格差是正のための再分配政策への服従から解放されないかぎり、収益と競争力を確保することができない」という多国籍企業の要請と、その要請に応えたシカゴ学派の民主主義回避論が、市民や生活者の要求を代表する民主的議論よりも優位に立つようになったのです。

このようなポスト・デモクラシーの時代は次のような特徴を持っています。

①政治は、選出された政府と企業利益を代表するエリートとの相互交渉によって形成される。
②投票の結果が資本主義的市場経済に影響しないような、脱政治化の仕組みが作られる。
③多くの市民は受け身で、政治に不熱心になり、操作される参加者の役割へと引き下げられる。
④教育などの公共サービスが商品化される。教育の市場化の典型であるチャータースクールが増加する。

⑤富の再分配のための平等化政策は望めない。租税は、減税政策（法人税の引き下げ）や累進課税の弱体化によって再分配機能が弱められる。

⑥社会保障制度は、市民の権利ではなく、援助を必要とする貧困者への救貧制度として残余化される。

## 5　おわりに

本章では、①「新自由主義とは、競争的市場秩序を構築するために国家権力をどのように利用するか、ということについての理論と思想である」こと、②新自由主義は、民主主義や政治的自由と市場の競争的機能（経済的自由）との対立を危惧して、民主主義を回避する理論を作り上げた、ということ、③新自由主義の思想的アピール力は、フリードマンの『資本主義と自由』に見られるように、「国家機能の縮小と政治領域の消滅を通じて、個人の自由を最大化する」というユートピア的約束にある、ということ、④新自由主義は、市場領域を調整する競争の原理を、教育や福祉、医療、地方自治体の統治のあり方にまで適用し、競争的調整に従う社会（企業主義的社会）を作り出そうとしていること、⑤新自由主義のもとで、民主主義の後退と脱政治化が各国で進行していること、を説明してきました。

以上のような新自由主義の支配と民主主義の後退傾向を逆転させることは容易ではありませんが、そのための手がかりとして次の点が考えられます。

第一は、新自由主義の民主主義回避策によって私的領域や準公的領域に格下げされ、市民や有権者に対する説明責任から隔離されている争点を、有権者に対する説明責任を負っている公的領域（国会審議、選挙公約）の争点に移動させることによって、脱政治化の領域を再び政治化させることです。たとえば、最低賃金の決定や日米間の関税引き下げ交渉、遺伝子組み換え食品の表示義務、原発再稼働の決定などを、専門家の会議から公的領域での議論に移すことで、脱政治化の領域が縮減していきます。

第二は、民主主義と市場経済は緊張関係にあり、民主主義は、市場経済化とグローバル競争が各国の普通の人びとに与える、失業や雇用不安、貧困、従来の技能の無用化、老後の不安といった経済的苦難から彼らを保護するかぎりでのみ、支持され信頼を獲得してきた、という二〇世紀のヨーロッパにおける経験を、二一世紀の初頭の文脈に即して活用することです。政治的民主主義を通じて、資産を問わず個人単位でベーシック・インカム（基本所得）を付与すること、新自由主義が拒絶する最低賃金の大幅引き上げ、低すぎる累進課税を引き上げることで得られた財源で教育の無料化をめざすこと、失業や非正規雇用者を対象とする教育訓練の投資拡大などが考えられます。

第三は、資本主義市場経済と競争原理によって経済領域が排他的に統治される限界を認識し、経済領域を市場経済、再分配、協同組合的生産のような連帯経済（食糧などの必需品や負担の分かち合いをする互酬的経済）からなる多様な複合的な経済システムとして構想し、さまざまな経済形態の共存を許容する寛容な統治の仕方とそれに必要な制度諸形態を研究することです。

新自由主義の支配と民主主義の後退に対する対抗軸については、第5章「『資本主義の終わり』の始まりとオルタナティブ」で、より詳しく説明します。

## 参考文献

Audier, S. ［2012］ *Le colloque Lippmann,Le Bord De L*, Eau.

Mirowski, P. and P. Dieter eds. ［2009］ *The Road from Mont Pelerin.The Making of the neoliberal* Thought Collective,Harvard University Press.

大澤真幸［二〇一五］『自由という牢獄――責任・公共性・資本主義』岩波書店

教皇フランシスコ［二〇一四］『福音の喜び――使徒的勧告』日本カトリック新福音化委員会訳、カトリック中央協議会クライン、ナオミ［二〇一一］『ショック・ドクトリン――惨事便乗型資本主義の正体を暴く』（上・下）幾島幸子・村上由見子訳、岩波書店フーコー、ミシェル［二〇〇四］『生政治の誕生――コレージュ・ド・フランス講義1978－1979年度』慎改康之訳、筑摩書房、二〇〇八年
フクヤマ、フランシス［一九九二］『歴史の終わり』（上・中・下）渡部昇一訳、三笠書房
クラウチ、コリン［二〇〇七］『ポスト・デモクラシー――格差拡大の政策を生む政治構造』近藤隆文訳、青灯社
権上康男編著［二〇〇六］『新自由主義と戦後資本主義――欧米における歴史的経験』日本経済評論社
酒井隆史［二〇〇一］『自由論――現在性の系譜学』青土社
佐藤嘉幸［二〇〇九］『新自由主義と権力――フーコーから現在性の哲学へ』人文書院
セン、アマルティア［一九九九］「民主主義と社会正義」『世界』六月号
セン、アマルティア［二〇〇二］『貧困の克服』大石りら訳、集英社
中山智香子［二〇一三］『経済ジェノサイド――フリードマンと世界経済の半世紀』平凡社
ハイエク、フリードリッヒ［一九九二］『隷属への道』西山千明訳、春秋社
ハーヴェイ、デヴィッド［二〇〇七］『新自由主義――その歴史的展開と現在』渡辺治監訳、作品社
服部茂幸［二〇一三］『新自由主義の帰結――なぜ世界経済は停滞するのか』岩波書店
上野千鶴子［二〇一三］『女たちのサバイバル作戦』文藝春秋

ブキャナン、ジェームズ／タロック、ゴードン［一九六二／一九七九］『公共選択の理論［同意の計算］』宇田川監訳、東洋経済新報社（J.M.Buchanan and G.Tullock［一九六二］The Calculus of Consent, University of Michigan Press.）
ブキャナン、ジェームズ［一九七五／一九七七］『自由の限界』加藤寛監訳、秀潤社
ブキャナン、ジェームズ・M／ワグナー、リチャード・E［二〇一四］『赤字の民主主義──ケインズが残したもの』大野一訳、日経BP社
福原宏幸・中村健吾・柳原剛司編著［二〇一五］『ユーロ危機と欧州福祉レジームの変容』明石書店
フリードマン、ミルトン［二〇〇八］『資本主義と自由』村井章子訳、日経BP社
M&R・フリードマン［二〇一二］『選択の自由──自立社会への挑戦』西山千明訳、日本経済新聞社
ヘイ、コリン［二〇一二］『政治はなぜ嫌われるのか──民主主義の取り戻し方』吉田徹訳、岩波書店
ポランニー、カール［二〇一二］『市場社会と人間の自由──社会哲学論選』若森みどり・植村邦彦・若森章孝編訳、大月書店
吉野裕介［二〇一四］『ハイエクの経済思想──自由な社会の未来像』勁草書房
若森章孝［二〇一三］『新自由主義・国家・フレキシキュリティの最前線』晃洋書房

対談

# 新自由主義と自由、民主主義をめぐる討論

## 強い国家による競争秩序の構築――オルド（秩序）自由主義

**若森**――報告は、一九八〇年代以降に隆盛を極める新自由主義の本質を理解するために、新自由主義が誕生した一九三八年のリップマン・シンポジウムと一九四七年のモンペルラン会議に立ち戻り、これらの会議で、一九三〇年代の世界経済危機を通して陥った市場経済と自由主義の危機を乗り越える方法として、一九世紀的な自由放任主義（または自由放任的個人主義）に代わる、国家の介入による競争的市場秩序の構築（市場のための計画）が提起されたことを紹介しました。さまざまな経済的自由主義者が参加したリップマン・シンポジウムでは、競争秩序のための国家介入にはコンセンサスが得られましたが、大量失業のような社会問題に対する社会政策的国家介入については、不一致を残しました。一九四七年に創設さ

れたモンペルラン会議を舞台に、さまざまな経済的自由主義者のなかでも、オーストリア学派の流れをくむハイエクの新自由主義とシカゴ大学を中心としたフリードマンの新自由主義が理論的・政策的に世界的な影響力を持つようになり、一九八〇年代にはサッチャー政権とレーガン政権の政策理念として脚光を浴びることになりました。第1章の報告では、主として彼らの政策理念と自由についての考え方を述べました。

それで、報告の補足になりますが、ドイツの新自由主義「オルド(秩序)自由主義」を中心にやや詳しく説明しておきます。リップマン・シンポジウムに参加したドイツの新自由主義者、オイケン(一八九一－一九五〇年)、レプケ(一八九九－一九六六年)、リュストウ(一八八五－一九六三年)は、一九二〇年代の労働者と資本の経済的利害を組織化した労働組合や、カルテル・コンツルンに服従する国家(「経済国家」と呼ばれています)による介入(国家の調停による賃金決定、失業給付制度、補助金主義、工業や農業の保護主義など)が市場の不均衡や経済恐慌、大量失業を作り出しているという認識のもとに、「経済国家」を「強い国家」に変え、強い国家の介入を通して競争的秩序を回復することを主張します。強い国家の介入のなかには、労働組合の交渉力を可能なかぎり弱めて労働市場の需給作用を取り戻すことや、大量失業に際し、失業給付の提供よりも賃金の引き下げにより企業収益を増やして雇用創出を図ることが含まれています。オイケンは、ドイツにおける最初の新自由主義マニフェストと呼ばれる一九三二年の論文「国家の構造変化と資本主義の危機」のなかで、一九三〇年代の大恐慌と大量失業をともなった資本主義の危機の原因を、資本主義自体にではなく、民主化によって「大衆」(労働者と俸給生活者は大衆と呼ばれています)の影響力が増大したことに求めています。大衆の交渉力(労働組合)と政治的影響力(議会制民主主義)が資本主義の危機の真の原因であるならば、大衆の影響力を奪うような国家介入を行う「強い国家」はどうすれば生まれるのでしょうか。リュストウは、民主主義の枠内での専制、すなわち「民主主義的専制」を理論的に要請しています。ドイツの歴史の経過においては、一九三三年に権力に就いたヒトラー体制という「強い国家」が一九三四年に実施した強制的画一化により、労働組合と自治体が解体されることで、つまり、ナチス的労資関係のもとで、大衆の交渉力が労働市場の均衡を乱さないレベルにまで引き下げられました。

このような「『強い国家』による競争秩序の構築」、という主張が、ドイツの新自由主義の原点です。しかし、細かく見ると、フライブルク大学を拠点とするオイケン、フランツ・ベーム(一八九五-一九七七年)、レオンハルト・ミクシュ(一九〇一-一九五〇年)などのオルド自由主義、リュストウやレプケの社会学的自由主義[▼21]、ミュラー・アルマック(一九〇一–一九七八年)の社会的市場経済[▼22]の間には重要な違いがあります。オルド自由主義はドイツの新自由主義を表す総称としても用いられることがありますが、ここではオイケンらのフライブルク・グループだけを指すことにします。

オルド自由主義の特徴は、雨宮昭彦の画期的な研究『競争秩序のポリティクス――ドイツ経済政策思想の源流』(東京大学出版会、二〇〇五年)が明らかにしたように、「強い国家の介入によって大衆の労働市場への影響力を抑制・禁止する」というオイケンの主張に加えて、ベームとミクシュが、完全競争市場を一部とする現実の産業部門のさまざまな市場形態(完全競争市場、寡占、部分独占、独占)の型に応じた競争政策によって、すべての企業を競争秩序に取り込み、各企業の企業家のコスト削減へのインセンティブを経済全体としての経済成長につなげようとする政策理念と理論を考案したことです。

社会学的自由主義の一人、レプケは、福田敏浩の『第三の道の経済思想――危機の時代の羅進盤』(晃洋書房、二〇一一年)を参照していただきたいと思いますが、強い国家による競争的秩序の構築・維持というオイケンと共通の主張に加え、競争秩序では回復できない大衆化またはプロレタリア化による精神的荒廃を克服するための広義の社会政策として、「愛情や友情によって社会的感性を育てる」



[▼21] レプケとリュストウは国家介入による競争秩序の構築に加えて、大衆化やプロレタリア化による精神的荒廃を克服することを提唱したので、社会学的新自由主義と呼ばれる。

[▼22] 一九四六年にミュラー・アルマックによって提唱された、市場の競争的秩序を維持すると同時に、市場競争がもたらす貧困や格差を是正するための再分配政策を取り入れた政策構想で、エアハルト首相によって採用され、第二次大戦後の西ドイツの経済復興に寄与した。

「家族・近隣・職場集団などの基礎共同体への帰属」「中小企業育成策」「人口分散政策と小規模都市の創出」「労働者に家族的きずなと食料自給を保障する菜園付き自己所有住宅」などを提案します。レプケは、社会保障制度と福祉国家化には、官僚的計画化とプロレタリア化を助長するという理由で消極的です。

ケルン大学のアルマックは、一九四六年の『経済管理と市場秩序』のなかで、オイケンの強い国家による競争秩序の維持というオルド自由主義の立場から距離を置いて、市場経済がもたらす貧困や格差を是正する再分配政策や失業を緩和する景気政策を採り入れた社会的市場経済の構想を提起します。アルマックの社会的市場経済は、戦後の西ドイツの経済復興を主導したルートヴィヒ・エアハルト首相によって採用され、「経済の奇跡」と呼ばれる高成長の達成に寄与しました。社会的市場経済の構想は、黒川洋行が『ドイツ社会的市場経済の理論と政策――オルド自由主義の系譜』(関東学院大学出版会、二〇一二年)で指摘しているように、競争政策と社会政策という対立的な政策要素を含む、多義的な解釈を許す政策理念ですが、多義的解釈を可能にするがゆえにこそ、右派のキリスト教民主党から左派の社会民主党、環境政党の緑の党といったすべての党が共有する政治的スローガンとして使われてきました。しかし、私の見るところ、社会的市場経済のコアにあるのは、機能する競争秩序の構築と維持です。

## オルド自由主義はハイエク型新自由主義とどう違うのか？

**若森**――最後にもう一度、オルド自由主義とハイエクなどの新自由主義との違いをまとめておきます。両者は、国家の介入による競争的市場秩序の構築という点や、競争秩序の構築は大衆の影響力の増大の抑止（民主主義の後退）を含意するという点では共通しています。両者の違いは、古典的自由主義[▼23]の再定義を意図するハイエクが、最低賃金や失業給付のような一部の人だけを優遇する特殊的ルールを批判し、すべての人に等しく適用される一般的ルールとしての法の支配（小さな政府）によって競争秩序の確保と個人的自由の拡大を図るのに対し、民主化と大量失業による危機から資本主義を救い出そうとするオルド自由主義は、大きな国家（強い国家）による競争的秩序の構築と競争状態による個人的自由の保障（自由を脅かす経済権力の消滅）を強調していることです。オルド自由主義は、労働者や企業の経済的利害が組織化される二〇世紀の現実のもとでは、大きな強い国家でなければ、労働市場や財市場で競争秩序を確保することはできない、と考えています。両者の違いは、競争的秩序の形成を法の次元で考えるのか、経済政策の理念として考えるのかの違いである、ともいえます。あるいは、最大の論点を、集権



[▼23] 一八世紀末から一九世紀にかけての自由主義的資本主義の確立期に生まれた、スミスやリカードゥなどを中心とする古典派経済学の前提となっている考え方。古典的自由主義は私有財産を個人の自由を具現するものと理解し、市場の自由を人間の基本的な諸自由の不可分な構成要素をなしていると考える。そして、自由市場を複雑な産業社会における経済活動を調整する唯一の手段であるとする立場から、政府の干渉が少ないほど、人びとの自由な交換の意図せざる所産として富も自由も増大する、と主張する。

的計画経済や福祉国家の拡大による個人的自由の縮小の危機におくか（ハイエク）、資本主義経済の危機におくか（オイケン）、の違いです。競争によって危機を乗り越えるという発想は、二人とも同じです。

## EU統合の軸はオルド自由主義か？

**植村**――EU統合は、これまで日本では、社会民主主義主導の社会的ヨーロッパの形成だと漠然と理解されてきました。しかし、単一市場化や通貨統合、さらに二〇〇八年秋の金融危機以後の緊縮政策を考えると、EU統合は新自由主義、とくにドイツのオルド自由主義の企画によるものではないかと思いますが、どうでしょうか。

**若森**――欧州統合のプロセスと新自由主義あるいはオルド自由主義との関係の解明は重要な論点ですが、本格的な研究は始まったばかりです。おっしゃるように、オルド自由主義は基本的にEUの域内単一市場を形成する装置として働いた、ということができますが、欧州統合へのオルド自由主義の関わりを、次第に深化し拡大してきた欧州統合のプロセスのなかで考える必要があります。

欧州の経済統合は、田中素香他著『現代ヨーロッパ経済（第4版）』（有斐閣、二〇一四年）によれば、第一段階のＥＣＳＣ（一九五二年から一九五七年までの欧州石炭鉄鋼共同体［▼24］）、第二段階の関税同盟と農業共同市場（一九五八年から一九六九年までのＥＥＣ［▼25］＝欧州経済共同体）、経済統合が停滞した一九七〇年代と一九八〇年代の前半を挟む第三段階の市場統合（一九八五年の市場統合開始から一九九三年三月の単一域内市場［▼26］のスタートまで）、第四段階のＥＵ（欧州連合）創出と通貨統合［▼27］（一九九三年から二〇〇二年）を経て、現在は、二〇〇八年秋の世界金融危機にともなって発生したユーロ危機・ギリシャ債務危機を克服するためのユーロ制度改革という第五段階（二〇一二年～?）に入っています。

　第一段階と第二段階では、鉄鋼や農業などの一部の部門で統合が進められましたが、まだＥＵ経済は存在せず、加盟国の国民経済が並存していただけです。経済のグローバル化を背景にした一九八五年の欧州理事会の単一欧州議定書合意から欧州の市場統合の動きが加速して、一九九三年から商品、サービス、資本、人の自由な移動（いわゆる四つの自由）を実現する域内単一市場がスタートし、一九九九～二〇〇二年にはユーロも導入され、加盟国の国民経済を超える広域的地域経済が生まれたことになります。そして、冷戦終結後の一九九二年に調印されたマーストリヒト条約の発効によって一九九三年にスタートしたＥＵ（欧州連合）は、その第一の柱である経済統合・通貨同盟に加えて、第二の柱の共通外交・安全保



［▼24］European Coal and Steel Community（ＥＣＳＣ）。一九五二年に発足した、フランス・西ドイツ・イタリア・ベネルクス三国（ベルギー・オランダ・ルクセンブルク）の六カ国による、石炭・鉄鋼の生産を共同管理する機関。石炭および鉄鋼の生産・価格・労働条件などの共同管理を目的とする。一九五八年発足のＥＥＣの母体となった。

［▼25］欧州経済共同体（European Economic Community）。欧州石炭鉄鋼共同体の加盟六カ国が一九五八年に結成した地域的経済統合のための機関で、次第に加盟国を拡大して、現在のＥＵ（欧州連合）にまで発展した。域内関税の撤廃、域外に対しては共通

障政策、第三の柱の司法・内務協力といった政治統合の性格を備えました。当初、フランス、ドイツ、イタリア、ベネルクス三国の計六カ国から出発した加盟国は、旧共産圏の東欧諸国も加盟することによって二八カ国にまで拡大し、EUは五億人の人口とアメリカに匹敵するGDPを有する大きな経済圏となりました。

欧州統合のプロセスとオルド自由主義との関わりについて、二つのことが注目されます。第一は、一九八三年三月に通貨安定とインフレ克服のために、ミッテラン政権の大蔵大臣として一国ケインズ主義政策から新自由主義的な緊縮財政政策とサプライサイドの経済政策への転換を主導した経験を持つジャック・ドロールが、一九八五年から一九九五年までの一〇年にわたって欧州委員会委員長を務め、グローバル化への早急な対応として新自由主義的手法で市場統合・通貨統合を進めると同時に、地域格差や所得格差を是正する社会ヨーロッパ政策を推し進めたことです。ドロールが新自由主義的手法に政治的に屈服したのか(新自由主義からの強い攻勢があったのか)、それとも、通貨安定・緊縮財政、サプライサイド的な競争政策しか市場統合を進める手法がなかったのか、という点は経済学的におもしろい問題です。ドロールが委員長であった一九九五年までは、市場統合のヨーロッパと社会的ヨーロッパは歩調を合わせていました。ところが、二〇〇二年のユーロ導入と通貨同盟スタート以後になると、グローバル化の加速のな

関税の設定、資本・労働力の自由移動などを定めた。

[▼26] 域内に国境がなく、人、財、資本、サービスの移動が自由な状態に確保されている領域のこと。

[▼27] ヨーロッパ経済の安定と発展をねらい、EU加盟諸国が各国独自の通貨に代えて単一の共通通貨を導入する政策。単一通貨ユーロは、一九九九年一月一日より銀行間取引など非現金取引を対象に導入。その後、二〇〇二年一月一日よりユーロ参加国内において、ユーロ貨幣の流通が開始した。

かで通貨安定のための緊縮財政とサプライサイド的競争政策が一方的に強く求められるようになり、格差是正の再分配政策は後退して、労働市場のフレキシビリティを高めるための雇用の規制緩和により非正規雇用が増加しました。一九九〇年代末から二〇〇〇年代初頭に誕生した左派政権の政策、すなわち、イギリス労働党のトニー・ブレアの「第三の道」やドイツ社会民主党のゲアハルト・シュレーダーの労働市場改革も、この流れに加担したと思います。

第二は、域内単一市場の競争秩序の確保、法の支配・人権・四つの自由[▼28]の保障、単一市場と加盟国を統治する超国家的機関としてのEUの機構などに関する規定を含むEU法を構築するうえで、具体的には二〇〇七年に調印されたリスボン条約（EU条約）[▼29]に総括されるような憲法的な秩序を作り上げるうえで、オルド自由主義の秩序概念が寄与したということです。庄司克宏『新EU法政策編』（岩波書店、二〇一四年）は、オルド自由主義（とくに、国際秩序を保障する国際的権限を持つ諸国家の連合体を主張するレプケの連邦主義）が、競争秩序をともなう自由な域内単一市場の立憲化のプロセスに大きく貢献したことを紹介しています。ここにも、オルド自由主義だけが、伝統的な国内市場を超えた単一共同市場を秩序づける憲法的理論を持っていた（社会民主主義やケインズ主義は国際経済の統治論を持っていない）と考えるのか、それとも、単一市場の法と制度が新自由主義によって支



[▼28] 一九四一年一月六日、米F・ルーズベルト大統領が一般教書のなかで表明した民主主義の原則。⑴表現の自由、⑵信仰の自由、⑶欠乏からの自由（平和的生活を保障する経済上の相互理解）、⑷恐怖からの自由（軍縮による侵略手段の除去）、の四つからなる自由。

[▼29] 欧州理事会で採択された欧州連合の基本条約（欧州憲法条約）がフランスとオランダの国民投票で否決されたので、修正され再提出された条約。本条約の正式な名称は「欧州連合条約および欧州共同体設立条約を修正するリスボン条約」。EUの統治制度の簡素化、合理化を目指し、マーストリヒト条約、ローマ条約およびそのほかの文

配されたと考えるのか、という問題があります。

**植村**——フランソワ・ドゥノールとアントワーヌ・シュワルツの『欧州統合と新自由主義——社会的ヨーロッパの行方』（小澤裕香・片岡大右訳、論創社、二〇一二年）が翻訳されて、新自由主義と欧州統合との関連が日本でも注目されつつあります。

**若森**——私も最近、社会民主主義的な観点から欧州統合を過大に評価していたことを反省して、『欧州統合と新自由主義』を含めて、新自由主義と最近の欧州のユーロ危機、債務危機の研究書をいくつか読んでいます。

## 民主主義VS.新自由主義の最新の攻防——欧州憲法条約の否決

**植村**——欧州統合のプロセスにおいて、新自由主義の支配的影響力はいつから始まったのでしょうか。統合の最初からオルド自由主義の影響は大きかったのでしょうか。

**若森**——EU統合の第一段階の石炭鉄鋼共同体の時代には確かにミュラー・アルマックがドイツ側の委員として関与していますが、まだこの段階では、オルド自由主義の影響力は、社会民主主義やケインズ主義やキリスト教民主主義などの影響力よりも小さかったと思います。フランスはヨーロッパの経済発展にはドイツ

書を修正し、二〇〇七年に草案を策定。二〇〇九年一二月一日に二七のすべての加盟国が批准し、発効した。

の復活が不可欠であると考えて、「ヨーロッパの父」と呼ばれるジャン・モネ（一八八六－一九七九年）を中心に経済統合を主導する立場をとり、ナチズムを生み出したドイツは、独仏協力によってヨーロッパの一員になりたいという姿勢を示しながら、自国の戦後復興にまい進していた、と思います。第一段階の経済統合を主導したモネは、アメリカのニューディール型の復興計画（TVA：テネシー河渓谷開発公社）をモデルにして石炭鉄鋼共同体を構想していました。

EUでのドイツの影響力が増し、オルド自由主義の政策理念がEU統合のプロセスで大きな力を発揮するのは、域内単一市場への動きが加速する一九八五年以降ではないでしょうか。そして、その影響力あるいは支配力は、通貨統合がスタートした二〇〇二年、二〇〇七年のリスボン条約（EU条約）調印、二〇〇八年以降のユーロ危機・ギリシャ危機という節目ごとに大きくなって、エマニュエル・トッド[▼30]が『「ドイツ帝国」が世界を破滅させる――日本人への警告』（堀茂樹訳、文藝春秋、二〇一五年）のなかでいうように、EUはドイツ帝国の支配のもとにあるような状態になってきました。

おそらくドイツの新自由主義のEU統合への大きな影響がはっきり確認できるのは、EUの競争的秩序の枠組みを定めたリスボン条約（二〇〇七年一二月に締結、二〇〇九年発効）において、ミュラー・アルマックの作った、ドイツの戦後の経済



[▼30] フランス出身の歴史家、文化人類学者、人口学者。人口統計学的な手法や家族制度、識字率に基づき、現代社会を分析し、ソ連崩壊、アメリカの金融危機、アラブの春、イギリスEU離脱などを予言した。主な著書に、『デモクラシー以後』（石崎晴己訳、藤原書店、二〇〇九年）、『家族システムの起源I　ユーラシア（上・下）』（石崎晴己監訳、藤原書店、二〇一六年）などがある。

政策理念の基調である「社会的市場経済」という用語が、EUの目的として明記されたことです。リスボン条約（EU条約）第三条三項には、「同盟は、均衡のとれた経済成長と価格安定、完全雇用と社会的進歩を目的とする競争力の高い社会的市場経済……を基礎とする、欧州の持続可能な発展のために活動する」と書かれています。ここで、オルド自由主義に由来する社会的市場経済という政策理念が、欧州レベルの経済を秩序づける理念として採用されています。開かれた域内市場の発展を保障するリスボン条約の競争法の規定（企業合併や国家援助のコントロール、カルテルの禁止など）に、オルド自由主義の競争政策の考え方が反映されている、といわれています。

**植村**——EUの競争政策に対するオルド自由主義の理論的影響は強いのですね。

**若森**——欧州の統合は、アルザス・ロレーヌ地域の石炭・鉄鋼がドイツによって再び戦争に使われないよう共同で管理し、主権の一部を譲渡する超国家的機構（石炭鉄鋼共同体）の創出を通じてドイツ経済の復興を管理しながらヨーロッパの再建と結びつける、というねらいで、フランス主導で進展しました。

**植村**——欧州統合の始まりとしての石炭鉄鋼共同体は政府による生産計画ですから、アメリカのニューディール政策に似た性格を持っていました。

**若森**——フランスに対して控えめな態度をとってきたドイツがEU内で大きな影

響力を持つようになった契機として、一九九三年にスタートした域内単一市場と一九九九／二〇〇二年に成立した通貨同盟（統一通貨ユーロ、欧州中央銀行）が重要です。競争を通して共同市場の複雑な相互依存関係を調整する、そのような新自由主義的な経済統治を通してEUの統治を方向づける、という傾向が強くなってきました。そのなかで、競争的優位にあるドイツが主張する、通貨安定のための財政緊縮政策が、不況と債務危機を抱える南欧諸国を含むすべての加盟国に政策規範として課せられています。新自由主義的競争政策の破壊的衝撃が各種の格差是正政策によって緩和されていたEUにおいて、債務危機と緊縮政策の実施を通じて、アメリカ流の「むき出しの新自由主義」が顔を出してきました（福原・中村・柳原［二〇一五］一〇六－一一〇頁）。

**植村**――EUを国家元首や軍隊、憲法といった国家機構を備えた連邦国家にしようとする欧州憲法条約［▼31］が、二〇〇五年前後にフランスとオランダの国民投票で否決されました。あのときの攻防が民主主義と新自由主義の最後の抗争だったように思います。それ以後は、市場と通貨の統合に基づくEUの連邦化が民主主義の介入を許さない形で進行しました。

**若森**――そうそう、各国のナショナルな民主主義は、民衆が制御することのできない超国家機構として巨大化し、選挙で選ばれたのではないブリュッセルのテク



［▼31］ローマ条約、マーストリヒト条約、ニース条約などそれまでに成立していた七つの条約を集約し、複雑な法体系を整備・合理化したもの。二〇〇四年六月の欧州理事会（EU首脳会議）で採択された。しかし二〇〇五年にフランス、オランダにおいて、同条約の批准を問う国民投票で相次いで拒否されたため、多くの加盟国が批准手続き延期を表明、足踏み状態となった。その後、欧州理事会では憲法条約が大きく簡素化、修正され、リスボン条約として二〇〇九年に批准された。

ノクラートによってEUが統治されることへの危惧を、欧州憲法条約を否認することで表明したのだと思います。オランダやフランスの国民投票では、大差で憲法条約が否決されました。北海道大学の遠藤乾が『統合の終焉——EUの実像と論理』（岩波書店、二〇一三年）で見事に解明しているように、これで、最終目的としての政治的・軍事的「統合」は終わったのだと思います。

**植村**——そこでいう「統合が終わった」というのはどういう意味ですか。

**若森**——憲法を備えた連邦国家にまで欧州統合が深化し、フランスとかオランダといった国民的政治単位がなくなる、というような「統合」（ヨーロッパ合衆国）へのシナリオが、ここで終わったということです。加盟国の国民によって選出されたのではない欧州員会が主導する超国家的な政治的・軍事的統合への道が、欧州憲法の可否を問う国民投票によって阻止されました。

**植村**——域内単一市場とこれを基盤とするEUの超国家的機構は残ったということですか。

**若森**——EUの統合が進んでも、国民あるいは民衆が政治や社会の進路の決定に参加するという意味での民主主義（代議制的な民衆の統治）は、ナショナルな次元、国民国家の枠内に限定されています。このナショナルな民主主義が、連邦国家をめざす「統合」にチェックをかけました。これで、欧州統合の動きは、集権的な超国家的機関を強化する方向から、一時的に加盟国レベルの民主主義を重視する分権化の方向に向かう可能性が出てきました。

しかし、経済統合を成し遂げたEUが分解して、諸国民国家の単なる協力関係に戻ることは考えられません。共通の域内単一市場や、これを母体としEU法をコアとする複雑な超国家的機構としてのEUは、連邦国家でも国民国家でもない中間的な性格の政治経済体として生き残ると思います。欧州憲法に代わるものとして二〇〇七年に調印されたリスボン条約（EU条約）は、現在のEUのそのような中間的性格を反映しています。

そして、EUの統治のなかで、国民国家としての加盟国の次元とそこでのナショナルな民主主義が、やはりかなり大きな役割を果たしている、ということが改めてわかってきました。ギリシャの債務危機の場合、公債の価値と共通通貨ユーロの安定のための措置としての緊縮財政、具体的には、年金や公務員の賃金の削減を求める金融市場と債権者の要求から国民あるいは民衆を守ってくれるのは、政府または国民国家でしかないということに、民衆は気づき始めました。政府は、金融資本の要求とナショナルな民主主義を行使する民衆の要求との間で難しい選択を迫られます。ギリシャ危機は、加盟国のナショナルな民主主義が金融市場と通貨統合による統治に異議を申し立てる、という実例を示しました。金融



［▼32］Habermas, Jürgen（1929– ）。ドイツ出身の哲学者。ハイデルベルク大学教授、フランクフルト大学教授、マックス・プランク研究所所長を歴任。八二年以降はフランクフルト大学に戻り、ホルクハイマー記念講座教授を務め、現在はフランクフルト大学名誉教授。フランクフルト学派第二世代に位置し、公共性論やコミュニケーション論の第一人者。主な著書に、『公共性の構造転換――市民社会の一カテゴリーについての探究』（新版、細谷貞雄、山田正行訳、未來社、一九九四年）、『コミュニケイション的行為の理論［上・中・下］』（河上倫逸・M・フーブリヒト・平井俊彦訳、未來社、一九八五–

機関と金融市場を支配する新自由主義が民主主義を犠牲にしながら民衆から負債を取り立てる様子が、そこから見えてきます。

つけ加えておきますと、一国的なナショナリズムを超えたヨーロッパ市民というアイデンティティと、そのようなヨーロッパ市民を母体とするヨーロッパ合衆国という、ユルゲン・ハーバーマス[▼32]あるいはエティエンヌ・バリバール[▼33]が期待するようなシナリオ、「民衆のヨーロッパ」によって統治される欧州連合のシナリオは、なかなか実現が難しい、と私は感じています。

## 中心国―周辺国という収奪構造に支配されるEU

**植村**――ギリシャの債務危機の場合、ポスト・デモクラシーの問題が極端に表れています。要するに、EUや欧州中央銀行から押しつけられる融資の条件――年金や公務員の削減などの緊縮政策――を国民投票によって拒絶しても、政府は金融市場の利害を代弁するEUの要請に従わざるをえません。現在のEUは加盟国内の民主主義の機能を無視することで機能しています。

**若森**――日本からEU統合の歩みを見ていると、新自由主義が露骨に支配するアメリカとは違う、「埋め込まれた新自由主義」としてのヨーロッパ、競争による



一九八七年）などがある。

[▼33] Balibar, Étienne（1942－）。フランス出身の哲学者。フランス高等師範学校卒業、パリ第10大学教授。ルイ・アルチュセールの弟子。二〇代の初めに構造主義的マルクス主義の中心文献である『資本論を読む』（今村仁司翻訳、筑摩書房、一九九六年）を、アルチュセールとの共著で発表して以来、世界的に注目される。主な著書に、『市民権の哲学――民主主義における文化と政治』（松葉洋一訳、青土社、二〇〇〇年）、『人種・国民・階級――「民族」という曖昧なアイデンティティ』（I・ウォーラーステイン共著、若森章孝他訳、唯学書房、二〇一四年）などがある。

経済成長と高水準の福祉国家とを両立させる「欧州社会モデル」を、しばしば過大に評価してしまいがちです。私も、EUの福祉国家と労働市場の関連に関わるフレキシキュリティ（雇用主にとってのフレキシビリティと労働者にとってのセキュリティの両立）という政策理念に注目して、二〇〇七年にスタートした欧州委員会主導の労働市場改革を研究してきましたが、各国の労働市場改革の現実は、セキュリティ（所得保障＋技能や資格向上のための人への投資）よりフレキシビリティ（パートや派遣のような非正規雇用の増加）の方向、すなわち新自由主義的労働市場改革の方向に進みました（若森［二〇一三］）。私もEUをプラスに描き出しすぎてきたことを反省しています。EUは、域内単一市場を共有する対等な諸国家の関係というよりも、中心（ドイツ、フランス、北欧）と周辺（ギリシャなどの南欧諸国とポーランドなどの東欧諸国）から構成される垂直的な分業構造になっています。欧州中央銀行からの融資や外国の銀行や負債を通して、国民の税金や資産が中心部に収奪される仕組みができています。

**植村**――確かにそのようになっていますね。

**若森**――圧倒的に高い産業競争力を有するドイツが域内単一市場を支配し、共通市場はドイツの市場になっています。ドイツは、東ヨーロッパで安い労働力を使って生産した車などの製品をギリシャやイタリアなどの南ヨーロッパに売ることで、大きな収益と巨額の貿易黒字を上げているだけでなく、ギリシャがドイツ製品を購入するためにドイツやフランスの銀行から借り入れた負債（公債を含む）を取り立てることで資産を増やしています。しかし、ドイツ国内では、企業や銀行が儲かっているにもかかわらず、実質賃金が低下し非正規雇用も増えているので、ドイツの国民は、外国からの負債で経済競争力を上回る消費や賃金や福祉を享受するように見えるギリシャ国民に怒りを覚えることになります。ギリシャ再建のためにはその負債を大幅に削減するしかないのですが、ドイツの国民は、自分たちの税金がギリシャ債務危機の解決に使われることに抵抗しています。ドイツとギリシャの間で、あるいはEUの中心と周辺の間で、国民や労働者同士が対立するのは、産業資本と金融資本が単一市場と金融市場を通してギリシャおよびEUの周辺から富を収奪する構図が見えないからだと思います。

**植村**——EU加盟国は、単一市場と通貨統合の枠組みのなかで、競争力のあるドイツ、オランダのような中心部と、競争力のないイタリア、ギリシャ、スペイン、ポルトガルなどの周辺部に分裂しています。中心は周辺にジャブジャブお金を貸し、そのお金でクルマなどの工業製品を買わせています。

**若森**——そうそう、EUの周辺のギリシャやポルトガル、スペインなどは負債を通して中心の金融機関とドイツに支配されています。そして、共同体としてのE

Uの統合や共通の利益よりも、中心に位置する国の国家やネーションの論理が強くなっています。ドイツは、欧州統合の正当性を加盟国およびその国民から調達する覇権国としての役割を果たしていないように見えます。

**植村**——現在のEUでは、EUのエスタブリッシュメントとEUの民衆との対立が露呈しているように見えます。この対立が、移民排斥運動やドイツ国民 対 ギリシャ国民の対立によって、つまり人種主義やネーションによって分断されているので、民衆と民主主義は無力化しているのではないでしょうか。

**若森**——はい。EUの対立的な構図はそのようにいえると思います。そして、現実の支配関係としては、金融機関のエリートを中心とする新興財閥（オリガーキー）による民衆に対する寡頭支配が各国ごとに行われていて、各国の新興財閥は金融同盟を通してつながっている、という様相です。

**植村**——トッドもそういうふうにいっていますね。

**若森**——トッドは、『「ドイツ帝国」が世界を破滅させる』のなかでそのようにいっています。新自由主義と民主主義の後退、あるいは「金融資本vs.民衆」の問題を、ギリシャ危機に集約されるEU統合の現局面の構図を思い浮かべながら議論するのは、おもしろいし有効だと思います。



［▼34］ Wallerstein, Immanuel（1930－）。アメリカ出身の社会学者、歴史学者。世界システム論の提唱者として世界中から高い評価を得ている。主な著書に、『史的システムとしての資本主義』（川北稔訳、岩波書店、一九八五年）、『脱＝社会科学——19世紀パラダイムの限界』（本多健吉・高橋章監訳、藤原書店、一九九三年）、『近代世界システム 1730－1840s——大西洋革命の時代』（川北稔訳、名古屋大学出版会、一九九七年）、『人種・国民・階級——「民族」という曖昧なアイデンティティ』（E・バリバール共著、若森章孝他訳、唯学書房、二〇一四年）などがある。

［▼35］ Frank, Andre Gunder

## ウォーラーステインが予見した二つのシナリオ
### ——資本主義世界システムの崩壊と難民の流出

**植村**——二〇一六年六月にイギリスの国民投票でEU離脱が決まりました。離脱ということの意味に関連するので、「システムからの離脱」という問題について少し発言します。大きな話になりますが、もともとこの企画はイマニュエル・ウォーラーステイン[▼34]とバリバールの著書『人種・国民・階級』から話が始まりましたよね。世界システム論の論者は、世界システムからの離脱は無理だというと思うんです。たとえば、昔のアンドレ・グンダー・フランク[▼35]やサミール・アミン[▼36]の主張は、システムからの離脱論ですよね。フランクには「従属的低開発か社会主義革命か」、アミンには文字どおり『離脱』(Samir Amin [1990], *Delinking: Towards a Polycentric World*, London: Zed Books)という本があります。一国社会主義論あるいは鎖国社会主義論みたいな話になりますが、結局それは無理だというのがウォーラーステインの世界システム論の立場になるわけです。そうだとしたら、離脱して新しいシステムを立ち上げていくというのは、どういうことになるか、そこが疑問なんです。

**若森**——われわれは今どういう状況に置かれているか、ということを資本主義の



(1929－2005)。ドイツ出身の歴史経済学者、社会学者。一九六〇年代に提唱された、「中心部の発展と取り残された周辺地域の低開発とは表裏の関係にある」という従属理論のパイオニアとして有名。シカゴ大学を卒業後、アメリカの大学で教鞭をとるが、一九六二年に彼はラテンアメリカへ移り、チリ大学教授に就任、アジェンデ政権の一連の改革に関わる。一九七二年に、ピノチェトによるクーデターでアジェンデ政権は崩壊、フランクはヨーロッパに逃れ、大学の職を転々とする。一九九四年にアムステルダム大学の名誉教授として退職する。主な著書は、『世界資本主義と低開発——収奪の《中枢—衛星》構造』(大崎正治・前

長期的位相のなかで議論しておく必要性を感じます。われわれが置かれている現在の状況のなかで、ヨーロッパや日本やアメリカも含めてどういう課題があるのか、明確にしておくことが大事だと思います。広い意味での現状分析と、現状を歴史的に位置づける議論を最初の段階でしておかなければならない、ということですね。

**植村**――現状を歴史的に位置づける議論は簡単ではないですね。

**若森**――確かにわれわれが生きている現在の状況を長期的視野で位置づけることは難しいですが、最近、ウォーラーステインの議論が意外と参考になると感じています。『アフター・リベラリズム――近代世界システムを支えたイデオロギーの終焉』(松岡利道訳、藤原書店、一九九七年)や『ユートピスティクス――21世紀の歴史的選択』(松岡利道訳、藤原書店、一九九九年)それから『新版史的システムとしての資本主義』(川北稔訳、岩波書店、一九九七年)を読み返してみると、現在の資本主義的世界の混乱と危機を通してこれから将来どうなっていくのかについて、なるほどという分析が行われています。

ウォーラーステインの著作は、最近あまり読まれなくなりましたが、改めて読んでみると、ヨーロッパへの難民の急増に関する理解を含めて当たっていると思いました。ウォーラーステインによれば、一九八九年のベルリンの壁の崩壊を



田幸一・中尾久訳、柘植書房、一九七六年)、『従属的蓄積と低開発』(吾郷健二訳、岩波書店、一九八〇年)、『リオリエント――アジア時代のグローバル・エコノミー』(山下範久訳、藤原書店、二〇〇〇年)などがある。

[▼36] Amin, Samir (1931–)。エジプト出身の経済学者。フランクらとともに、従属論を提唱。世界資本主義システムでの中心=周辺関係論などが代表的である。主な著書に『世界的規模における資本蓄積(1)~(3)』(野口佑約、柘植書房、一九七九~一九八一年)、『不均等発展――周辺資本主義の社会構成体に関する試論』(西川潤訳、東洋経済新報社、一九八三年)、『階

契機に、資本主義世界システムに正当性を付与してきた地政文化としてのリベラリズムが崩壊しました。リベラリズムというのは、私有財産や利己心の追求、それによる無制約の資本蓄積を認める一方で、金持ちにとって危険な階級である労働者から資本主義システムへの支持を引き出すために、普通選挙権の拡大や、再分配政策による格差の是正によって、自由と平等を妥協させるようなイデオロギーです。そのようなリベラリズムが一七八九年のフランス革命以来ずっと資本主義の地政文化として機能してきました。

しかし、リベラリズムは、資本主義の競争相手であった社会主義体制がベルリンの壁の崩壊を契機に崩壊し、危険な階級に譲歩する必要性が消滅したことにより、その意義を失います。ウォーラーステインは、地政文化としてのリベラリズムが崩壊したことによって、資本主義は資本主義社会システムを支えてきたイデオロギーを失い、そのシステムが崩壊の段階に入った、と述べています。また、イデオロギーと並んで資本主義システムを支えるもう一つの柱である国家機構が弱体で財政的基盤も弱い周辺部の諸国では、政治的に目覚めた民衆が、不平等の是正と民主化を求める運動を展開し始めました。そうすると、今度はアフリカやアラブ地域のように内乱状態が起きることになります。内乱状態になると国家が崩壊し、難民と移民がＥＵをめざして押し寄せる動きが止まらなくなります。実

級と民族』（山崎カヲル訳、新評論、一九八三年）などがある。

際に、シリアやリビア、北アフリカ、中東から、トルコ、ギリシャ、マケドニア、ハンガリーを通ってドイツをめざすものすごい数の難民が押し寄せているのが現状です。ウォーラーステインは、ヨーロッパに押し寄せる難民の流れを止めることはできないと予想しています。

ウォーラーステインは『史的システムとしての資本主義』（川北稔訳、岩波書店、一九八五）の最後の箇所の「将来の見通し」において、国家の崩壊と難民流出への対応として、三つの可能性を指摘しています。一つ目は、一九七九年のイランのホメイニ革命[▼37]のように、世界システムのルールを拒絶し、そこから集団的に離脱していくやり方です。二つ目は、イラクのサダム・フセインのように、強力な軍隊を作り、「北」と戦争することを意図して強い国家を周辺部に建設するやり方です。三つ目は「ポートピープル」の選択と呼ばれているもので、「南」から「北」へ、具体的にはEUへ大量の非合法的移民を送り出す方法です。ウォーラーステインは、そのような混乱と混迷と内乱の時代がしばらく続くだろうといっています。そこから三つぐらいのポスト資本主義のシナリオが予想されています。

一つ目は新しい封建制で、地方自立と自給自足、階層性によって特徴づけられるシステムです。二つ目は一種のアパルトヘイト制で、人口の二〇%ぐらいの



[▼37] 一九七九年、イランのパーレビ王朝を倒して、イスラムに基づく共和制を樹立した革命。反パーレビ運動を一貫して推進してきたホメイニが指導者となった。

経済的に平等な裕福層と残り八〇％のプロレタリアートから構成されるシステムです。三つ目は、民主主義的で分権的かつ平等なシステムです。これら三つのうちのどれが実現するのかは、過渡期における闘争に依存する、とされています。

## 垣間見える「資本主義の終焉」

**植村**――ポスト資本主義の見通しの議論は、資本主義が本当の危機に入っていることを前提として行われています。ウォーラーステインは「終わりが始まっている」といっています。

**若森**――ウォーラーステインによれば、現在の危機は景気変動の一局面である短期的危機とは違って、長期波動を繰り返しながら終焉に近づいているシステム的な危機です。約二五年の上昇局面と二五年の下降局面からなる長期波動から現代の資本主義を見ると、一九七〇年前後が戦後に始まる長期波動の上昇局面のピークで、その後、フォーディズムの衰退の時期と重なる、冷戦とアメリカの覇権が終わった一九九〇年代までが下降局面です。中心地域では、情報通信技術（IT）の利用と結びついた金融主導型の資本主義が発展する二〇〇〇年から二〇二五年までの上昇局面は、南から北への移民圧力の増大、中心の中間層の没落、周辺地域の労働力の枯渇による利潤率低下として展望されます。

次の二〇二五年から二〇五〇年までの下降局面は、国家能力の低下と社会的混乱(内戦状態の激化)、南北間の移民増大、南の諸国相互の戦争によって特徴づけられ、世界的な混沌と無秩序へ突入する時代として予想されています。世界人口(七〇億人)のうちのますます多くの人びとが民主化と平等(賃金やジェンダー、人種的な平等を含む)を求め、その要求に応えることができなくなることから(EUも平等や保障を求めて押し寄せる難民の受け入れに応えることができません)、資本主義世界システムは混乱と紛争をともないながら破局と終焉に入っていく、というシナリオです。

ウォーラーステインは、二〇五〇年から二〇七五年を超える時期には「われわれは資本主義世界経済のなかに生きていないだろう」と予言しています。中心—周辺関係という不平等な関係を存続条件とする資本主義は、多数の人びとの民主化要求を許容できず、民主主義と対立することで最終的な破局を迎えるというのが、彼の予想です。ついでにいっておきますと、「資本主義と民主主義は両立するか」という問いは、マックス・ヴェーバーやカール・マンハイム、カール・ポランニー、ハイエクなどが議論してきた、二〇世紀の根本問題の一つです。

**植村**——二〇二五年以降の次の二〇年から四五年ぐらいの下降局面というのは、

世界的な混沌と無秩序の時代であって、かなり大規模な略奪のし合い、という感じでしょうか。

**若森**——そうですね。低成長で大きなイノベーションも期待できないなかで、経済活動の金融化が進行し、資本主義は負債を通じた略奪によってしか利潤を生み出せない時代に入ってきている、ということです。「さらば資本主義」といった趣旨の本が日本でも多数刊行されていますね。

**植村**——フランクフルト学派に属するドイツの社会学者ヴォルフガング・シュトレーク[▼38]が「資本主義はどのように終わるか?」というおもしろい論文を『ニュー・レフト・レビュー』誌に書いています(Wolfgang Streeck [2014], How Will Capitalism End? *New Left Review*, no. 87, May-June)。

**若森**——「資本主義の終わり」をテーマにしたシュトレークのその論文と彼の新著『時間稼ぎの資本主義——いつまで危機を先送りできるか』(鈴木直訳、みすず書房、二〇一六年)の英語版を私も最近読み、本書の第5章「『資本主義の終わり』の始まりとオルタナティブ」の報告で使っています。

**植村**——シュトレークはたしか、「資本主義は、その暴走を抑制する対抗的運動を敗北させることで勝利したかのように見えるが、実は、対抗的な運動の要求によって作り出される諸制度(資本の国際移動の規制、最低賃金、雇用保障、年金や医療保



[▼38] Streeck, Wolfgang (1946–)。ドイツ出身の社会学者。フランクフルト大学で社会学を専攻。ベルリン科学センターのシニア・リサーチ・フェロー、ウィスコンシン大学マディソン校教授を経て、一九九五年よりケルンのマックス・プランク研究所(社会研究部門)所長、一九九九年からはケルン大学教授を兼任。資本主義社会における経済と政治の相互作用や民主主義の多様性について論文を発表している。

険など）によって資本主義が調整される仕組みが衰退する結果、格差の拡大や倫理の衰退などに見られるように、資本主義社会は没落しつつある」というような議論をしていました。ポランニーの、市場経済の拡大とそれに対抗的な防衛運動、という二重運動論を使っています。

**若森**――新自由主義（市場原理主義）の主導によって資本主義が、その無際限の利潤追求という貪欲を規制してきたルールや制度（たとえば、国際資本移動の制限や労働法による労働力利用の規制、社会保障制度）を撤廃することで、不平等や格差を拡大し、社会のまとまりと住民の暮らしを不安定にし、結局は資本主義自体も正当性を失い、終わりのプロセスを進んで行く、というシュトレークのシナリオは、現在のアメリカにも、通貨の安定と金融資本の国家に対する貸付を擁護するために民衆に犠牲を強いる二〇〇八年の通貨・債務危機のEUにも妥当するように思います。しばらく前まで私は、ヨーロッパでは、資本主義と市場経済の暴走を規制する制度が維持されている、と考えていましたが……。

**植村**――ヨーロッパはまったく楽観的な状況にはありません。EUの危機は最先端ですよね。

**若森**――実際にそうなんです。ユーロ危機とギリシャ危機のなかで、資本主義と金融資本の暴走を抑える民主主義が後退して、大企業や大きな銀行が巨額の収益を稼いでいる。周辺から中心に富と資産が移転する、という貧しい人から富裕な人への再分配（収奪というべきでしょうか）が進行しています。これがヨーロッパの現実だとすれば、それに対してどう抵抗するか、どうオルタナティブを見つけていくかということが問われているのです。

## 格差の拡大がシステム崩壊の危機を招く

**植村**――今の話に関連して、考えていることが二つあります。一つは、ジョヴァンニ・アリギ[▼39]の「蓄積のシステム的サイクル」論。

それによると、彼が考えている資本主義というのはむしろ金融なんです。金融資本主義と国家、彼は領土主義的権力という言葉を使いますが、その二つがどう同盟を組むかというのが問題で、その同盟がうまくいったときに、いわゆる世界システムにおけるヘゲモニー国家ができる、というんです。最初は、イタリアの都市国家ジェノヴァが金融革新を行い、小切手と為替手形、支払いの銀行間決済などのいろいろな仕組みを作りました。しかし、ジェノヴァの金融資本は、スペイン帝国という旧式の「世界帝国」型の領土主義的権力と組んでしまったので、そこの接合がうまくいかなくてヘゲモニー国家が成立しませんでした。



[▼39] Arrighi, Giovanni (1937－2009)。イタリア出身の歴史社会学者。世界システム論の代表的論者の一人。一九六〇年、ミラノのバッコニ大学で経済学博士を取得。一九七九年、アメリカにわたり、ニューヨーク州立大学ビンガムトン校のブローデル・センターに所属し、ウォーラーステイン等と研究をともにする。一九九八年からはジョンズ・ホプキンス大学教授。主な著書に、『長い20世紀――資本、権力、そして現代の系譜』（土佐弘之監訳、作品社、二〇〇九年）、『北京のアダム・スミス――21世紀の諸系譜』（中山智香子監訳、作品社、二〇一一年）などがある。

二つ目は、オランダのアムステルダムの金融資本とオランダのオランニェ(Oranje)家の領土主義的な権力がうまいこと結びついたので、オランダが世界最初のヘゲモニー国家になりました。

三つ目は、イギリス・ロンドンのシティの金融資本と大英帝国の領土主義的権力が非常にうまく結合して、オランダとの戦争(英蘭戦争：一六五二〜一七八四年)に勝ち、次のヘゲモニー国家になりました。したがって、アリギにいわせると、基本的に金融資本と国家権力、領土主義的な権力がどういうふうにうまくマッチングするかでヘゲモニー国家が変わってくるわけです。だから、ジェノヴァもオランダも基本は金融資本主義なんです。それに対して、資本主義が新しい生産の仕組みを作り上げたのはイギリスが最初で、そこで初めて鉱山や、工業生産、工場などがつけ加わりました。ただし、イギリスは産業革命によって、いわゆる資本主義的な生産様式を初めてつけ加えたのですが、やはり基本は金融資本と国家権力だ、という話をしています。

四つ目のヘゲモニー国家がアメリカなんですけど、アメリカも基本はウォール街と連邦政府の結合です。しかしアメリカの場合はイギリスとは違って、資本主義を支える基盤として多国籍企業が入りました。多国籍企業はイギリスの企業とは異なり、国境をまたぐ形で国際市場を内部化するということを行いましたが、それはイギリスと違うアメリカの新しさだ、という話をしています。そうするとアリギの主張は、まともな正統派マルクス主義から見ると、金融主義というか流通主義というか、生産様式を軽視しているという話になってしまいます。確かにそういう側面はありますが、アリギの議論は、金融資本主義と政治権力との癒着なり合体なりがどうなっていくかがポイントだという話になっていて、なかなかおもしろいといえるでしょう。そうすると、今のアメリカの衰退をどう見るか。アリギはウォーラーステインの仲間なので、彼と同じように、一九六八年なり一九七〇年前後からアメリカのヘゲモニー喪失が始まっている、と見ています。しかし、アメリカに代わる新しい金融の中心はまだないのが現状です。そこで、中国がこれからそうなるのかという議論をしている最中に、アリギは二〇〇九年に亡くなってしまいました。これが、今一つ思いついたことです。

もう一つ、今日の話で一番おもしろかったのが、新自由主義というのは、結局、一九三〇年代の危機から始まって、自由主義あるいは資本主義の意図的な再構築をどうするか、国家権力をどう使うかを問題にしていた、ということを、若森さんが強調されたことです。それに関していうと、アリギ風にいえば、今までの世界システムの歴史は全部、金融資本主義と国家権力とがどう結びつくのか、という話だったわけです。これまではそれなりに対等な同盟関係だったのが、少なくとも二〇世紀に入ってからは、資本主義の側がもっと意図的に国家権力を手段として使うという側面が自覚されて強く出てきました。それが、ひょっとしたらこれまでとの違いかもしれません。企業というのも、アメリカの多国籍企業、あるいは大独占企業であることを考えると、アリギのいう資本主義的権力と領土主義権力との関係に関する、二〇世紀の最新局面で出てきた新しい関係の捉え方が、新自由主義という形で出てきているのかなと思いました。

二つ目に思ったのが、これもデヴィッド・ハーヴェイの『新自由主義――その歴史的展開と現在』(渡辺治監訳、作品社、二〇〇七年)に出てくるいい方ですが、要するに新自由主義というのは、危機の時代の資本主義の再生のプログラムだということです。そういうふうに考えると、トマ・ピケティ[▼40]の『21世紀の資本』(山形浩生他訳、みすず書房、二〇一四年)を読んで私が一番おもしろかったのが、すでに一九世紀末にはヨーロッパ諸国での経済格差はものすごく大きくなっていましたが、第一次世界大戦と第二次世界大戦があり、そこで格差がぐっと減った。その結果、戦後のアメリカ経済も世界経済も、一見かなり平等になってきたように見えて、資本主義がよくなったかのように見えた、ということです。しかし、それは戦争の結果を改修するのに時間がかかっただけのことで、現在のように、経済格差が再び大きくなってしまった、という話です。そうすると、一九世



[▼40] Piketty, Thomas (1971－)。フランス出身の経済学者。パリ経済学校経済学教授。『21世紀の資本』(山形浩生他訳、みすず書房、二〇一四年)が世界的なベストセラーとなる。その資産および所得格差拡大の長期的な実証研究と格差是正のための国際累進課税の提案は、ウォール街に対するオキュパイ運動に大きな影響を与えた。

紀の古典的自由主義の時代も格差が拡大して危機になり、その結果、戦争とファシズムと社会主義が登場する。それが冷戦体制が壊れるところまで持続し、ようやく東西対立という危機の時代が終わったのちに、グローバリゼーションという現れ方で、一九世紀の格差拡大の線がまた戻ってきただけだ、ということになります。その格差のレベルが、かつての一九世紀末ぐらいの段階に再び戻ってきているので、そうすると次はやはり、もう一度ファシズムや社会主義、あるいは世界戦争の時代になってしまうかもしれません。

**若森**——民主主義による格差是正を無視した、新自由主義による資本主義再生の試みは、結局はうまくいかないのですよね。

**植村**——それがうまくいってるうちは大丈夫ですが、格差はどんどん拡大しますので、やはりウォーラーステインがいうような意味でのシステムの危機が来てしまうわけです。確かに新自由主義は、危機に対抗しつつ危機を作り出すという矛盾した形になってますね。

## 資本主義を主導するのは金融か?、産業か?

**若森**——今、植村さんが紹介したアリギの本は何という書名でしょうか。

**植村**――『長い二〇世紀――資本、権力、そして現代の系譜』（土佐弘之監訳、作品社、二〇〇九年）と、『北京のアダム・スミス――二一世紀の諸系譜』（中山智香子他訳、作品社、二〇一一年）です。

**若森**――アリギの議論は、金融資本が国家権力をいかに使うかに焦点を当てたものですね。そして、資本主義の動態をイノベーション（革新）、すなわち新技術や新製品や、新市場の開発からとらえ、企業家によるイノベーションに資金を提供することに信用または金融の役割を見出したヨーゼフ・シュンペーターも、アリギの本に出てきましたよね。ということは、アリギが資本主義の動態的変容における産業革命や生産システムの変革を重視している、といえないでしょうか。

**植村**――はい。最後にシュンペーターが出てきます。シュンペーターは何回か使われています。シュンペーターの引用は『資本主義・社会主義・民主主義』（一九四二年）からですが、この本でシュンペーターは、「資本主義体制には自己崩壊に向かう傾向が内在する」ことを指摘しています。また他方で、「将来に浮かび出る社会主義の種類」についても「社会主義がそもそも現実に出現するか否か」についても、私たちは知ることができない、と述べています。そのうえで彼はこういっています。「社会主義への傾向を認め、この目標を心に描くことと、この目標が現実に到達し、それによって生ずる事態が作用しうるものである――永久になどということではなくても——と予言することとは、まったく別個の事柄である。人類が社会主義の土牢（あるいは天国）の中で窒息する（あるいは日向ぼっこをする）前に、帝国主義戦争の戦慄（あるいは栄光）の中に焼き尽くされてしまうことも十分にありうることである」（中山伊知郎・東畑精一訳『資本主義・社会主義・民主主義』〔新装版〕東洋経済新報社、一九九五年、二五五頁）。シュンペーターがこの個所を書いたのは一九三五年で、これはナチス・ドイツが再軍備宣言を行った年です。だから、結果的に第二次世界大戦の勃発を予言することになったわけですが、アリギはこの言葉を、中国とアメリカのヘゲモニー争いが第三次世界大戦を引き起こす可能性と重ね合わせていることになります。つまり、人類の歴史が社会主義にいく前に、今度こそ、核兵器保有国同士の核戦争によって本当に人類が「焼き尽くされてしまう」かもしれない、という可能性を考えているわけです。

**若森**——資本主義の蓄積サイクルと金融革新とをつなげるアリギの議論は、国際的次元あるいは世界市場の次元では妥当するように思います。しかし、資本主義の経済的社会的動態のあり方の大きな変容や、一九世紀末から一九一四年にかけての第一次グローバリゼーションや二〇世紀末のグローバリゼーションによる経済的相互依存関係の拡大・強化を説明できるのは、産業における革新（イノベーション）、具体的には一九世紀初頭の第一次産業革命（蒸気機関、紡績機、紡織機）、一九世紀末の第二次産業革命（電力、電信電話、国際的輸送船）、二〇世紀末の第三次産業革命（IT技術、金融革新）ではないでしょうか。

**植村**——まあ、それはそうかもしれないですね。アメリカの『マンスリーレビュー』系のマルクス主義者は、世界システム論やアリギに対してそういう批判をするんですよ。たとえば、「生産様式をちゃんと考えていない」「重視していない」という理由で、商業主義あるいは流通主義だという批判をするんです。エレン・メイクシンズ・ウッドの批判が一番代表的だと思います（『資本主義の起源』平子友長・中村好孝訳、こぶし書房、二〇〇一年。『資本の帝国』中山元訳、紀伊國屋書店、二〇〇四年）。そういう批判の仕方をしている。

**若森**——彼らは政治的マルクス主義派ですね。

**植村**——そうですね。逆に、違う方向から世界システム論を批判しているのが「ジェントルマン資本主義」論だったりします。ピーター・J・ケインとアンソニー・G・ホプキンズです（『ジェントルマン資本主義の帝国I・II』竹内幸雄他訳、名古屋大学出版会、一九九七年）。彼らからすれば、資本主義の担い手はやはり金融だというんです。イギリスの歴史でも、結局、地主がいわばブルジョア化してロンドンのシティを押さえ、それがイギリスの資本主義を支えている。だから、マンチェスターやバーミンガムの工場主などは権力を持っていないんだというんです。

ずっと一貫してジェントリーとシティが権力を持っている。要は、金融が強いんだということです。だから、産業革命を重視しすぎるのは間違いだというういい方をします。アメリカのマルクス主義者とは正反対です。ケインやホプキンズは、世界システム論は、ウォーラーステインにしてもアリギにしても、産業革命をまだ重視しすぎていると批判しています。だから、世界システム論は両方から批判されているわけです。

**若森**――では、これで「新自由主義と自由、民主主義」をめぐる議論を終えることにします。市場経済と民主主義との緊張関係、金融資本と国家権力の歴史的関係、資本主義を主導するのは金融か産業か、などについて、もっと議論を深める必要も感じますが、残された論点は第2章での討論に委ねましょう。

第2章

# 国民／ナショナリズム

UEMURA Kunihiko
植村邦彦

# 1 ルソーの「国民」主義

「国民」や「ナショナリズム」を考える場合のやり方はいくつか考えられますが、思想史上の出発点は、一七六二年に出版されたジャン＝ジャック・ルソー[▼1]（一七一二－一七七八年）の『社会契約論』だと思います。「ナショナリズム（nationalism）」という言葉のそもそもの語源である「国民（nation）」という言葉の近代的な定義はここから始まっているからです。

ヨーロッパの諸言語に共通する〈nation〉の語源はラテン語の〈natio〉ですが、これはもともと「出生、誕生」を意味し、そこから派生して「産地、出身地」を表す言葉です。水林章によれば、フランスでは一七五〇年代の高等法院の文書において、国王の行為の対象となる受動的存在としての〈peuple〉とは区別される形



[▼1] Rousseau, Jean-Jacques (1712－1778)。スイス生まれでフランスの啓蒙思想家、小説家。「人間不平等起源論」「社会契約論」などで文明や社会の非人間性を批判。独自の人民主権思想を説いてフランス革命の先駆となった。

で、賛同または不賛成の決定主体としての能動性・自発性を示唆する〈nation〉という言葉が使われ始めるそうですが（水林［二〇〇三］六〇頁）、この〈nation〉を「共同体としての国家」の担い手と想定することで、この言葉に「政治的な統一と独立の単位としての国民」という近代的＝政治的な意味を与えたのが、ルソーなのです。

### 誓約的共同体としての「国民」

ルソーは『社会契約論』のなかで、社会契約の目的を次のように述べています。

「各構成員（associé）の身体と財産を、共同の力のすべてをあげて守り保護するような、結合（association）の一形式を見出すこと。そうしてそれによって各人が、すべての人々と結びつきながら、しかも自分自身にしか服従せず、以前と同じように自由であること」（ルソー［一九五四］二九頁）。

そのための方法は、「各構成員をそのすべての権利とともに、共同体の全体に対して、全面的に譲渡すること」（同上、三〇頁）であり、その結果、「この結合行為は、ただちに、各契約者の特殊な自己に代わって、一つの精神的で集合的な団体（un corps moral et collectif）を創りだす」（同上、三一頁）とされます。

このような一種の誓約共同体が「国民」なのです。ルソーによれば、「すべて一般意志の正当な行為は、すべての市民を平等に義務づけ、あるいは恩恵を与える。したがって主権者は、国民（nation）という体のみを認め、これを構成する個人に差別をつけない」（同上、五二頁）。ここからルソーの論理はアクロバットのような展開を見せますが、彼はこう続けます。

「彼らが国家（l'Etat）に捧げた生命そのものも、国家によってたえず保護される。そして、彼らが国家を守るために生命をかける場合、彼らは、国家からもらったものを国家に返すにすぎないのではないか？……すべての人は、必要とあれば祖国（patrie）のために戦わなければならない」（同上、五三頁）。

「統治者が市民に向かって『お前の死ぬことが国家に役立つのだ』というとき、市民は死なねばならぬ。なぜなら、この条件によってのみ彼は今日まで安全に生きてきたのであり、また彼の生命はたんに自然の恵みだけではもはやなく、国家からの条件つきの贈り物なのだから」（同上、五四頁）。

近代のナショナリズムの論理と問題点は、ここにすべて出尽くしていると思います。「国民」とは自発的な誓約（社会契約）によって成立する共同体であり、そのなかで各人は自分の身体と財産を保護されます。しかし、他方では、各人は「国民全体＝国家＝祖国」を守るために「命を賭ける」義務を負います。なぜなら、誓約の際に各人は「共同体の全体に対して自己を全面的に譲渡」したからです。これは自分を守ることと全体を守ることとの因果関係が、メビウスの輪のように堂々めぐりする循環論です。自分の生命を守るために共同体の一員になったのに、その共同体を守るために自分は死なければなりません。

## 祖国のために死ぬこと

ただし、「共同体のために死ぬこと」それ自体は、近代の「国民」に限った話ではありません。古代と中世の政治思想に関しては、エルンスト・カントロヴィッチの『祖国のために死ぬこと』（カントロヴィッチ［一九九三］）という研究があります。古代の都市国家で「祖国のために死ぬこと」を求められたのは特権的な「市民」（奴隷所有者）であり、中世では貴族身分の騎士であって、民衆ではありませんでした。それに対して、労働する民衆も含めて国家に所属する全員を「市民」と見なしたのが、ルソーのいう「国民」なのです。

『社会契約論』における「国民」の論理の応用問題として、ルソーは『コルシカ憲法草案』（一七六五－一七六九年）を書いています。イタリアのジェノヴァの植民地だったコルシカが独立宣言［▼2］を発して独立闘争を開始するのは一七二九年ですが、『社会契約論』を読んだ独立派のコルシカ出身のフランス軍人から憲法立案を依頼されたためです。

この『草案』の冒頭で、ルソーはこう述べます。「もっとも賢明な人々は、連合関係を遵守して、国民のために統治を形成する。しかしながら、それよりもいっそうよいのは、統治のために国民を形成することである」（ルソー［一九七九］一二頁）。つまり、統治者が「国民」を作り上げるのです。彼はこうもいっています。

「まず、統治すべき人民の国民的性格を知る必要がある。そして、その人民がそれを持っていないならば、それを与える必要があろう。魂のうちに、いわばその国（pays）の制服を着けていない人間はいかなるものも良き公民たりえないし、忠実な臣民たりえない」（同上、三四頁）。

これも、ナショナリズムの思想をよく表現している言葉だと思います。「国



［▼2］地中海に浮かぶ島コルシカはジェノヴァの植民地だったが、一七二九年に独立戦争が勃発し、一七五五年に独立運動の指導者パオリ（Pasquale de Paoli, 1725－1807）を首班とする独立政府が樹立された。ルソーは一七六四年にパオリの側近だったコルシカ出身のフランス軍人ブタフォコ（Matteo Buttafuoco, 1731－1806）から憲法立案を依頼され、翌年着手した。

民」とは「魂のうちにその国の制服を着ている」人間のことなのです。心のなかで、自分の属する国に忠誠を誓う人間、それが「国民」だというのです。それでは、魂のうちにその制服を着ていない人間、着るのをいやがる人間はどうなるのか。それは、フランスの歴史のなかでまもなく明らかになります。

こうして、ルソーはコルシカが独立した暁に行われるはずの「屋外で、手を聖書において宣言される宣誓の形式」まで提案します。その誓約の言葉は次のようなものです。

「全能なる神の名において、また聖なる福音書にかけて、神聖にして取り消しえざる誓言によって、私は、身体と財産と意志と私のすべての力でもって、コルシカ国民に私を結びつけ、こうして、私は一切の所有、すなわち私と私に依存する一切のものをあげて、私をコルシカ国民に属せしめる。私は、コルシカ国民のために生き、そのために死に、そのすべての法を守り、法に合致する一切のことに関して、その合法的首長と行政官とに服従することを誓う。かくて、神がこの生において私を援け、私の魂に慈悲を与えたまわんことを。コルシカ人の自由と正義と共和国よ、永遠なれ。アーメン」(同上、八五−八六頁)。

コルシカの独立運動は、一七六九年にコルシカがフランス軍に占領され、フランスに併合されることで終わります。コルシカ憲法[▼3]も「コルシカ国民」も幻に終わりましたが、しかし、この憲法草案こそが元祖ナショナリズムの表明だといっていいでしょう。

## 2　フランス革命と国民総動員

このようなルソーの「国民」は、コルシカにとってのジェノヴァのように異なる「国家」を外部（敵）と想定することで成立するものですが、そのような「国民」主義を革命の論理へと接続したのが、エマニュエル・シエース[▼4]（一七四八－一八三六年）です。一七八九年一月に出版された『第三身分とは何か』のなかで、彼はこう述べています。

「貴族身分は、その民事的、公的特権によってわれわれのなかの異邦人（étranger）にほかならない。……彼らの民事上の権利は、すでに大多数の国民（nation）とは遊離したもう一つの国民（peuple）をつくり出している。……第三



[▼3] 一七六八年にジェノヴァはフランスとヴェルサイユ条約を締結してコルシカ統治権をフランスに譲ったため、一七六九年にフランス軍がコルシカを制圧し、パオリはイギリスに亡命した。その結果、ルソーの憲法草案は日の目を見ずに終わった。

[▼4] Sieyès, Emmanuel-Joseph（1748－1836）。フランス革命期の政治指導者。革命直前に有名なパンフレット『第三身分とは何か』（一七八九年）を発表、旧体制打破を訴え、フランス革命の原動力となった。一七九二年に国会議員に選出されるが、ジャコバン派権力下では沈黙する。その後、テルミドールの反動期には総裁政府に参加。王政

身分は国民に属するすべてのものを包含しており、第三身分でないものは国民とは見なされない。第三身分とは何か。すべてである」(『第三身分とは何か』谷川稔訳、河野編[一九八九]六三頁)。

ここでは、「貴族」対「第三身分」という事実上の階級対立を表現するために、「異邦人」対「国民」という新しい言葉が使われています。貴族はまさに「国民」の外部へと排除されているわけです。

**「非国民」の成立**

この時点では、第三身分と「国民」とは同一視されていますが、七月に実際に革命が勃発し、その後、革命の進展に応じて外国の軍事介入が始まると、「国民」内部の選別という別の論理が作動し始めます。オーストリアとプロイセンの軍隊が国境を越えて侵入してきた一七九二年七月一一日、立法議会は次のような布告を出します。

「市民諸君、祖国は危機にある。現在もっているもっとも貴重なものを守るために、最初に進軍する名誉を担う人びとこそフランス人であり自由で

復古期には亡命し、七月革命の際に帰国。

あることが、永久に記憶されるように」(「立法議会の布告〈祖国は危機にあり〉」石井三記訳、河野編[一九八九]一九三頁)。

つまり、自ら進んで防衛戦争に参加する人びと、「魂のうちに」ではなく現実にフランスの軍服を着る者だけが「フランス人=国民」だ、という論理です。従軍を忌避する者は「国民」ではない、というのが必然的帰結です。その後、一七九三年八月には世界最初の「総動員法」が制定され、それに抵抗するヴァンデ地方の農民たちに対しては「国民軍」による徹底した殲滅戦が行われました。この内戦(「国民」対「非国民」の戦争)による死者は、双方合わせて六〇万人と見積もられています(森山[一九九六]六頁)。

ヴァンデ戦争[▼5]中の一七九三年一〇月には、公安委員会の指導者サン=ジュスト(一七六七―一七九四年)が国民公会で次のような発言をしています。

「新しい秩序の敵に対してもはや一切の手心を加えてはならない。……裏切り者だけでなく、無関心な者も罰しなければならない。誰であれ、共和国に対して受動的で、共和国のために何もしない者を罰しなければならない。なぜなら、フランス人民が自己の意志を明らかにしたのちには、その



[▼5] 一七九三年三月に、フランス南西部のヴァンデ地方で起こった農民反乱。ジャコバン派政権が行った三〇万人の募兵令に対して農民が反発し蜂起を起こしたもの。反乱が拡大すると、革命を認めることを拒否していた聖職者や貴族たちが「カトリック王党軍」と称して内乱に加わった。同年六月には指導者カトリノーが戦死、一二月二三日には、王党軍は壊滅したが、ゲリラ化した農民反乱は一七九五年ごろまで続いた。

意志に反対するものはすべて主権から外れており、主権から外れたものはすなわち敵だからである」(「革命政府について」阪上孝訳、河野編[一九八九]三九七頁)。

ナショナリズムは、外部の敵を想定してそれに立ち向かうと同時に、「国民」の内部にも必然的に「敵」を作り出してしまう、そういう思想だということがよくわかります。しかしながら、そのような緊張に満ちた団結の思想だからこそ、一七九二年以降の約二〇年間にわたる戦時体制を支え、「フランスの敵」に勝利し続ける軍事的な強さを保障した、ということもできます。そこから、フランスの「敵国」の側にも、そのような「国民」主義の強さを学んで模倣しようという思想が生まれてきます。その最初の例が、ドイツの哲学者G・W・F・ヘーゲル[▼6](一七七〇-一八三一年)の『ドイツ憲法論』(一八〇〇-一八〇二年)です。

## ナショナリズムの学習

ヘーゲルは、一七九五年から一七九七年にかけてプロイセンとオーストリアの連合軍が大きな戦闘のたびにフランス国民軍に敗北し、その結果、ほぼ名前だけの存在になっていた「ドイツ人の神聖ローマ帝国」が解体される過程を間近に

[▼6] Hegel, Georg Wilhelm Friedrich(1770-1831)。ドイツの哲学者であり、ドイツ観念論哲学の代表者。自己を否定・外化した上でその否定をさらに否定して自己に還帰する絶対者の自己展開の過程(弁証法)を構想。フォイエルバッハ、マルクスなどに大きな影響を与えた。主な著書に『精神現象学』『論理学』『エンチクロペディー』『法律哲学要綱』などがある。

見ています。そこからヘーゲルは改めて「ドイツ国家」の再構築を目指しますが、その際に彼が注目したのが「国民」国家の求心力でした。彼はまず、「一つの集団が国家を形づくるには、共同の武力と国家権力とを形づくることが必要である」（ヘーゲル［一九七六］六五頁）ことを確認しますが、より重要な問題は、その国家の構成員がどのようなものかということです。

ヘーゲルがフランス革命から学習したのは、「近代国家」においては、「言語や方言の相違」や「習俗と教養の相違」も「国家諸組織の精神と技術」によって「制圧し凝集させることができる」（七〇頁）ということでした。フランスの革命政府は、一七九四年に次のように宣言していたからです。

「われわれは政府、諸法、習慣、風俗、服装、商業、そして思考さえも変革した。それゆえそれらの日々の道具である言語を、変革しよう。……市民諸君、自由な人民の言語は唯一であり、全人民にとって同一であるべきだ」（ベルトラン・バレール「フランス語教育について」西川長夫訳、河野編［一九八九］四八七－四八八頁）。

フランスでは、それ以後（一九七〇年代にいたるまで）、ブルトン語地域やオック語地域でもフランス語の強制が実施されます。そのような事実を見ていたヘーゲルは、「ドイツ憲法論」で次のように断言しています。

「およそ国家形成という種類の事件はこれまでにも決して考慮の結実ではなく、権力（Gewalt）の結果であった。……ドイツ民族中の普通の民衆は、……ある征服者の権力によって、一つの集団にまで結集させられなくてはならないであろう。すなわちドイツに属することを思い知らせるためには、彼らは強制される必要があるであろう」（ヘーゲル［一九七六］一九五－一九六頁）。

フランス革命政府が「総動員法」体制の下でフランスの民衆に自分たちが「フランス国民」であることを思い知らせ、ブルターニュやオクシタンの住民に「国民の言語」としてのフランス語を強制したように、ドイツの国民国家を形成するには「権力」によって強制的に民衆に「ドイツに属することを思い知らせる」必要がある、というのです。

フランス革命は、それ以外にも、「国民」意識を醸成するために、「国民の旗」「国民の歌」「国民のシンボル」などを創り出し、活用しました。それらの具体的な技術も含めて、フランスの経験からドイツの知識人が学習したことが、その後さまざまな「国民」国家によって模倣されることになるのはいうまでもありません。

## 3 「国民」国家と世界システム

今までナショナリズムが思想として成立する過程を見てきましたが、それでは、そもそもなぜ一八世紀のヨーロッパでこのような「国民」主義が成立したのか、その歴史的文脈をどう考えたらいいのか、それが次の問題になります。

一九世紀から二〇世紀にかけてナショナリズムは世界的に普及し、次々に「国民」国家建設運動や「民族」独立運動が成立し、そのなかではナショナリズムの担い手となる「民族」や「国民」はむしろ自明の社会的実体だと考えられるようになっていきます。それとともに、一九世紀末以降のオーストリア社会民主党のマルクス主義者などによって「民族とは何か」といった研究はさかんに行われますが(たとえば、バウアー[二〇〇一]、レンナー[二〇〇七]など。詳しくは、田中[二〇〇二]参照)、その間にも「国民総動員」型の「国民」国家間戦争が世界的規模で繰り返し起きます。

さらに第二次世界大戦後の植民地独立運動の時期には、国家間戦争を引き起こす悪いナショナリズムと民族解放運動を推進する良いナショナリズムとを区別しようとする議論さえありました。日本でも、小熊英二がていねいに検証したように（小熊［二〇〇二］）、民主主義と左翼ナショナリズムとは密接に関連していました。民族や国民を実体として前提するナショナリズムそのものが批判的に相対化されるのは一九七〇年代に入ってからです。

## 国民国家の相対化

この時代に国家や国民を相対化するのに大きな影響を与えたのは、一九七四年に出版されたイマニュエル・ウォーラーステインの『近代世界システムⅠ』でした。彼は、「歴史的な構造の変化」を研究する場合に対象となる社会の単位とは何かという問題を提起し、それに対して、「主権国家だとか、もっと漠然とした概念である民族社会だとか……どちらの単位も社会システムとはいえない」と明言し、「唯一の社会システムは世界システムだ」（ウォーラーステイン［二〇一三］六頁）と答えています。

そもそも「システム」とは一般に、相互に影響を及ぼし合う要素から構成されるまとまりや仕組みの全体を意味する言葉です。ウォーラーステインがいうのは、歴史学や社会学が研究対象とする「社会システム＝仕組みの全体」とは、国家や民族を超えた「世界」というシステム以外にはないのではないか、ということでした。この場合の「世界」の範囲は、具体的には時代と場所によって主観的に異なりますが、それでも「一つの全体」として意識される空間認識のことです。それが「地球」規模になる以前には、地球上には複数の「世界」が並立していたことになります。

もともとアフリカ研究者だったウォーラーステインがこのような「世界システム」論という発想にたどり着く過程をわかりやすく説明した文章があります。一九七二年の論文「独立後のブラックアフリカにおける社会紛争――人種および身分集団概念の再考察」のなかで、彼はこう述べています。

「独立したブラックアフリカは、国際連合の成員でもある一連の国民国家からなっている。だがそれらはほとんどどれ一つとして、相対的に自律的で集中した政治、経済、文化をもっているといった意味での国民社会とみなすことはできない。これらすべての国家は、世界社会システムの部分であって、たいてい特定の旧帝国の経済ネットワークに統合されている」(ウォーラーステイン［一九八七］Ⅱ・一七頁)。

## 「国民」形成の不均等性

ウォーラーステインの「近代世界システム」論が問題にしたのは、世界のなかで「中核／半周辺／周辺」という階層化された地域構造が歴史的に生成する過程でした。そしてこれは、各地域での「階級構造」と「国家の構造」に階層的な差が生じていく過程にほかなりません。『近代世界システムI』では、それを次のように説明しています。

「特定の種類の経済活動が地理的に遍在していたことは、つねに身分集団を形成させる働きをした。一地域で支配権を握っている社会層が、その下の階層に萌芽的な階級意識が芽生えて脅威に曝された場合、地域文化の重要性を強調することがその地域の内紛を抑え、外部勢力に対抗するための連帯感を生みだすことになる。そのうえ、ここにいう地域の支配的社会層が、世界システム上の支配階層によって抑圧されていると感じ始めると、彼らには地域の一体感（local identity）をつくりだそうとする動機が二重に存在することになる」（ウォーラーステイン［二〇一三］四一四－四一五頁）。

こうして、ある地域には「地域の一体感」をかきたてるナショナリズムが成立し、「国民国家」が形成されることになります。しかし、それがいつもどこでも成功するわけではありません。国家形成のあり方は、その地域の世界経済内部での位置づけに左右されるからです。このような「国民」形成の不均等性という問題意識も、ウォーラーステインのアフリカ研究に基礎をおくものでした。それがよくわかるのが、一九七二年から一九七九年までの論文を収めた論文集『資本主義世界経済』です。そこに収められた一九七四年の論文のなかで、彼は次のように述べています。「国民(nations)、国民性(nationalities)、民族(peoples)、エスニック集団(ethnic groups)……。こうしたすべての用語は、私が『民族=国民(ethno-nations)』と呼びたい単一の現象の変形である。階級も、エスニック・グループ、あるいは身分集団、あるいは民族=国民も、世界経済の現象である」(ウォーラーステイン[一九八七]I・二八頁)。つまり、人間集団の定義に関するこれらの名称のあいまいさや混乱は、それらが「世界経済」の内部の階層化に即して分析されなければならないのにもかかわらず、単一の国家という単位に即して考えられてきたことの結果だというのです。

「民族=国民」だけでなく、「階級」も「世界経済の現象」だ、というのはわかりにくいかもしれません。ウォーラーステインは、一九七五年の論文では改めてこう説明しています。

「資本主義世界経済における国家機能のこの役割は、ナショナリズムの持続性を説明する。というのは、主要な社会的闘争は、たいてい、同一の国家境界内に位置するグループ間におけるものであるよりむしろ別々の国家に位置するグループ間におけるものであるからである。さらに、このことは、概念としての階級のあいまいさを説明するものでもある。というのは、階級は世界的規模の経済に関係しているが、階級意識は政治的な、したがって第一義的には国民的現象だからである」(同上、八一－八二頁)。

こうして、世界システム論は「国民」や「ナショナリズム」を、世界経済における地域的分業が生み出した「世界経済の現象」、地域内の階級的支配の構造が要請した「人間集団の定義」の一形態として相対化してみせたのでした。

## 4 「想像の共同体」と「伝統の発明」

以上のような世界システム論による問題提起の後、一九八〇年代にナショナリズムの批判的相対化の波がやってきます。おもしろいことに、現在のナショナリズム論の基準点となる研究が次々に出版されたのが一九八三年です。この同じ年に、ベネディクト・アンダーソン[▼7]『想像の共同体』(アンダーソン[二〇〇七])、アーネスト・ゲルナー[▼8]『民族とナショナリズム』(ゲルナー[二〇〇〇])、エリック・ホブズボーム[▼9]/テレンス・レンジャー[▼10]編『創られた伝統』(ホブズボーム/レンジャー[一九九二])が相次いで出版されました。ウォーラーステインが世界システム論の立場から人種主義の意味を論じた『史的システムとしての資本主義』(ウォーラーステイン[一九八五])を出版したのも一九八三年です。

このなかでももっとも大きな影響力を持ったのは、「国民」とは近代の出版資本主義の成立を前提として成立した「想像された共同体」だというアンダーソンのテーゼと、ほとんどの「伝統的国民文化」は一八世紀末以降に「発明=捏造」されたものだというホブズボームたちの共同研究(原題は『The Invention of Tradition(伝統の発明=捏造)』)でした。

アンダーソンの著書が大きな反響を呼んだのは、「想像された共同体」という名づけのうまさもありますが、何よりも彼の問題意識の切実さにあったのだと思います。彼は初版の「序」の冒頭で、一九七八年から翌年にかけてのヴェトナム軍のカンボジア侵攻[▼11]とそれに続く中国ヴェトナム戦争[▼12]の衝撃について語っています。国際的連帯を謳ってきたはずの社会主義国家同士の戦争がなぜ起



[▼7] Anderson, Benedict (1936–)。中国生まれ、イギリス出身の政治学者。ケンブリッジ大学を卒業後、アメリカに渡りコーネル大学で東南アジア地域研究を修める。コーネル大学名誉教授。その著書『想像の共同体』では、「国民とはイメージとして心に描かれた想像の政治共同体である」とし、ナショナリズム(国民主義)の起源を探った。また、国民という想像の共同体の成立にあたっては、出版資本主義が、極めて重要な役割を果たしたと主張した。

[▼8] Gellner, Ernest (1925–1992)。フランス出身の歴史学者、哲学者。生誕後プラハに写るが、ユダヤ人であるがゆえに一九三九年

こったのか。マルクス主義が理論的に説明することも現実的に克服することもできなかったナショナリズムとは何なのか、そもそも「国民を構成するということnation-ness」（アンダーソン［二〇〇七］二〇頁）はどういうことなのか。これが、彼の問題提起であり、そこから彼の歴史的研究が始まります。

### ナショナリズムのパラドックス

アンダーソンは、その「序」で、ナショナリズムの「三つのパラドックス」を指摘しています。

「その第一は、歴史家の客観的な目には国民が近代的現象とみえるのに、ナショナリストの主観的な目にはそれが古い存在とみえるということである。その第二は、社会文化概念としてのナショナリティが形式的普遍性をもつ――だれもが男性または女性としての特定の性に『帰属』しているように、現代世界ではだれもが特定の国民に『帰属』することができ、『帰属』すべきであり、また『帰属』することになる――のに対し、それが、具体的にはいつも、手の施しようのない固有さをもって現われ、そのため、定義上、たとえば『ギリシア』というナショナリティは、それ独自の存在

に家族とともにイギリスへ亡命。戦後プラハに戻り、カレル大学でフッサールに学ぶ。その後、エディンバラ大学、ロンドン・スクール・オブ・エコノミクス、ケンブリッジ大学、中央ヨーロッパ大学等で教鞭をとる。その著書『民族とナショナリズム』（加藤節監訳、岩波書店、二〇〇〇年）は、ナショナリズム研究における代表作の一つ。

［▼9］Hobsbawm, Eric John Ernest (1917–2012)。イギリスの歴史学者。ケンブリッジ大学で学び、第二次世界大戦後、ロンドン大学バークベック・コレッジで教鞭をとった。一九世紀の歴史を総合的にとらえた四部作『市民革命と産業革命』（安川悦子・水田洋訳、

となってしまうということである。そしてその第三は、ナショナリズムのもつあの『政治的』影響力の大きさに対し、それが哲学的に貧困で支離滅裂だということである」（同上、二二一－二二三頁）。

アンダーソンの研究は、アメリカ大陸生まれのヨーロッパ系クレオール（植民者の子孫）が「アメリカ人」としての「国民」的意識（本国人とは生まれ（natio）が異なるという自覚）を獲得して独立国家を形成する過程を、ナショナリズムの出発点に置いています。出版資本主義[▼13]が成立し、とりわけ読者に時間と空間の共有感覚を醸成する新聞というメディアが成立することと、統治機構の枠組みが確立して、その内部で植民地の首都を中心に「巡礼＝国内転勤」する現地エリートの地理的空間意識と運命共同体意識が成立すること、それが「同じ……人」という想像を可能にした、というのがアンダーソンの議論でした。

他方、ホブズボームたちの研究は、イギリスとその植民地（インドなど）における「伝統」の発明が国民的独自性と一体性（他国民からの差別化）を創出していく歴史的過程を、民族衣装（スコットランドのタータンチェックのキルト）や民族的叙事詩（オシアン）、擬古的な王室儀礼の「創出＝捏造」などに即して実証しています。

この問題設定を受け継いで、民族衣装や国語を含む国民文化の創出過程を、

一九六二年）、『資本の時代——1848－1875』（柳父国近・荒関めぐみ・長野聡訳、岩波書店、一九七五年）、『帝国の時代——1875－1914（一～二）』（野口建彦・長尾史郎・野口照子訳、みすず書房、一九八七年）、『20世紀の歴史——極端な時代（上・下）』（河合秀和訳、三省堂、一九九六年）が代表作。

[▼10] Ranger, Terence Osborn (1925－2015)。イギリスの歴史学者。一九五七年、英領ローデシアのユニバーシティ・カレッジ・オブ・ローデシア・アンド・ニヤサランドに講師として赴任し、以降アフリカ史の研究に取り組んだ。その後、ダルエスサラーム大学、カリフォルニア大学ロ

ハンガリーやクロアチアなどの東欧とノルウェーやフィンランドなどの北欧をも含むヨーロッパ全体について検証したのが、アンヌ＝マリ・ティエス[▼14]『国民アイデンティティの創造——十八～十九世紀のヨーロッパ』（一九九九年）です。
　ティエスのこの本は、一八世紀末の「ハンガリーやクロアチアの議会の審議、ハンガリーの貴族の教育、クロアチアのブルジョア層の日常会話はラテン語」（ティエス［二〇一三］六六頁）だったこと、一九世紀に入ってもなお「ノルウェーのエリート層は、行政言語のデンマーク語を話し……デンマークの宮廷では、デンマーク語ならぬドイツ語が使われていた」（同上、七二頁）こと、またフィンランドでは「エリート層はスウェーデン語を話し、地方語にとどまるフィン語を話すのは無学な農民だけ」（同上、一一五頁）だったことなど、日本では知られることの少ない歴史的事実を伝えていて、たいへん興味深いものです。

### 日本における「想像の共同体」

　このように、「民族」や「国民」が近代以降に構築された「想像された共同体」であり、「伝統文化」や「国語」というもの自体が「発明＝捏造」されたものだ、という理解は、日本でもほぼ定着したと見ていいでしょう。日本で早くからそのような見方を普及させた本としては、田中克彦『ことばと国家』（田中［一



サンゼルス校、マンチェスター大学などを経て、オックスフォード大学で教鞭をとる。アフリカ史を研究し、そのなかでも特にジンバブエの歴史研究の評価は高い。ホブズボームとの共著『創られた伝統』（前川啓治・梶原景昭訳、紀伊國屋書店、一九九二年）は影響力の大きな業績の一つとして数えられる。

[▼11] 一九七八年末、ヴェトナムはカンボジアからの難民をカンプチア救国民族統一戦線（KNUFNS）として組織し、これを支援する形でヴェトナム軍をカンボジアへ侵攻した。そして一九七九年一月にプノンペンを占領。ポル・ポト政権（クメール・ルージュ）を排除して親ヴェトナム政

九八二〕）がありますし、その後は、イ・ヨンスク[▼15]『「国語」という思想——近代日本の言語認識』（イ〔二〇一二〕）や小坂井敏晶『民族という虚構』（小坂井〔二〇一一〕）などがよく読まれています。岡本雅享『民族の創出——まつろわぬ人々、隠された多様性』（岡本〔二〇一四〕）も、「想像」の脱構築の実践報告としておもしろく読むことができます。

これらの研究を踏まえれば、たとえば、幕末の段階ではまだ全国共通の話し言葉がなく、武士の間では漢文による筆談が行われることが多かったこと、一八七三年には、後の初代文部大臣・森有礼[▼16]（一八四七－一八八九年）が「諸国民の共同体の中でわれわれの独立を維持するための必需品」として、「現在世界を支配している英語を話す人種の商業的権力」に服して、英語を日本の「国語」とすべきだと主張していたこと（Mori〔1873〕p. lvi）、日本の「国語」が「東京の中流社会」で話されている「東京語」を標準とすると定められたのは、ようやく一九〇四年になってのことであること、が明らかになります。しかし、これらの「発明」過程は忘れ去られ、あるいは隠蔽されてしまい、現在の私たちは、何千年も前から「日本」列島に「日本人」が暮らしていて「日本語」を話していたかのように思い込んでいます。これもまた、アンダーソンのいうナショナリズムのパラドックスの一つです。



権・ヘン・サムリン政権を樹立。カンボジア人民共和国を設立した。

[▼12] 一九七九年二月一七日から同年三月一六日にかけて行われた中国とヴェトナムとの戦争。当時中国とヴェトナムは、国境問題やカンボジアにおける親ヴェトナム政権の樹立、ヴェトナムのソ連との提携強化など、さまざまな軋轢を抱えていた。そのため中国は、「懲罰、制裁」を主張して戦争に踏み切った。しかし、アメリカとの近代戦を戦い抜いてきたヴェトナム軍によって中国軍は多大な損害を強いられ、撤退を余儀なくされた。

[▼13] アンダーソンが『想像の共同体』のなかで述べ

## 5　ナショナリズムの歴史的逆転？

以上のようなナショナリズム論は、ナショナリズムを歴史的に相対化して、いわばその自民族中心主義／民族文化本質主義の毒を抜く（脱構築する）役割をある程度は果たした、といっていいでしょう。しかしながら、現在の世界においても、とくに東アジアにおいては、ナショナリズムの力はまだまだ強いように見えます。

それでは、なぜナショナリズムは相変わらず根強いのか、いったい誰がそれを担っているのか、ナショナリズムは社会のなかでどのような機能を果たしているのか。そのような問題に答えようとしているのが、最近のナショナリズム論です。たとえば、レバノン出身のシドニー大学の人類学者ガッサン・ハージ[▼17]は『ホワイト・ネイション――ネオ・ナショナリズム批判』（一九九八年）で、オーストラリアの白豪主義の文脈に即してナショナリズムの精神分析を試みています。ハージによれば、「ナショナリズムが人生の目的や可能性の感覚（通常それは社会的・経済的・政治的地位の向上）を与える手段となるのは、社会生活の他のどんな分野もそのような人生の目的を提供してくれないとき」であり、したがって「社

た概念。出版が産業化されることにより、ナショナリズムのプロパガンダが流通。人々がそれらによってナショナリズムを刷り込まれたというメカニズムを指す。

[▼14] フランス国立科学研究センター研究部長。大衆文学、国民とアイデンティティ、文学における合理主義などを研究。

[▼15] 李妍淑（一九五六年―）。韓国出身の社会言語学者。延世大学校文科大学を経て、一橋大学大学院社会学研究科に学ぶ。大東文化大学をへて一橋大学教授。専攻は社会言語学・言語思想史。一九九七年に『「国語」という思想――近代日本の言語認識』（一九九六年、岩波書店〔現在は文

会生活の他の領域で満たされていないと感じている人々が、もっとも騒がしいナショナリストである場合が多い」（ハージ［二〇〇三］一三八頁）のが現実です。そういう人たちにとっては、排除すべき他者（たとえば移民）が必要とされているのだ、というのがハージの診断です。

「他者は、ナショナリストが自ら追求しているものの実現不可能性、現実のトラウマ的な核に直面することを回避する手助けをしている。これは、ナショナリストの目標達成に立ちはだかるものとして、他者が構築されているためである。この意味において、幻想の構築と維持のためには、他者が必要なのである」（同上、一四四頁）。

## 新自由主義とパラノイア・ナショナリズム

さらに二〇〇三年の『希望の分配メカニズム』では、このような不遇感に基づく〈他者〉への排斥意識は、政府の新自由主義的政策の下で社会福祉支出が削減され、失業率が高まり、「労働貧民（working poor）」が増加する、という状況のなかでいっそう強化されて「特殊なパラノイア的形態」にまでいたったと、ハージは見ています。彼によれば、「新たに拒絶された人々は……自らと自らが属す



庫に収録）でサントリー学芸賞受賞。

［▼16］鹿児島県出身の外交官、教育家（一八四七－一八八九年）。薩摩の藩校に学んだあと、一八六五年藩命によりロンドン大学に留学。その後、外務大丞、同少輔、清国公使などを経て、イギリス公使となり、外交官として活躍。一八七三年には明六社の創設を発起し、「明六雑誌」を刊行して啓蒙活動を行う。一八八五年に伊藤博文内閣の初代文相となり、諸学校令を制定して教育制度を確立。

［▼17］Hage, Ghassan（1957－）。レバノン生まれ。オーストラリアの人類学者、社会学者。専門は、精神分析人類学。ジャック・

るネイションの関係が脆弱であることに由来する恐怖を、異邦人と分類されるあらゆる人々に対して投影する。自分を養ってくれないネイションに対してこうした人々が抱く愛着は、ナショナリズムの特殊なパラノイア的形態を次第に生み出していく。新たに周縁化された人々は、復讐心に満ち、頑迷になる。彼／彼女らは、自らの失われた希望にふたたび到達するという希望のもとに、つねに『ネイションを防衛』しようとしている」（ハージ［二〇〇八］四三頁）。

ハージによれば、このパラノイア・ナショナリズムにとらわれる人びとは、グローバル資本主義と新自由主義的政策の下で生活の基盤を失い「希望」を奪われた人びとという意味で、「内なる難民」なのです。「『外部からの難民』から『ネイション』を守るという名目のもとに、こうした『内なる難民』の多くが動員されているというのは皮肉なことである。グローバルに拒絶された者がグローバルに拒絶された者に敵対している」（同上、四四頁）。これが、今、世界に広がりつつある排外主義の基本的構図だ、ということになります。

つまり、日本も含めて、まがりなりにも社会保障制度がある程度確立していた国家において、新自由主義的政策の結果として社会福祉が後退すると、それによって打撃を受けた人びとの防衛機制としてナショナリズムが強化される、ということです。しかし、ここに見られるのは、ナショナリズムの強化というより、

ラカンの精神分析を応用し、オーストラリアの多文化主義について研究。現在、メルボルン大学准教授。

むしろその歴史的機能の逆転だといってもいいのかもしれません。これまで見てきたように、ナショナリズムとは、本来は政府の側から「国民」を統合し「総動員」するためのイデオロギー操作の体系でした。ところが、現在はむしろ政府の側が「国民」を見捨てようとしているのであり、そして「見捨てられつつある」側が「国民」として遇されることを求めてナショナリズムにしがみつく、というベクトルの逆転が見られるからです。

そもそも「国民」やナショナリズムを資本主義世界システム内部での垂直的分業を基礎とする国家間システムのイデオロギー的機能として説明したのが、ウォーラーステインの世界システム論であり、バリバールとウォーラーステインの『人種・国民・階級』（若森章孝他訳、唯学書房、二〇一四年）でした。ハージが指摘しているのは、一九九〇年代以降のグローバリゼーション（冷戦体制の解体に伴う世界的規模での本源的蓄積の再開）と新自由主義（再開された本源的蓄積＝略奪的蓄積を正当化するイデオロギーと政策）の進展の下で、世界システムの再編成あるいは行き詰まりが生じていて、それがイデオロギー的機能の逆転を生んでいる、ということかもしれません。

## ナショナリズムの自己矛盾倒錯



［▼18］McCormack, Gavan（1937–）。オーストラリアの歴史学者。専門は東アジア現代史。メルボルン大学卒業後、ロンドン大学で博士号取得。リーズ大学、ラトローブ大学、アデレード大学で教鞭をとった後、オーストラリア国立大学太平洋アジア研究学院歴史学科教授。現在、同大学名誉教授。主な著書に、『空虚な楽園——戦後日本の再検討』（松居弘道・松村博訳、みすず書房、一九九八年）、『北朝鮮をどう考えるのか——冷戦のトラウマを越えて』（吉永ふさ子訳、平凡社、二〇〇四年）、『属国での孤立』——米国の抱擁とアジア（新田準訳、凱風社、二〇〇八年）などがある。

ただし、現在の日本では、上からのナショナリズム（アンダーソンのいう「公定ナショナリズム」）が強力に現れています。しかも、このナショナリズムには独特の歪みと矛盾が存在しています。たとえば、教育の分野に限っていえば、日本の政府が現在求めているのは「国民」の育成よりもむしろ「グローバル人材」の育成であり、「国語」教育の充実よりも「英語」の早期教育です。しかしながら、他方で、二〇〇六年に改正された教育基本法は「わが国と郷土を愛する」ことを目標に掲げ、文部科学省は、小学校から国立大学にいたるまで、学校儀式に際しての国旗掲揚と国歌斉唱の徹底を求めています。

もっと広い文脈では、ガヴァン・マコーマック[▼18]のいう「自己矛盾型の倒錯」が存在しています。彼は、ジョン・ダワー[▼19]との「対談」のなかで次のように発言しています。

「私も、その昔は国家主義や超国家主義を掲げた日本が今日では『追従』の途を行くという逆説に関心を持っています。それについては、『不思議の国のアリス』型（自己矛盾型）倒錯とでも言うべきものが存在する。すなわち、日本は米国に従属すべきだと主張する人々がナショナリストを名乗り、他方で、日本の利益を米国のそれより優先させる人が『反日』ではないかと



[▼19] Dower, John W.（1938－）。アメリカの歴史学者。専門は日本近代史・日米関係史。アマースト大学卒業後、ハーヴァード大学で博士号取得。現在マサチューセッツ工科大学名誉教授。米国における日本占領研究の第一人者。主な著書に、『吉田茂とその時代（上・下）』（大窪愿二訳、TBSブリタニカ、一九八一年（現在は中央公論社、二〇一四年））、『人種偏見——太平洋戦争に見る日米摩擦の底流』（斎藤元一訳、TBSブリタニカ、一九八七年（現在は平凡社、二〇〇一年））、『忘却のしかた、記憶のしかた——日本・アメリカ・戦争』（外岡秀俊訳、岩波書店、二〇一三年）などがある。

疑われるといった倒錯です。日本政治の機能麻痺の根っこには、このアイデンティティの危機があります」（ダワー／マコーマック［二〇一四］二四九－二五〇頁）。

マコーマックはアメリカの歴史家ですが、彼はその名も『属国』という戦後日本研究の本を二〇〇七年に出版しています。そのなかで、彼はこう書いています。

「日本が世界帝国アメリカ合衆国に従属的な『属国』あるいはむしろ『臣下』として組み込まれているからこそ、国民に対してはナショナリズムを表すジェスチャーやレトリック、シンボルが不可欠であった。小泉首相は特にこの役割を見事に演じた」（マコーマック［二〇〇八］二五頁）。

現在では、それに輪をかけた形で、安部首相がこの役割を演じている、と付け加える必要があるでしょう。

このような現代日本のナショナリズムを考えるうえでも、これから必要なのは、世界システムの現状とそこから派生するイデオロギー的状況を具体的に明らかにすることではないでしょうか。

## 参照文献


Mori, Arinori [1873] Introduction to *Education in Japan: A Series of Letters addressed by prominent Americans to Arinori Mori*, New York: D. Appleton.

アンダーソン、ベネディクト［二〇〇七］『［定本］想像の共同体――ナショナリズムの起源と流行』白石隆・白石さや訳、書籍工房早山（二〇〇六年の増補版の翻訳）

イ・ヨンスク［二〇一二］『「国語」という思想――近代日本の言語認識』岩波書店

ウォーラーステイン、イマニュエル［一九八五］『史的システムとしての資本主義』川北稔訳、岩波書店

ウォーラーステイン、イマニュエル［一九八七］『資本主義世界経済Ⅰ・Ⅱ』藤瀬浩司・日南田静真他訳、名古屋大学出版会

ウォーラーステイン、イマニュエル［二〇一三］『近代世界システムⅠ――農業資本主義と「ヨーロッパ世界経済」の成立』川北稔訳、名古屋大学出版会

岡本雅享［二〇一四］『民族の創出――まつろわぬ人々、隠された多様性』岩波書店

小熊英二［二〇〇二］『〈民主〉と〈愛国〉――戦後日本のナショナリズムと公共性』新曜社

河野健二編［一九八九］『資料フランス革命』岩波書店

カントロヴィッチ、エルンスト・ハルトヴィッヒ［一九九三］『祖国のために死ぬこと』

甚野尚志訳、みすず書房
小坂井敏晶［二〇一一］『［増補版］民族という虚構』筑摩書房
ゲルナー、アーネスト［二〇〇〇］『民族とナショナリズム』加藤節監訳、岩波書店
田中克彦［一九八一］『ことばと国家』岩波新書
田中克彦［二〇〇一］『言語からみた民族と国家』岩波書店
ダワー、ジョン／ガヴァン・マコーマック［二〇一四］『転換期の日本へ——「パックス・アメリカーナ」か「パックス・アジア」か』明田川融・吉永ふさ子訳、NHK出版
ティエス、アンヌ＝マリ［二〇一三］『国民アイデンティティの創造——十八〜十九世紀のヨーロッパ』斎藤かぐみ訳、勁草書房（ただし、原書の副題は「十八〜二十世紀のヨーロッパ」）
バウアー、オットー［二〇〇一］『民族問題と社会民主主義』丸山敬一他訳、御茶の水書房
バリバール、エティエンヌ／イマニュエル・ウォーラーステイン［二〇一四］『人種・国民・階級』若森章孝他訳、唯学書房
ハージ、ガッサン［二〇〇三］『ホワイト・ネイション——ネオ・ナショナリズム批判』保苅実・塩原良和訳、平凡社
ハージ、ガッサン［二〇〇八］『希望の分配メカニズム——パラノイア・ナショナリズム批判』塩原良和訳、御茶の水書房
ヘーゲル、ゲオルク・ヴィルヘルム・フリードリヒ［一九七六］「ドイツ憲法論」『ヘーゲル政治論文集・上』金子武蔵編訳、岩波書店

ホブズボーム、エリック／テレンス・レンジャー編［一九九二］『創られた伝統』前川啓次・梶原景昭他訳、紀伊國屋書店
マコーマック、ガヴァン［二〇〇八］『属国――米国の抱擁とアジアでの孤立』新田準訳、凱風社
水林章［二〇〇三］『公衆の誕生、文学の出現――ルソー的経験と現代』みすず書房
森山軍治郎［一九九六］『ヴァンデ戦争――フランス革命を問い直す』筑摩書房
ルソー、ジャン＝ジャック［一九三三］『人間不平等起源論』本田喜代治・平田昇訳、岩波書店
ルソー、ジャン＝ジャック［一九五四］『社会契約論』桑原武夫・前川貞次郎訳、岩波書店
ルソー、ジャン＝ジャック［一九七九］『コルシカ憲法草案』木崎喜代治訳、未來社
レンナー、カール［二〇〇七］『諸民族の自決権――特にオーストリアへの適用』太田仁樹訳、御茶の水書房

対談

# 国民／ナショナリズムをめぐる討論

## 「国民」概念を最初に創り出したルソー

**若森**——ナショナリズムと国民の成立と変容という大きなテーマについて斬新な議論をしていただきました。ルソー、ヘーゲルから始まって、二〇世紀初頭の思想を経て、二〇世紀末のグローバル化とナショナリズムについての論じ方まで、新説も含めて大きな議論を展開していただいたと思います。たいへんおもしろかったという印象です。感想や質問するぶつけることから議論を始めましょうか。

**植村**——そうですね。そうしましょう。

**若森**——私にとって、率直にいいますと、『社会契約論』を書きフランス革命を思想的に準備したルソーが、「国民を最初に根本的に作り出した思想家であった」という植村さんの提起は驚きで、ちょっと意外でした。社会の不平等を批判し、私有財産に批判的で直接民主主義を主張したルソーがナショナリズムの理論家であった、という議論は少しショックでした。

私はルソーの『社会契約論』を学生時代から何回も読んでいて、植村さんが「国民（nation）の発明者としてのルソー」を根拠づけるものとして引用した文章も何度も読んでよく知っているものです。

しかし、私はこれまで、共同体としての国民の創出というよりも、諸個人がいわば相互契約を通して、自分の生命や権利を全面的に譲り渡す代わりに自分の人格や自由を保護してもらうような、一種の相互性に基づく社会体の形成論として『社会契約論』を理解していました。つまり、国民の形成というよりも、アソシアシオン（結社）の形成の論理、あるいは自由で平等な政治的共同体を構築する論理を、ルソーのなかに読んできました。個別的意志や特殊的意志を超える一般意志をいかに作るか、一般意志が形成されることで、自由で平等なアソシアシオンを作ることが可能になる、これが『社会契約論』の通説だと思います。すべての人が広場の集会に参加し議論し合い、多数決ではなく満場一致によって合意が形成されるならば、この合意は直接民主主義によって作り出された一般意志の形成である。そういうようなのが私のルソーのイメージです。

一九六八年から七〇年にかけての学園紛争の頃、多くの学生が、『社会契約論』を読み、錯覚だったかもしれませんが、全学集会のなかに直接民主主義による一般意思（参加者の討論と決定への参加による合意形成）、あるいは、決起集会や大学当局との団体交渉のときに一瞬成立する「あなたの苦しみは私の苦しみ」「あなたの喜びは私の喜び」というような一体感を実感することもありました。このようなルソー観をもっていましたので、最初は驚きましたが、国民とか国民共同体を形成する論理を提供する者としてのルソー、という植村報告は斬新ですごく説得力がありました。植村説は新説でしょうか、それとも、先行研究はありますか。

## ナショナリズムは民主主義か？

**植村**――先行研究でこういうのはあまりないかもしれません。しかし私自身はルソーを読んだとき、最初からやはりこのことがすごく気になっていました。ルソーの思想は、普通は民主主義だといいますよね。私も民主主義だと思います。でも、ナショナリズムは民主主義なんですよ。なぜなら国民とは、「同じコルシカ人」とか「同じフランス人」というような、まさに心を一つにした、自由で対等な人間の結びつきです。それが国民になっているわけですから、民主主義なのです。先ほど少しいいましたが、戦後の日本でも、ナショナリズムと民主主義の問題としては、「民主と愛国」という小熊英二が整理した形のような議論があり、そこでもやはり愛国主義が民主主義なんです。だから、「反米愛国」というのは革命の一つの路線でもあったわけです。

たとえば、ルソーとフランス革命のつながりを例に考えればわかりやすいと思いますが、ナショナリズムと民主主義が合体したものは革命の論理になるので、「反米愛国」も、日本の「民主と愛国」も、革命の論理、あるいは変革の論理となります。しかしそれは少しずれると、メンバーに対して献身を要求するんです。命をかけた献身的努力を。

**若森**――ナショナリズムは民主主義であり、愛国主義も民主主義であり、それらが合体することが近代革命の論理である、という植村さんのお話は、非常に新鮮で、かつ、常識的なストーリー展開をひっくり返すような議論です。とても興味深くお聞きしました。しかし、「民主主義はナショナリズムである」という命題は、労働者階層が普通選挙権や社会保障制度（失業保険、年金保険、医療保険など）を通して国民として統合された一九世紀末から二〇世紀初頭以後の時代、戦争や革命、戦後復興という問題に直面した二〇世紀の歴史や思想には妥当すると思います。二〇世紀を通して、国民国家は諸階級・諸階層間の闘争が展開する闘技場となりました。資本主義の発展の遅れた地域で発生したロシア革命（一九一七年）や中国革命では、国民形成と民主主義、民主と愛国は合体していたと思います。第二次世界大戦後の日本の戦後復興の時期においても、丸山眞男の著作に見られるように、ナショナリズムと民主主義は合体しています。それで、一七八九年のフランス革命以前の時期に生まれたルソーの思想のなかに、この命題を読み込むのは早すぎるのではないか、という印象をまだ抱いていますので、討論のなかで私の誤解を解いていきたいと思っています。

そこで、もう一回繰り返しますが、ルソーにおいて国民、あるいは共同体としての国民が誕生したということであれば、ルソー以前の一七世紀の社会契約論者、トマス・ホッブス[▼20](一五八八－一六七九年)の『リヴァイアサン』(一六五一年)やジョン・ロック[▼21](一六三二－一七〇四年)の『統治二論』(一六九〇年)などでは、共同体としての国民という概念は成立していなかったということになるのでしょうか。

## 「全体のために命を投げ出す」——ルソーの「一般意志」

**植村**——そうですね。そこには二つ問題があります。一つは、私自身の専門は思想史なのですが、「言葉の歴史」、つまり「言説史」という形で研究しています。

[▼20] Hobbes, Thomas (1588－1679)。イギリスの哲学者、政治思想家。自然主義・唯物論・を国家・社会にも適用した。社会の自然状態では、人間は万人の万人に対する闘いの状態であるととらえる。したがって、相互に契約を結んで一つの意志に服従する必要があり、ここに国家と主権が成立するとし、絶対君主制を擁護した。主な著書に『リヴァイアサン』『哲学言論』などがある。

[▼21] Locke, John (1632－1704)。イギリスの哲学者、政治思想家。経験論の代表者。政治思想では人民主権を説き、アメリカ独立やフランス革命に大きな影響を及ぼした。主な著書に『人間知性論』『統治二論』『寛

それで、“nation”という言葉がそもそもどういう意味で使われているかということを考えるわけです。われわれが今普通にナショナリズムという意味で使っている“nation”という言葉をどこまで遡れるかというと、やはり最初はルソーなのです。

時代的には、アダム・スミスの登場はルソーよりも後になりますが、スミスの『国富論』の原題は“*An Inquiry into the Nature and Causes of the Wealth of Nations*”で、“nation”という単語が使われていますが、ここには国民国家の意味はまったくありません。あれは昔ながらの意味で、“nations”といえば、世界の人々のことを指しています。「nascor＝生まれる」から派生した「natio（ナシオ）＝生まれ、産地」というラテン語自体は昔からあるので、“……nation”といえば、「……生まれの人」というだけです。“Japanese nation”なら「日本で生まれた人」というだけなんです。つまり、“nation”に政治的な共同体という意味を込めたのはルソーが初めてです。

スミスはルソーより後の時代の人ですが、政治的な意味は何も感じていませんので、「“*the Wealth of Nations*”はただ「世界の人びと」。だから、スミスの“nation”を「国民」と訳すのは間違いだと思います。

一昔前の岩波文庫版の題名は『諸国民の富』でしたが、「国民」という強い意

容論』などがある。

味はないから、今の岩波文庫の『国富論』の方がまだ曖昧でいいと思います。

もう一つは、ホッブスもロックもそうですが、彼らのいう社会契約論というのは、「国家を作る」という議論です。その場合の「国家」には“commonwealth”という言葉を使いますが、そこには、ルソーがいうような、「全体のために命を投げ出す」という議論はないのです。

ホッブスは、「いったん契約を結んだら権力には従わなければいけない」という話をしますが、しかしその一方で、「その社会契約は自分の命を守るためにしたのだから、権力がもし自分の命を脅かそうとするようなぎりぎりの事態になったら、それときは抵抗あるいは反抗するのは自然の権利だ」というのです。だから、戦争状態、とくに内戦状態になったら、もう契約は破棄なのです。自分の安全を保護できないような状態になったら、最初の話と違うことになるので、もう契約は破棄してもよいということです。ですから、そうなったときには、個人で徴兵拒否や逃亡をすればいい、というのがホッブスの論理です。

しかしルソーのいう「一般意志」は、個々人を区別せず、全員を国民として対等に見るものです。あくまでも一般意志が大事なので、たとえば一般意志が戦争することを決めたら、国民は一般意志に従わなければなりません。しかも、一般意志は単純な多数決で決められるものではなく正しい意志なので、一度成立したら、個々の人間はそれに従わなければならないのです。
ホッブスには一般意志がないから、そういうことになりません。その意味では、ルソーのほうが民主主義として徹底しているぶん、全体主義、国家主義としても徹底しています。それは、コルシカ憲法草案に如実に表れています。

**若森**――ルソーの『コルシカ憲法草案』を見ると、民主主義は愛国主義であること、ナショナリズムと民主主義は一体化していることが、かなりはっきりわかりますね。

**植村**――そう、魂のうちにその国の制服を着てないといけないのですから。

**若森**――植村さんがいうように、民主 即 愛国、「全体のために命を投げ出す」という主張が『社会契約論』の核心であるとしたら、日本の明治維新を創出し近代国家の建設をめざした指導者や思想家がルソーを好きになる理由がわかるような気がします。

**植村**――そうですね。ルソーは、そういう意味で、ナショナリストにとっても非常によく使える議論だと思うんですけどね。

## 「国民は上から服従させるもの」――ヘーゲルの「普遍的意志」

**若森**――ルソーの後で一九世紀の前半に活躍したヘーゲル(一七七〇－一八三一年)も、『ドイツ憲法論』であからさまに、「国家権力によって民衆に教える」ということまでいってますよね。「国民として結集する」というようなことを。そこまでいってしまうんですね。

**植村**――そうそう、強制するんです。制圧して凝集すると。なかなかおもしろい。

**若森**――だから、「国民」という共同体というのは、ヘーゲルにいわせれば、「下から生まれてくる」というよりも、「上から徹底的に服従させるもの」としてあるわけですね。

**植村**――そうです。ヘーゲルの場合は、権力や政府が先にあって、それが住民を国民に変えていく。そういう考えが非常に強いですよね。

**若森**――ヘーゲルに関していうと、マルクスは『ヘーゲル法哲学批判』でヘーゲルの『法の哲学』(一八二一年)を批判しています。『法の哲学』は、今の議論とは論理が反対で、まず家族があり、ついで自立した諸個人が分業と交換を媒介にして作り出す水平的な社会関係としての市民社会が展開され、この市民社会の発展が不可避的に生み出す貧困や失業といった社会問題を解決するものとして国家論が展開されます。したがって、ヘーゲルの『法の哲学』はいわば、下から国家権力が形成されるような論理です。

しかし、ヘーゲルの『ドイツ憲法論』はそれとは反対で、国民は国家権力が作りますし、社会的秩序は民衆を教育することで形成される、ということになります。そういった点では、『ドイツ憲法論』のような、ヘーゲルの「初めに国家権力ありき」みたいな論理は、ずっと変わりがなかったのですか。それとも変わっていったのでしょうか。

**植村**——論理展開の仕方は違いますけれども、ヘーゲルは基本的に国家主義者だと思います。『法哲学』の論理としては、それぞれの段階の矛盾を解決する形で上位概念が出てきます。たとえば市民社会には、階級の対立や、貧富の格差の拡大、あるいは労働者階級の貧困化などの問題がありますが、「それを解決するのは国家だ」といっています。

私は、ヘーゲル自身はルソー主義者だと思っています。ですから、『法哲学』における国家の位置づけと役割は、それこそ一般意志だと思うんですね。言葉遣いのうえではもっと違ういい方をしますが、ヘーゲルは普遍性という言葉が好きなので、「普遍的意志」という言葉を使います。これは、やはりルソーの「一般意志」だと思うんです。主体的な政治参加の意識を持って国家のメンバーになること、それこそがヘーゲルの考えている国家です。したがって、国家ができると経済的な階級対立は克服できるということになります。そこがマルクスの批判するところなのです。

だから、「同じ日本人じゃないか」というロジックで、民主的な政治参加をすることによって、資本家と労働者の対立関係が調整される。ヘーゲルが考えているのは、そういったルソー型の国家共同体を作ることであり、それがやはり最終目標と考えていたのではないでしょうか。

## 国家主義者ルソーVS.革命家ルソー

**若森**――『人間不平等起源論』(一七五五年)のルソーと『社会契約論』のルソーという二人の異質なルソーがいます。『人間不平等起源論』は、未開人が森をさまよいながら自己保存の感情に従って生きる自然状態を扱った第一部と、社会化され文明化された人びとが私的所有権と政治的国家の確立のもとで、他者の評価を気にしながら利己心に従って生きる社会状態を描いた第二部に分かれていて、かなり複雑な議論をしています。第二部では、私的所有や分業、科学技術、貨幣、言語の発展とともに次第に富者と貧者のあいだの不平等が拡大し、両者のあいだで全面的な戦争状態が発生するに至ること、この戦争状態が、不平等を固定する法律を策定し、自分以外のすべての人を奴隷状態（一種の平等な状態）に置く専制君主の出現によって解決されているのが現在の社会状態である、つまり、私的所有権と分業と政治的国家の行き着くところは一種の奴隷状態である、という議論が展開されています。この意味で、『人間不平等起源論』は、私的所有権と不可分な関係にある、政治的国家を作る論理に対抗する論理的な基盤を提供しています。『社会契約論』は共和国を作る論理、国民の創出の論理を展開しています。『起源論』と『契約論』はどのような関連にありますか。

**植村**――そうですね、『人間不平等起源論』をどう読むかということでいうと、あれは明らかに当時の経済社会も含めてフランスの現状に対する文明批判でした。しかし、文明批判プラス悪しき政治社会批判という側面も持っていて、要するに国家というのは、強い者や富を持っている者が弱い者や貧しい者を支配するための装置だ、という話をしています。

つまり、商業的な腐敗みたいなものへの批判も含めて、あの時代の文明を相対的に批判するという論理があり、それに対して共和主義的ないし民主主義的徳に基づく、腐敗していない人間の共同体を作りたい、という意識が『人間不平等起源論』のなかでは連動しています。

まずは『人間不平等起源論』があり、「じゃあ望ましい共同体、すなわちアソシアシオン（association）なりコミュノーテ（communauté）というのはどういうものか」という話になり、「それはこういうものだ」という政治的なイメージを打ち出したのが『社会契約論』です。ルソーのなかでは、現代社会を批判し、それに対してギリシャやローマのような古典的な共和制に対するイメージがあって、そういうものを作りたい、というのは一貫していると思うんですよね。

**若森**――一方で、ある種ガチガチの国家主義的ナショナリズムでも活用できそうなルソーがあって、その一方で、それこそピエール・クラストルが主張するような「国家に抗する社会」の発見者としてのルソーがある。この間の乖離がどうしても腑に落ちない。この乖離をどう理解したらいいでしょうか。

**植村**――ルソーは『社会契約論』で、このような共同体ができる可能性の条件というのを挙げています。すなわち、フランスのような巨大な国家で人口規模も大きいところでは無理だといっています。逆に、ジュネーブみたいな都市国家や、あるいはコルシカのような小さい島などの規模ならできると話しています。そもそもルソーが、フランスやドイツのような規模のナショナリズムや国民国家を考えていない、というのは確かだと思います。

ルソーが死んでからフランスのルソー主義者は実際に革命を実行するわけですが、人間不平等起源論的な国家批判を考えると、フランス革命下にルソーがいたら、やはり国家を批判するんじゃないかと思います。

**若森**――先ほど「国家に抗する社会の発見者としてのルソー」のことを述べましたよね。確かに、自立的諸個人の協同体たるアソシアシオンの形成と一般意志の論理をつなげて理解して、「革命家ルソー」あるいは「アナキスト・ルソー」といっていいかもしれないけど、そのような読み解き方をしてきた人は結構多いですよね。

それに対して植村さんは、国民共同体の発明者としてのルソーという命題を提起されました。これはおもしろくずしんとくる命題だから、いろいろな側面から議論して理解を深めたいと思います。全体主義者としてのルソーという解釈は前々からありますよね。

**植村**――一般意志についていうと、この言葉はフランス革命が起きたときに、最初の国民議会の設立宣言で使われています。そもそも、三部会の第三身分代表が「国民の議会アセンブリ・ナシオナル」を名乗ったときに、この宣言のなかで一般意志という言葉を使っています。原文はこうです。「議会は、諸権限の審査……を行い、この議会がすでに国民の少なくとも一〇〇分の九六によって直接に派遣された代表によって構成されていることを確認する。……国民の願望にかたちを与えるのに協力することは、審査された代表者にのみ属する任務であり、また審査されたすべての代表者はこの議会に出席すべきであるから、国民の一般意志を解釈し提示することは議会に属すること、否、議会にのみ属することを結論することはさらに不可欠である」(「国民議会設置の布告」木崎喜代治訳、河野健二編『資料フランス革命』岩波書店、一九八九年、八九頁)

つまり、国民議会に集まった革命指導者たちは、「一般意志を解釈するのはわれわれだ」「われわれが国民の代表だ」というわけです。フランスの規模で考えたら代表制しかないので、そうすると国民議会の決めたことは一般意志になるわけです。そうであれば、総動員法も一般意志なので、総動員に抵抗する人は非国民になる。そしてそれは論理的には何ら問題がありません。

**若森**――フランス革命に続いてナポレオンが軍事独裁政権(一八〇四－一八一五年)を樹立し、国民軍を率いてヨーロッパ各地を侵略し、イギリスとの長期的な戦争を引き起こしました。フランス軍は各地で民衆のゲリラ的な抵抗に直面しましたが、スペインでもマドリード市民がフランス軍に対して反乱を起こし、多くの市民は銃殺刑を執行されました。画家のゴヤがこの銃殺刑を「マドリード、一八〇五年五月三日」という絵で描いていますが、この絵をプラド美術館で見ることができます。この絵を見たとき私は、「ナショナリズムは民衆を殺す」論理を含んでいると思い、ぞっとしました。

**植村**――ドイツもそうですが、ナショナリズムが広がっていく、あるいは伝染していくプロセス自体が、戦争ですからね。フランスと戦うという理由から、戦争している当事者の意識と言説そのものがフランスをまねたナショナルなものになっていく。対立しながら、敵対している当の相手の真似をしていく。

## 国際競争の単位としての国民国家とナショナリズム

**若森**――一九世紀末から二〇世紀初めにかけて独占資本主義と帝国主義の時代に突入し、国際競争においても階級闘争においても、国民の単位、国民国家の単位が重要になってきます。一九世紀末までは、イギリスやフランスなどの先進国の国民は、富裕者と貧しい者（労働で生計を立てる人は貧民とみなされていました）という「二つの国民」に分類されてきましたが、一八七〇年代以降になると、各国が金本位制を採用して国際金本位体制が成立し、そのもとで国際自由貿易が飛躍的に発展するなかで、労働者が金持ちと同じ国民に統合される動きが出てきます。なぜかといいますと、自由貿易が世界的に普及するとともに、アジアやアフリカのあらゆる農産物や原材料が商品として交換されるようになることで、また、国際的な相互依存関係が緊密になることで、自国の農業や産業が他地域の安い財の輸入によって破産に直面するリスクが大きくなり、各国は自国の農民と戦略的に重要な産業を保護するために、農業関税や工業関税を設置する必要が出てきたからです。このような関税、たとえば農業関税は、一部の関係者（農民、地主）の利害だけではなく、労働者を含む国民的利害を代表していました。労働者は、失業のリスクを緩和し雇用を守るために関税を支持しました。また、金本位制は自国通貨と金との交換比率を安定させることを条件としていますので、各国にとって国民通貨（円、ポンド、マルク、フラン、ドルなど）とその対外価値を維持することが重要になってきます。そのため、各国の国民通貨はそのナショナリズムを表すものになりました。また、男子の普通選挙権が導入され労働者の利害が立法に反映されるようになった結果、年金や医療、失業に関する社会保険が制度化されて福祉国家化が進展したことも、労働者を国民として統合し、国民国家を国際経済上の重要な単位として確立するのに貢献しました。

そういう点では、国際競争の単位としての国民国家（国民的貨幣と経済ナショナリズム）と階級闘争の単位としての国民国家は結合していて、それらは一九世紀末から二〇世紀初めにかけて同時に生まれたと思います。ドイツをはじめとする各国の社会民主党や労働党が第一次世界大戦への自国の参戦を支持することで第二インターナショナル[▼22]が解体したのと同じように、マルクス以後のマルクス主義は、国民国家の枠内での階級闘争とナショナリズムを超えることができなかったと思います。階級的なものとナショナリズムとの接合という歴史の現実を直視して、国民国家とナショナリズムの次元を超える、諸地域の連合としての民主的な世界共同体のような次元をいかに構想するかということは、マルクス主義にとって未完の課題ではないでしょうか。

**植村**——たぶんそこが課題なんでしょう。

**若森**——課題かもしれませんが、今でも解決できていませんし、今後も課題であり続けるでしょう。そこは、「階級的なものとは何か」や「階級的な実践とは何か」など、マルクスが指摘したことが何だったのかを検証し直す必要がありますね。

**植村**——そこは難しいですよね。先ほどいわれた、階級闘争なり階級政治が「国民」的立場を競い合い、ナショナリズムを模倣する現象とか、あるいは戦後日本の愛国主義と民主主義の結合など、フランス革命の模倣のような側面が強くあります。フランス革命の出発点はある意味、階級闘争であるわけで、具体的にはまだ「階級」という言葉ではなくて「身分」という言葉で表現されていましたが、

[▼22] 一八八九年パリで結成された、各国社会主義政党の連合組織。第一次世界大戦で、各国の組織が、インターナショナリズムを放棄して自国の戦争を戦争を支持するようになり、解体した。その後一九二〇年に、コミンテルンのプロレタリア独裁に反対する各国の社会民主主義政党によって再建されたが、第二次世界大戦の開始に伴い消滅した。

「あの連中（第二身分＝貴族）は異邦人で、自分たち（第三身分）は"nation"だ」という、そういう革命ですから。

実際には、ロシア革命にしても、政治的な言説としてはフランス革命をかなり意識して真似もする。それで、初期のロシアは別としても、自分たちが労働者階級だというときに、「労働者階級が実は国民の実体的な大半を占めるものだ」「したがって自分たちが国民の利益を代表している集団だ」という考え方は、フランス革命を見た左翼としてはやりやすいし、民衆を動員しやすい。だから、ナショナリズムもかき立てつつ、それが実は日本の労働者階級の利益と合致するんだという議論は、たぶん作りやすかった。

それに対して、人種主義は基本的に国境の外部の異人種に対して、というよりは、国内の「生まれ」が異なる人たちに対するものとして、内向きで出てきますから、「国民」の内部を分断する議論が出てきます。つまり、国内の一定の社会層に対して、「彼ら」を「われわれ」とは先天的に異なる人たちとして印づけて区別する。日本では昔からある被差別部落や在日コリアンの問題とか、フランスならアルジェリア系移民の問題とか。人種主義が社会の内部に分断を持ち込んで序列化して利用しようとするのに対して、国民型の階級意識は人種的分断に抵抗する機能を持たない。



[▼23] 黒人や他の少数グループが、教育、雇用、選挙などにおける人種差別に抗議し、白人と同等の権利獲得を要求したアメリカの運動。一九六〇年代に高まりをみせ、一九六四年の公民権法成立の原動力となった。

[▼24] Krugman, Paul Robi (1953－)。アメリカの経済学者、コラムニスト。イエール大学卒業後、マサ

**若森**――階級政治と人種主義の接合の問題に関して、植村さんは「国民型の階級意識は人種的分断に抵抗する機能を持たない」といわれましたが、アメリカの階級政治と人種主義の接合はその実例になると思います。ロナルド・レーガンが政権に就いた一九八〇年以来、アメリカ社会の格差は拡大していますが、白人労働者と黒人労働者の格差も広がっています。労働者間の格差が広がっているのは、多くの貧民やシングルマザーを抱える黒人層への再分配が白人労働者の反対で阻止され、縮小しているからです。どうして白人層が黒人層への福祉政策や再分配に反対するかという理由として、一九六〇年代と七〇年代の公民権運動[▼23]で黒人層が白人と同等の市民権を持つようになったことに対し、白人労働者が不満と鬱積感を持っている、ということが指摘されています。ポール・クルーグマン[▼24]が『格差はつくられた』(早川書房、二〇〇八年)で明らかにしているように、新自由主義とそれに結びついた保守主義は、不平等と格差を是正する階級政治を阻止するために、公民権運動の帰結として生まれた黒人解放運動に対する白人の反発を巧みに利用している、といえます。アメリカ社会に根深く生き残る人種主義が経済的格差の一因になっているわけです。人種主義による白人労働者と黒人労働者の分断を乗り越えるのは容易なことではありません。

**植村**――日本では、アメリカやヨーロッパに比べると、差別の対象とされる人び



チューセッツ工科大学で博士号取得。同校、スタンフォード大学、プリンストン大学を経て、ニューヨーク市立大学大学院センター教授。二〇〇八年ノーベル経済学賞受賞。一九八二～八三年には大統領経済諮問委員会スタッフも務めた。『ニューヨーク・タイムズ』紙などのコラムなどでリベラル派の論客として活躍。主な著書に『クルーグマンの良い経済学悪い経済学』(山岡洋一訳、日本経済新聞社、一九九七年)、『クルーグマン教授の経済入門』(山形浩生訳、メディアワークス、一九九八年)、共著に『クルーグマン ミクロ経済学(第二版)』(大山道広他訳、東洋経済新報社、二〇一七年)などがある。

との割合が少ないので、人種主義は社会階層の分断という意味で大規模な社会問題にはなっていないように見えるかもしれませんが、潜在的には根深く存在していますからね。

## 排外主義的ナショナリズムは知識人が主導する

**若森**――昨今の日本のレイシズム、すなわち排外主義的なナショナリズムというのは、かなり知識人やエリートが主導しているような気がします。『日本型排外主義――在特会[▼25]・外国人参政権・東アジア地政学』（名古屋大学出版会、二〇一四年）を書いた徳島大学の樋口直人も述べているのですが、日本の排外主義がヨーロッパの排外主義と違うのは、移民との競合が実際にはそんなに出てきていないことです。つまり日本には、競合して脅威を覚えるほどの移民労働力が流入してきているわけじゃない。むしろ、日本の排外主義的ナショナリズムというのは、歴史修正主義なのではないか。そして、その歴史修正主義を誰が主導しているかというと、小林よしのり[▼26]などの漫画家を中心とした一群の知識人たちで、排外的傾向を強めている自民党もそうした動きを後押ししているのが現状です。こうした文脈で考えると、前掲論文のなかで植村さんが述べた「ナショナリズムの



［▼25］正式名称は「在日特権を許さない市民の会」。在日韓国・朝鮮人に対する入管特例法などが在日特権であると定義し、その廃止を目的として設立された市民団体。二〇〇六年に結成され、二〇〇九年からは、差別用語を連呼して示威行為を行う「ヘイトスピーチ」を活発化させ、ヘイトスピーチ解消法（二〇一六年六月）の施行に結びついた。

［▼26］福岡市生れ（一九五三年－）。漫画家。東大一直線』『おぼっちゃまくん』などのヒット作を持つ。一九九二年の『ゴーマニズム宣言』以降、社会問題や政治問題を題材にした漫画を執筆する。当初のリベラル派のスタンスから、保守主

歴史的逆転」というのは、実際にどのような形で起きているのでしょうか。

**植村**——一言でいうと、これまで民衆を統合する論理として上から使われてきたのがナショナリズムで、それがこれまでの左翼側からの国民国家批判とかナショナリズム批判の根拠だったけれど、今はむしろ、政府そのものが新自由主義的な政策のもとで一定の人間を切り捨てていて、捨てられつつある人たちの側が、自分たちのいわば失われつつある既得権を守るために必死でしがみつくのが今のナショナリズムだと、そういう見方です。国家は、もはや日本列島の住民全員を統合しようと思っていない。

**若森**——現在の日本では、中国と韓国に対する排外主義がかつてなかったほどに一部の人だけでなく、身の回りの人びとの間にまで浸透しています。低成長に陥りもはや高成長を望めない日本資本主義が、強力に国民を選別して、それをレイシズムで補完していくような作用を引き起こしているように見えます。経済成長によって国民を「一億総中流」として統合することができなくなった資本主義は、国民すべての統合機能をウルトラ的に強化するものとして、国民とレイシズムとの接合を図っていると思っています。

**植村**——そうですね、明らかにそうだと思います。在特会は明らかに「差別は口に出してもいいんだ」「許されるんだ」と思っている。

義へ転向。大東亜戦争肯定論と反米主義、改憲を明確に打ち出した。

**若森**――そうそう、ゴーサインです。

**植村**――だから、「差別を口に出してもいいんだ」という雰囲気ができること自体が、表面的にはそちらに負けてるっていうことですからね。

## ナショナリズムの人種主義化が新しい統合の論理を構築する

**若森**――今の「ナショナリズムの反転」の議論ですが、ナショナリズムというのは、上からの、つまり権力からの民衆統合の論理だった。それが、ハージの理論をもう少し一般化していえば、ナショナリズムの人種主義化が起きてきた。たとえばヨーロッパの移民排除や日本の排外主義などがそれにあたります。

**植村**――そういう感じですね。

**若森**――だから、そういう点でいうと、「国家が国民を見捨てることによって、多くの民衆がナショナリズムにしがみつく」というのは部分的で特殊的な説明で、もうちょっと一般化して説明すると、「ナショナリズムが人種主義化して、それが新しい統合の原理として作用している」ということになりますね。このことは日本でもいえるし、ちょっと難しいけれどもヨーロッパの移民問題でもいえるかもしれないですね。

植村――ハージは「不可能だから核を探す」といっていましたよね。バリバールも似たようなことをいっていたと思いますが、要するに、「ナショナルなアイデンティティ」は「虚構のアイデンティティ」ですから、所詮は不可能なわけです。そして、不可能だからこそウルトラ化し、パラノイア化していく。この「ウルトラ化していく」というのは、今の日本の右翼的な言説なんかがかなりそれに近いイメージがあります。

## 二〇世紀の民族問題とマルクス主義

若森――ちょっと話が変わりますが、ここで、一八世紀のルソーの「愛国と民主」の議論から二一世紀初頭のナショナリズムと人種主義の議論までの時期、つまり、一九世紀末から二〇世紀初めにかけて展開された、ナショナリズムや民族問題、植民地主義に関する思想と理論について触れておきたいと思います。一九世紀末から二〇世紀の初め、そして二〇世紀の三〇年代から五〇年代までのナショナリズムや民族問題を思想史的に議論した人はいますか。

植村――思想史的な議論としては、たとえばオーストリア・マルクス主義なり、ロシア・マルクス主義なりの個々の民族論の研究はありますが、ただ、もうちょっと広い文脈で思想史的に捉えようとすると結構難しい。むしろそれよりは歴史的な問題になり、そうするとウォーラーステインあたりにつながっていくわけです。つまり、ウォーラーステインのいい方だと、「リベラリズムの時代をどう捉えるか」という話になると思うんです。オーストリアやロシアのマルクス主義者の理論も結局、全部それに絡んでいます。

一九世紀後半には"nation"というものが基本的に良いものになっていて、第一次世界大戦後のウッドロウ・ウィルソンの「民族自決論」のような「各民族が自決することは好ましいこと」だという議論になる。ウラジミール・レーニン[▼27]の議論もオーストリア・マルクス主義の議論もそうですが、そういう方向性にそって考えた場合、結局ロシアやオーストリアがどうなるのかという具体的な歴史的議論ですから、そうするとそもそも民族自決論の歴史的役割の話になると思うんですね。そうするとやはり、最近出たウォーラーステインの『近代世界システム』の新しい四巻目（『近代世界システムⅣ——中道自由主義の勝利1789-1914』川北稔訳、名古屋大学出版会、二〇一三年）を素材にして、もう少し歴史的な整理をするということを視野に入れないといけないかもしれない。

**若森**——植村さん、レーニンの民族論の位置づけはどうなりますかね。

**植村**——レーニンは、その後のヨシフ・スターリンもそうですけれども、ある意



[▼27] Lenin, Vladimir Il'ich（1870-1924）。ロシアのマルクス主義者、革命家。ボルシェビキおよびソ連邦の創設者。学生時代から革命運動に参加。流刑を経て二月革命後に帰国。ボリシェビキを率いて十月革命を成功させ、史上初の社会主義政権を樹立。人民委員会議長として指導した。独自の方法によりマルクス主義を体系づけ、その後の国際的革命運動に大きな影響を与えた。主な著書に『なにをなすべきか』『帝国主義論』『国家と革命』などがある。

味すごく妥協的じゃないかなって気がするんですよね。初期のマルクス主義者は国際主義者だから、民族ではなく階級が基本です。しかも世界規模で考えている。とくに、初期のコミンテルン[▼28]は、世界ブルジョワジー 対 世界プロレタリアートという図式も描きますから。そういうなかで、ウィルソンの民族自決論が非常に大きな影響力を持つ状況に対応して、民族自決論を取り込みながら、たとえばソ連の枠組みなり、国際的な運動の枠組みなりを、どのようにして守りつつ再構築できるか、という議論をした人だと思います。相当に状況依存的な議論をしていると思います。

**若森**――レーニンが「民族」といったとき、やはり主要なイメージはアジア、アフリカ、ラテンアメリカの反植民地闘争のなかの民族闘争というイメージですか。

**植村**――いや、出発点的にはそもそも、それなりにロシア・ナショナリズム、あるいはロシア帝国の民族問題があります。たとえばポーランド問題。ロシア帝国もオーストリア帝国も多民族で、しかもそれぞれ初期の段階で共産党やマルクス主義政党が成立していて、そこの関係というのも結構ややこしいですよね。ロシアのユダヤ人ブンドとの関係とか、ポーランド独立運動とか、そういう国際主義とナショナリズムとをどう調整するかという、相当たいへんな問題を抱えている。そこで、理論的な原則に立つというよりは、むしろ本当に実利的に、状況依存的

[▼28] 共産主義インターナショナル（Communist International）の略称。第三インターナショナルとも呼ばれる。一九一九年三月にモスクワに創設され一九四三年五月まで存続した各国共産主義政党の国際統一組織。

にやっていくしかなくて、妥協的なところを揺れ動いた、というのが私のイメージです。そのあたりの話に入ると、泥沼にズブズブと足を取られるという気がします。いずれにしても一九世紀末から二〇世紀の大きな状況、歴史の状況として、思想的な状況を考える必要があると思うんですよね。

## ナショナリズムとレイシズムの関係——アーレントとバリバール

**若森**——質問なのですが、ハンナ・アーレントが『全体主義の起源』でいっていることなんですが、レイシズムと階級とが当時の二つの普遍的なイデオロギーで、このレイシズムはナショナリズムから生まれたものではなく、むしろナショナリズムを解体させたんだ、という議論があります。一方でバリバールは、ナショナリズムとレイシズムを同一のものとせず、内的補足みたいないい方をします。この二人のいっていることはかなり違うような気がするのですが、いかがでしょうか。

**植村**——何をどう見るかでだいぶ違うと思います。レイシズムというか、人種論がある程度形を取り始めた時期には、それはやはり一義的に反ナショナリズムだと思うんです。一番わかりやすいのが一九世紀半ばのフランスのアルテュール・

ド・ゴビノー[▼29]（一八一六－一八八二年）だと思いますが、彼は「フランス国民」というものを破壊しようとするわけです。彼は一八五三年と一八五五年に分冊で出版した『人種の不平等について』(Joseph Arthur Comte de Gobineau, Essai sur l'inégalité des races humaines, in: Gobineau, *Œuvres*, tom. 1, «Bibliothèque de la Pléiade», Paris: Gallimard 1982）のなかで、「フランスには『国民』の一体性などないんだ。現実に存在するのは人種の違いであって、歴史的には北方アーリア人種が地中海人種を支配していたんだ」というように国民を分断するわけです。そして、自分自身は北方アーリア人種に属する貴族だと自称しているわけですから、明らかに反フランス革命、反国民なんです。そういう意味ではナショナリズムとレイシズムは対立関係にある。

あるいはユダヤ人問題に即していうと、フランス革命はユダヤ人を「ユダヤ教を信じるフランス国民」として統合したわけです。後で第3章の人種に関するところで話をする予定ですが、ドイツでは逆に、ヨハン・G・フィヒテが、「ドイツに生まれてドイツ語を話そうが、ユダヤ人はドイツ人とは人種が違う」と主張するので、その意味では、早い時期には人種主義とナショナリズムはむしろ対立関係にあったと思うんです。

しかしバリバールは、その二つはむしろ互いに補足しながら接合するといっています。この二つが補足しながら接合することで国民国家が成立するというバ



[▼29] Gobineau, Joseph Arthur Comte de（1816－1882）。フランスの外交官、小説家、貴族主義者。『諸人種の不平等に関する試論』で白人至上主義を提唱し、アーリア人を支配人種と位置づけた。

リバールの説明は説得力があると思いますが、対立しながら成立したものが思想史的な流れのなかで接合していく、といった方がいいかもしれません。

**若森**――ナショナリズムと人種主義との「切断」と「接続」の話はおもしろいですね。

**植村**――その問題は、第3章の方で話をするつもりでいます。

**若森**――最後に、国民とナショナリズムについて提起されている問題群と、これからの研究課題についての展望をお願いします。

**植村**――一つは、「日本人」意識を相対化する動きが国内でも出てきていることです。たとえば、北海道の平取アイヌ文化保存会事務局長でNPO法人チコロナイ理事長の貝澤耕一が編集した『アイヌ民族の復権――先住民族と築く新たな社会』(法律文化社、二〇一一年)という本が出ています。また、普天間基地や高江のヘリパッド建設問題で反対運動が高まっている沖縄では、松島泰勝の『琉球独立論――琉球民族のマニフェスト』(バジリコ、二〇一四年)のような動きが出てきています。二〇一五年の夏に元沖縄県知事の大田昌秀[▼30]さんに話を伺う機会があったのですが、大田さんも、「沖縄独立論」はもはや単なる居酒屋談義ではなくなっているとおっしゃっていました。「日本人」「日本国民」とは誰のことか、そしてそうであることにはどのような意味があるのか。それが問われていると思



[▼30] 沖縄県生まれ(一九二五-二〇一七年)。政治家、社会学者。早稲田大学教育学部を卒業ののち、米シラキューズ大学大学院修了。東京大学新聞研究所を経て一九六八年、琉球大学教授。一九九〇年に琉球大学を退職後、沖縄県知事選に出馬し当選。県知事を二期務める。その後、二〇〇七年まで参議院議員。沖縄戦での鉄血勤皇隊に動員された体験から、沖縄県知事時代は、米軍基地問題に取り組み、反戦・反基地姿勢を鮮明にした。

います。

他方では、上からの公式ナショナリズムが強化されているのに対してどのように対抗していくか、という問題があります。ここ大阪でも、大阪維新の会の府政の下で、二〇一一年に大阪府条例が制定されて、国旗掲揚と国歌斉唱が教育現場で強制されています。

日本の公式ナショナリズムについては、報告の中でもふれましたが、アメリカの日本史研究者であるジョン・ダワーとガヴァン・マコーマックの対談のなかで、マコーマックがおもしろいことをいっています。彼によれば、日本には『不思議の国のアリス』型（自己矛盾型）倒錯とでもいうべきもの」がある、というのです。沖縄の基地問題が典型的ですが、アメリカの都合を優先する（まさに「アメリカ・ファースト」です）側がナショナリストを名乗り、米軍基地の撤去を求める側が「反日」呼ばわりされるという「倒錯」です。

これは、内田樹の『日本辺境論』（新潮社、二〇〇九年）や白井聡の『永続敗戦論――戦後日本の核心』（太田出版、二〇一三年）、さらには矢部宏治の『日本はなぜ、「基地」と「原発」を止められないのか』（集英社インターナショナル、二〇一四年）なども重なり合う問題を含んでいます。いずれにしても、私たちが「日本人」であるとはどういうことか、という国民的アイデンティティの問題と並んで、「日本のナショナリズム」の独自性についての歴史的研究はまだまだ開拓の余地があるように思います。

第3章

# 人種／レイシズム

植村邦彦

UEMURA Kunihiko

## 1　「人種」という問題

ナショナリズムが「私たち＝同国民」という共同体を想像することから始まったとすれば、人種主義は、それとは逆に「私たち」とは異質な「彼ら」を特定し名指すための思想原理として生まれた、ということができるかもしれません。小岸昭によれば、「人種（race）」というヨーロッパ系諸言語に共通する単語の近代的な用法は一五世紀のスペインに始まります。イベリア半島ではカトリック王権が「国土再征服」戦争によってイスラム教徒をアフリカに追いやった後、ユダヤ教徒に対しても、王国から退去するか、留まるために改宗するか、その二者択一を迫ります。その結果、五万人がキリスト教に改宗し、一六万人以上が国外移住の道を選びますが、改宗してスペインにとどまった者も「マラーノ（豚）」と呼ばれて蔑まれただけでなく、一四八〇年に設置された異端審問所による「隠れユダヤ教徒」狩りの恐怖におびえ続けます。ヨーロッパにおける「ユダヤ人問題」の成立です。

そのなかで、ユダヤ教からキリスト教に改宗した人びととその子孫を「本来の」キリスト教徒から区別するために、「人種（raza）」という言葉が「家系＝血統」と重ね合わされて使われます。この宗教的な「純血主義」は、「先祖に一滴でも異教徒の血が混じっている人間は社会的に葬り去るという恐るべき風潮」（小岸〔一九九六〕一五五頁）を生み出し、改宗者はさまざまな団体や役職から排除されました。このスペインにおける「人種」は、見た目だけでは判別できない「隠された異質さ」を意味するものでしたが、それと重なり合う時期、スペイン人は大西洋の西の彼方に未知の大地を「発見」し、見た目も文化も大きく異なる人びとをも「発見」しました。この「明白な異質さ」もまた「人種」の違いと捉えられることになります。

## 人種分類法の成立

スペイン人は、西方の新大陸を「ラス・インディアス」（インド以東諸地域）の一部だと誤解して、そこに住む人びとを「インディオ」と名づけ、その人びとを奴隷化し虐殺した後で、その地にさらに西アフリカから奴隷を輸送しました。そのようにして成立した植民地アメリカの重層的な関係のなかで人びとを区別して支配するために、やはり「人種」という言葉が使われます。それは一八世紀には動物や植物の「種」分類法の応用である生物学的な人種分類法へと発展し（リンネによる「ヨーロッパ人種」「アジア人種」「アフリカ人種」「アメリカ人種」の四分類、ブルーメンバッハによる「コーカサス人種」「モンゴル人種」「エチオピア人種」「アメリカ人種」「マレー人種」の五分類）、さらにその分類法が循環論的に植民地主義を正当化する役割を担うことになりました。

　生物学者による人種分類は、肌の色や身体的特徴などの外観（形質）にかかわる分類にすぎませんが、それが人びとの生活様式や政治組織の違いと結びつけられ、さらにその違いが「文明」の有無、あるいは「文明化」の程度の違いと結びつけられることによって、人種間の優劣という価値観を生み出し、結果論的に植民地支配を「優れた人種による劣った人種の支配」と見なすことを可能にしたわけです。このような生物学による「人種」理解の問題点については、スティーヴン・ジェイ・グールド［▼1］『人間の測りまちがい――差別の科学史』（グールド［二〇〇八］）が必読文献です。

　そのアメリカ大陸で最初の「国民」国家を建設したのがアメリカ合衆国です

［▼1］Gould, Stephen Jay（1941－2002）。アメリカの古生物学者、進化生物学者。ハーヴァード大学教授。科学エッセイストとしてポピュラーサイエンス書を数多く執筆。主な著書に『パンダの親指』（桜町翠軒訳、早川書房、一九九六年）、『ワンダフル・ライフ――バージェス頁岩と生物進化の物語』（渡辺政隆訳、早川書房、二〇〇〇年）などがある。

が、その国民には、先住民「インディアン」も黒人奴隷も含まれていませんでした。この「国民」国家は、共和国ではありますが、奴隷所有者を主権者とする植民地国家だったからです。ベネディクト・アンダーソンの『比較の亡霊』によれば、この史上初めての「国民国家」はまた「一七九〇年にあたふたと国民的人口統計をおこなったことで、学術的な手法の萌芽となるような、行政府主導のセンサス活動に着手したはじめての国家となった」(アンダーソン[二〇〇五]五八頁)のでした。

この国勢調査は連邦議会の上院と下院の議員選出数の割り当てを第一の目的とするものでしたが、そこには投票権を持つ「国民」から排除される「ニグロ(negro=黒人の血を引く者)」というカテゴリーが存在し、それはさらに四つの下位カテゴリーに区分されていました。奴隷である「黒人(black)」、父母の一人が黒人である「二分の一混血(mulatto)」、祖父母の一人が黒人である「四分の一混血(quadroon)」、曾祖父母の一人が黒人である「八分の一混血(octoroon)」、という「系譜」のグラデーションです(同上、六一頁)。

この「八分の一混血」という分数的名称を割り当てられた人が「白人」ではなく「ニグロ」に算入される根拠は、奴隷制という生産様式に基づく政治的支配の現実であって、個々人の「肌の色」でも「生物学的自然」でもありません。

「人種」というものが人為的に構築されたカテゴリーであり、ある人間がどの「人種」に分類されるかはまさに政治的に決定される、ということがよくわかります。アメリカ「国民」は、スペインのキリスト教徒と同じように、家系＝血統の「純粋さ」を基準に「人種化」されていたのです。

## 2 ナショナリズムと人種主義の接合

このように「国民」が他の「人種」を排除することによって「閉鎖」されるという事態は、植民地国家に限られることではありません。ヨーロッパの歴史においても、人種主義が「虚構のエスニシティ」を産出することで「ナショナリズムを構成する」こと、「国民」は「言語共同体」であると同時に「人種共同体」でもあることを指摘したのが、バリバールでした。彼はそのような事態を「ナショナリズムと人種主義の接合（articulation）」と呼んでいます（バリバール／ウォーラーステイン［二〇一四］七六頁）。

バリバールも取り上げているのが、一九世紀初頭のドイツの哲学者ヨハン・ゴットリープ・フィヒテ［▼2］（一七六二－一八一四年）の場合です。ドイツ観念論哲



［▼2］Fichte, Johann Gottlieb（1762－1814）。ドイツの哲学者。ドイツ観念論の代表的な一人。カントの影響を強く受けた。ベルリン大学総長。

学[▼3]の歴史においてイマヌエル・カント[▼4]やG・W・F・ヘーゲルと並び称される哲学者ですが、プロイセン王国がナポレオンのフランス軍に敗北し占領された直後の講演『ドイツ国民に告ぐ』(一八〇七〜〇八年)で、「ドイツらしさという共通の特徴」(フィヒテ[一九二八]一四頁。ただし、訳文は大幅に変更。以下も同様)について次のように述べています。

ドイツ人はゲルマン系の一民族だが、他のゲルマン系民族が「外国語」(ラテン語)を採用して「死んでしまった言語」を話しているのに対して、ドイツ人だけが「始祖民族の本来の言語」(同上、七八頁)を維持しており、「自然の力から流れ出る生き生きとした言語」(同上、九五頁)を話し続けている。その結果、ドイツ人がフランス語やイタリア語を学ぶ場合には「彼ら外国人をつねに凌駕し、彼らを完全に、彼ら自身よりもいっそうよく理解し、彼らの全領域を翻訳することができるけれども、それに対して外国人は、ひじょうに努力してドイツ語を勉強しなければ真のドイツ人を理解することは決してできず、真のドイツ語を翻訳することとは到底できない、ということである」(同上、九六-九七頁)。

まるで日本文化論にもありそうな、何の根拠もない自民族と自文化への「誇り」です。それでも、次のような「言語共同体」についての説明は、集団の内部においては大きな説得力を持つ言説ではないでしょうか。「諸国家間の最初の本



[▼3] 一八世紀後半から一九世紀前半にかけてドイツを中心に展開された観念的思想運動。カントからフィヒテ、シェリングを経てヘーゲルによって完成される。世界は物質ではなく観念(精神の働き)を元にしているとする哲学思想。

[▼4] Kant, Immanuel (1724-1804)。ドイツの哲学者。ドイツ観念論の創始者。ケーニヒスベルク大学教授。主な著書に、『純粋理性批判』『実践理性批判』『判断力批判』などがある。

源的で真に自然な国境は、明らかにそれらの内的国境である。同じ言語を話す者は、あらゆる人工のわざに先だって、純然たる自然によって、多数の目に見えない絆で結びつけられているのである。彼らは相互に理解し合い、いっそう明確に理解する能力を持っているし、自然に一体をなし、分割できない全体をなしている」(同上、二八一頁)。問題は、他の「言語共同体」にも同じことがあてはまるだろうという想像力の欠如だけです。

そこからフィヒテは次のような結論にいたります。「ドイツ人——すなわち本源的な人間、恣意的な信条を措定してその中で枯死することをしない人間のみが、真に一つの民族をもちうるし、ドイツ人のみが自己の国民に対する本来の理性的な愛をもちうる」(同上、一六八頁)。この「愛」は、「何よりもまず自分の民族を尊敬し、信頼し、喜び、その民族に生まれたことを誇りとするものである」が、「自己の民族に対する愛は、第二には、民族のために活動し、民族のために自己を犠牲にしようとするものである」。したがって、「これを救うためには、彼は死ぬことさえも欲さなければならない。それによって国民は生きるのであり、国民の中で彼は彼がなしえた唯一の生命を生きるのである」(同上、一七五−一七六頁)。

このかぎりで、フィヒテはドイツ語の特別さだけを根拠にして、ルソー的な「国民」を構築しようとした、ということができるでしょう。しかし、ルソーやフランス革命の指導者たちと違うのは、その「国民」の閉鎖の仕方です。フィヒテは、一五世紀のスペイン人と同じように、「家系＝血統」を持ち出すことによって異教徒ユダヤ人の「国民」からの排除を完成させようとするからです。

## ユダヤ人の排除

すでに第2章「国民／ナショナリズム」で説明したように、フランス革命はルソー型の「国民」を構築しようとしましたが、その過程で「人間と市民のための権利」を宣言し、「フランス国民」であることをキリスト教徒やユダヤ教徒であることよりも上位に位置づけました。つまり、「フランス国民」であるかぎり、その思想や信条は問われないことになりました。カトリックを国教としてきたフランスで、それまで法的権利が認められなかったプロテスタントと並んで、ユダヤ教徒の同権が実現したのです。この「ユダヤ教徒解放」を見たフィヒテは、一七九三年に匿名で出版した著書でフランス人に次のように警告しました。

「ユダヤ人は諸君なしでも、現に諸君のあらゆる国家よりも強固で強力な一国家の市民であるのに、もし諸君がそのユダヤ人にそのうえ諸君の国家の市民権までも与えるならば、彼らが他の市民を完全に踏みつけにするだろうということに、思い及ばないのか」(フィヒテ[一九八七]一七五頁)。

フィヒテは、「ユダヤ人集団」がヨーロッパの諸国のなかで「一つの強力な、敵意に満ちた国家」を形成していて、「その国家は、他のすべての国家と絶え間ない戦争状態にあり、多くの国で市民たちに恐ろしい重圧を加えている」と見ています。それは「この国家が全人類に対する憎悪の上に建てられている」からだ、とフィヒテは断定します。ここでフィヒテが念頭に置いているのは、明らかにユダヤ教徒の相互扶助的な教区共同体と『旧約聖書』に由来する選民思想[▼5]です。しかし、より重要なのは、フィヒテの考えるユダヤ教徒の集団としての独自性がむしろその「系譜」に根拠づけられている、ということです。つまり、「彼らのうちの最も卑しい者でさえわれわれのどの歴史よりも古く遡る先祖をもち、われわれのどの歴史よりも古い首長をその祖先と見ている」(同上、一七四頁)ということが、「彼ら」を「われわれ」から区別するのです。

こうしてフィヒテは、フランスの国民国家がユダヤ教徒を「ユダヤ教を信仰するフランス国民」として包摂したことを批判し、ユダヤ教徒を「ドイツ国民」から排除されるべき「人種」として位置づける端緒を開きます。実際に、フィヒテの結論は次のようなものでした。



[▼5] 自分たちは神から選ばれて他民族を導く使命を持っているとする思想。その代表的なものがユダヤ教。また、第一次世界大戦以降では、選民思想はナショナリズムと結びついて、ファシズムへとつながっていく。

「ユダヤ人に市民権を与えるということについては、私が見るところでは、手段はこれ以外にはない。すなわち、一夜にして彼ら全員の頭を切り落として、ユダヤ的思想をもたない別の頭を載せることである。彼らからわれわれを守るためには、私が見るところ、やはり手段はこれ以外にはない。すなわち、彼らのために彼らの約束の地を征服してやり、彼ら全員をそこに送り込むことである」(同上、一七六頁)。

このようにドイツでもナショナリズムはその出発点において人種的排外主義と「接合」していたことがよくわかります。フィヒテの予言が現実に最悪の結果を生むのは、それから一五〇年後のことでした。この間にヨーロッパで「反ユダヤ主義」がどのように広まっていくのか、「ユダヤ人陰謀論」のような粗雑な偽説がなぜ人びとの心を捉えるのか、それを歴史的に考察したのが、ハンナ・アーレントの『全体主義の起源1――反ユダヤ主義』でした。第二次世界大戦が終わり、アウシュヴィッツの悲劇の全貌が明らかになって間もない一九五一年に出版された古典的な著作ですが、今でも必読の文献です。

この本のなかでアーレントは、「同権を基礎とする国家形式と、出生によって与えられている生活条件の不平等が固定されて階級となっている社会との根本的な矛盾は、新しい政治的ヒエラルヒーの成立をも真の共和政の成立をもさまたげた」(アーレント[一九七二]二〇頁)と述べています。また、「生まれによって決まる社会的な相違というものがもはやまったく存在しない真の大衆社会などは、まだわれわれは見ていない」(同上、一〇三頁)ともいいます。これもまた、ナショナリズムと人種主義の接合が「国民」国家の根本的な矛盾であることを指摘した言葉だと見ることができるでしょう。

## 3 日本における「国民の人種化」

このようなナショナリズムと人種主義の「接合」は、日本における「国民国家」の形成過程においても確認することができます。明治維新後の早い時期にヨーロッパ型のナショナリズムを日本に持ち込んだのは福澤諭吉[▼6]ですが、彼は一八七二年から分冊で出版した『学問のすゝめ』の第三編(一八七三年)で次のように「日本人」を叱咤しています。

「日本人は日本国を以て我本国と思ひ、其本国の土地は、他人の土地に非



[▼6] 大阪生まれ(一八三五年一二月–一九〇一年二月)。幕末~明治の啓蒙思想家、教育家。緒方洪庵に蘭学を学び、江戸に蘭学塾を開校、のちの慶應義塾となる。欧米各国を視察し、『西洋事情』を執筆、明治維新後、新政府の招きに応ぜず、教育と啓蒙活動に専念した。主な著書に、『学問のすゝめ』『文明論之概略』『福翁自伝』などがある。

ず、我国人の土地なれば、本国のためを思ふこと我家を思ふ如くし、国のためには財を失ふのみならず、一命をも抛て惜むに足らず。是即ち報国の大義なり」（福澤［一九八〇］七二－七三頁）。

一八八一年の『時事小言』でも、彼はこう繰り返しています。

「無事の日に之を忘れざるは勿論、一旦事あるに臨ては、財産も生命も又栄誉をも挙て之に奉ずるこそ真の日本人なれ」（福澤［一九八一 a］一七七頁）。

その福澤は、人種主義を初めて日本に持ち込んだ人物でもありました。一八六九年の『掌中万国一覧』は、「白皙人種（欧羅巴人種）、黄色人種（亜細亜人種）、赤色人種（亜米利加人種）、黒色人種（阿弗利加人種）、茶色人種（諸島人種）」という人種分類を紹介し、「白皙人種」を「容貌骨格都て美なり。其精心は聡明にして、文明の極度に達す可きの性あり。これを人種の最とす」と位置づけたうえで、「黄色人種」は「其人の性情、よく艱苦に堪へ、勉励、事を為すと雖も、其才力、狭くして、事物の進歩、甚だ遅し」、さらに「黒色人種」は「性質懶惰にして開化進歩の味を知らず」、というように、「進歩」という基準での価値判断を含んだ人種の優劣の序列化を提示しています（福澤［一九八一b］九九－一〇〇頁）。

### 植民地主義的人種主義の内面化

福澤の人種論には、実はネタ本があります。彼が一八六七年の遣米使節に加わってアメリカに渡った際に購入したハイスクール用の地理教科書『ミッチェルの新しい地理』です。参考のために、先の福澤の文章のもとになったサミュエル・ミッチェル［▼7］の原文を現代語訳してみます。

「コーカサス人種は色白で、顔立ちも美しく、よく発達した体型をしています。彼らは人類の中で最も改善されていて知的であり、最高度の進歩と文明に到達する能力があります。……／モンゴル人種は肌が黄色く、目がつり上がっています。我慢強く勤勉ですが、知力に劣り、なかなか進歩しません。……／黒色人種は色黒で、コーヒー色から石炭の漆黒までさまざまな色をしています。彼らは概して身体が頑健で活動的ですが、怠惰で、高度な文明には達していません」（Mitchell［1865］pp. 32－34）。

南北戦争が終わって奴隷解放が行われたばかりの時代のアメリカで、ヨー



［▼7］ Mitchell, Samuel Augustus（1790－1868）。アメリカの地理学者。地理の教科書、地図帳、旅行ガイドなどを出版した。

ロッパ系の高校生が奴隷だった黒色人種をどのようなまなざしで見ることになるのか、彼らに刷り込まれる人種意識がよくわかる資料です。このような植民地主義的人種主義の意味と成立根拠を明らかにし、近代ヨーロッパに成立した固有の歴史意識である「進歩」信仰が人種差別を生み出すことを批判的に明らかにした古典として、一九五二年に書かれたクロード・レヴィ＝ストロース[▼8]『人種と歴史』(レヴィ＝ストロース[一九七〇])があります。

レヴィ＝ストロースは、一九六二年の『野生の思考』にも次のような美しい文章を残しています。

「現在の地球上に共存する社会、また人類の出現以来いままで地球上に次々存在した社会は何万、何十万という数にのぼるが、それらの社会はそれぞれ、自らの目には――われわれ西欧の社会と同じく――誇りとする倫理的確信をもち、それに基づいて……自らの社会の中に、人間の生のもちうる意味と尊厳がすべて凝縮されていると宣明しているのである。それらの社会にせよわれわれの社会にせよ、歴史的・地理的にさまざまな数多くの存在様式のどれかただひとつだけに人間のすべてが潜んでいるのだと信じるには、よほどの自己中心主義と素朴単純さが必要である」(レヴィ＝スト

[▼8] Lévi-Strauss, Claude (1908–2009)。フランスの文化人類学者。ブラジルのインディオの親族構造の研究や、神話の構造分析を行い、構造主義人類学を確立した。主な著書として、『悲しき熱帯』(川田順造訳、中央公論新社、一九七七年)、『野生の思考』大橋保夫訳、みすず書房、一九七六年)などがある。

ロース［一九七六］二九九頁）。

他方、非ヨーロッパ人がこのようなヨーロッパ中心主義的人種主義を内面化してしまった場合に何が起きるかということを、切実な当事者意識の告白とともに明らかにした古典として、フランツ・ファノン［▼9］『黒い皮膚・白い仮面』（ファノン［一九九九］）は必読文献です。また、日本人が福澤諭吉以降「文明開化」とともに内面化してしまった「白人コンプレックス」と「名誉白人症候群」に関する考察としては、小坂井敏晶『異文化受容のパラドクス』（小坂井［一九九六］）があります。これを読むと、私たち自身が無意識のうちに人種意識を（とりわけ美意識として）内面化していることに、改めて気づかされます。

### 「日本人」の人種化

しかし、問題は植民地主義的人種主義の受容にとどまりません。もっと重要なのは、福澤が一八八五年の「脱亜論」で、すでに「西洋の文明」に移った日本といまだに「亜細亜の固陋」にとどまる中国・朝鮮との差異の根拠を、「其人種の由来を殊にするか、但しは同様の政教風俗中に居ながらも、遺伝教育の旨に同じからざる所のものある歟」（福澤［一九八一c］二二二頁）、と論じたことです。「日



［▼9］ Fanon, Frantz Omar（1925－1961）。フランス領西インド諸島マルティニク島生まれの精神科医、植民地解放運動の理論家。フランスで精神医学を修めたのち、アルジェリアで病院に勤務する。一九五六年からアルジェリア民族解放戦線の一員としてアルジェリア革命に参加。一九六〇年代以降の第三世界の革命思想に大きな影響を与えた。主な著書に、『黒い皮膚・白い仮面』（海老坂武・加藤晴久訳、みすず書房、一九九八年）、『地に呪われたる者』（新装版、鈴木道彦・浦野衣子訳、みすず書房、二〇一五年）などがある。

本人」もまた、中国人や朝鮮人という「人種の由来」の異なる人びとに対して「人種化」され、「閉鎖」されたのです。

それだけでなく、人種主義の過度の「純粋主義」は、「日本国民」の内部でも、「真の日本人らしさ」を基準として「日本人らしくない」マイノリティを可視化しました（被差別部落、アイヌ、沖縄人）。帝国の膨張期には、内地戸籍を持たない「帝国臣民」（台湾人、朝鮮人）がその序列につけ加えられました。そして、アジア太平洋戦争に敗戦した後の、つまり植民地放棄後の「単一民族国家」という「想像の共同体」においては、「在日外国人」という集団が「国民の人種化」のために不可欠な「他者」として、いわば排除されるために必要とされてきました。それは同時に、彼らを「国民の権利」の外部で低賃金労働者として包摂するための排除でもありました。

日本におけるナショナリズムと人種主義の「接合」の実態を知るためには、小熊英二の著作が参考になります。『単一民族神話の起源――〈日本人〉の自画像の系譜』（小熊［一九九五］）と『〈日本人〉の境界――沖縄・アイヌ・台湾・朝鮮植民地から復帰運動まで』（小熊［一九九八］）です。また、朴一の『〈在日〉という生き方――差異と平等のジレンマ』（朴［一九九九］）を読むと、在日韓国人・朝鮮人が一方で過剰な「同化」要求にさらされながら、他方では、むしろ「帰化」した（つまり在日外国人が「国民」になった）後に「系譜／出自」を理由としたより過酷な拒絶に会うという、「国民の人種化」の矛盾を具体的に知ることができます。小熊英二・姜尚中編『在日一世の記憶』（小熊・姜編［二〇〇八］）もまた重要な歴史的体験の証言です。

## 4 「労働力のエスニック化」と人種主義

このような人種主義の問題を世界システムという大きな枠組みのなかに位置づけたのが、イマニュエル・ウォーラーステインでした。彼は一九八三年の『史的システムとしての資本主義』で、労働者階級内部の階層化と「エスニック集団」の階層化＝序列化とが重なり合う状況を「労働力のエスニック化（ethnicization）」と名づけています。彼のいう「エスニック集団」とは「近接して居住する他の同種の集団との関係で、特定の職業ないし経済的役割を割り当てられた、かなりの人数の人間集団のこと」ですが、彼らはあくまでも経済的役割ではなく、むしろ宗教や言語などの固有の「文化」や固有の「価値」によって区別される集団として表象されます（ウォーラーステイン［一九八五］一〇五－一〇六頁）。

現在のアメリカやヨーロッパに見られる「移民」労働者の出身地域別（あるいは宗教別）の集住や、職種の棲み分けなどを思い浮かべればわかりやすいでしょう。このような「労働力のエスニック化」を正当化する役割を果たしているものを、ウォーラーステインは「制度としての人種主義（institutional racism）」と呼んでいます。彼によれば、「人種主義とは、労働者の階層化ときわめて不公平な分配とを正当化するためのイデオロギー装置」（同上、一〇八頁）なのであり、「人種主義こそが史的システムとしての資本主義の唯一のイデオロギー的支柱であったし、それはまた、適当な労働力をつくりあげ、再生産してゆくうえでもっとも重要なものであった」（同上、一一二頁）。

しかし、人種主義が資本主義世界システムの「イデオロギー的支柱」なのだとしたら、レヴィ＝ストロースが行ったような啓蒙的説得によって解消するような問題ではないことになります。実際に、これまでの差別反対運動の積み重ねにもかかわらず、人種差別や排外主義は相変わらず存在し続けています。ウォーラーステインによれば、「本当のところは、構造化された性差別や人種主義はそれらを生み出し、またそれらをうまく利用することによって維持されてきた史的システムを全面的に廃止しないかぎり、解消できなかったということであり、これからもできないだろうということなのだ」（同上、一五三頁）。

## ヘゲモニー問題としての人種主義

しかしながら、現実における人種主義の現れ方の多様さを考えると、ウォーラーステインの定義は、あくまでも世界システム上の経済的分業（垂直的な労働編成）に即した、機能主義的な説明にすぎないようにも思われます。この点にこだわってウォーラーステインの理解への異議申し立てをしたのがバリバールでした。二人の最大の違いは、バリバールが人種主義を「国民的構成体」あるいは「国民形態」のなかでの階級闘争の問題、つまり「国内的ヘゲモニーの問題」ととらえることにあります。

バリバールは、一方で、「支配階級のヘゲモニー」がナショナリズムと人種主義の接合に支えられていながら、他方では、人種主義が過剰な人種的同質性を要求することで「国民的一体感」を分断する方向に働くことを指摘します。「その結果、人種主義は国民的帰属を狭め、歴史的国民を不安定にする」（バリバール／ウォーラーステイン［二〇一四］九四頁）ことになります。具体的には、国民の内部に「純粋に国民らしい」階級・階層と「国民らしくない」階級・階層との区別を持ち込むことによって、国民の統合に亀裂をもたらす、ということです。

このような「階級の人種主義」は、社会的階級対立を自然化するのに役立つ「肉体労働の制度的人種化（racialization）」として表現されます。これは、「集団として資本主義的搾取への運命づけられている人びと、あるいは、経済過程によるシステムの直接的管理から引き離されていながらも（あるいは単純に、大量の失業によって、旧来の管理が無効になっていながらも）、搾取のための予備軍として維持されなければならないような人びと、このような人びとを一般的な記号で一括すること」（同上、三二九頁）です。

したがって、バリバールのいう「階級の人種主義」は、ウォーラーステインのいう「労働力のエスニック化」を当事者の意識と行動に即していい直したものだ、ということもできます。ただし、両者の違いは、それを世界システムの垂直的分業によって規定される機能にかかわるものと見るか、それとも、むしろ「国内的へゲモニー」にかかわる闘争の問題と見るか、の違いです。このような認識の差異は、それらに対抗するための実践的課題の設定に関しても、無視できない差異を生み出しています。

## 人種主義に対抗する実践的課題

先に見たように、ウォーラーステインは、ナショナリズムも人種主義も世界システムを廃止しないかぎり解消できないと考えています。だから、人種主義に反対する運動は、むしろ世界システムに反対する「反システム運動」へと転換されなければならない。しかし、他方で彼は、どんな運動も「まだシステムの破壊に成功したことはなく、したがってその制約への服従から解放されてはいない」（同上、三四八頁）ことを指摘しています。

これはかなり悲観的な総括だといわざるをえませんが、ただし、そのうえでなお彼は、「われわれの仕事は、これらの矛盾した現実を考慮し、そして世界経済の客観的な状態の枠組みの中で、可能な場で組織し、可能な場で動員し、（いたるところに見いだされる）現存の世界秩序の弱点を絶えず突くことである」（ウォーラーステイン［一九九一］一三四頁）と言明しています。そのような運動に意味があるのは、「われわれは『システムの終焉』を迎えており」、そしてこのシステムの「危機＝過渡期」は「分岐点」を、つまり「わずかの圧力によって非常に大きなゆらぎが発生しうるような、きわめて不安定な状態」をもたらすということでした。この「分岐点」は同時に「自由意志が支配する状況」でもあります（バリバール／ウォーラーステイン［二〇一四］三四八頁）。したがって、よりよい別のシステムへの歴史的選択の可能性が存在するからこそ、各自がそれぞれの部署で反システム運動を組織し、同時に幅広い連帯を構築することが課題となるわけです。

それに対してバリバールは、まさにナショナリズムと人種主義との接合点に突破口を開こうとしています。彼は、労働者の課題を次のように設定します。

「公定ナショナリズムを実際に拒否するかぎりで（それを拒否するときにのみ）、労働者は階級闘争の変質にたいする政治的オルタナティヴを大枠において提示するのである。しかし彼らが外国人にたいして恐怖や恨み、絶望、無視を投げかけるかぎり、彼らはいわば労働者間の競争を闘っているというだけでなく、より本質的に、彼らは自分自身の搾取される条件から距離をおこうとしているのである」（同上、三二〇－三二一頁）。

このような立場から、その後のバリバールは、フランスで「移民の『再植民地化』」（バリバール［二〇〇七］九八頁）が生じていることを指摘し、それに対して「外国人の、とくに『移民』の市民の権利」を「代替案」として主張していきます。これは、基本的には「滞在権と労働権の決定的な自由化に対応するもの」（同上、一一一頁）ですが、彼はこのような移民の権利にかかわるさまざまな闘争の現場（裁判、労働時間をめぐる労働組合の闘争、さまざまな境界の開放と民主化、多文化の実践など）を「民主主義の建築現場」（同上、三六七頁）と呼んでいます。

## 5 「国民のエスニック化」と「脱人種化」

このようなフランスの現状とそれに対するバリバールの実践が示しているように、かつては「国民」国家構築の支柱だった「国民の人種化」それ自体が、現在ではグローバリゼーション（世界的規模での本源的蓄積の再開）の進行とともに加速する「階級の人種主義」によって揺らいでいます。つまり、「国民」内部の多様化の急速な増大が、ナショナリズムと人種主義との「接合」の矛盾と無理をあらわにしているのです。

一九九〇年代以降の状況を、「アメリカの世界化」を前提とした「世界のアメリカ化」の過程と特徴づけたのは古矢旬ですが（古矢［二〇〇二］三〇七頁）、実際にヨーロッパでも「国民のエスニック化」が進行しています。「国民」の内部で、出自と文化を共有するエスニック集団のアイデンティティが目に見えるようになってきた、ということです。「インド系」イギリス人、「マグレブ系」フランス人［▼10］、「トルコ系」ドイツ人（ドイツでは一九九九年に国籍法が条件つきの出生地主義に改正されました）などの増加は、他方で国民戦線や極右などによる排外主義的な主張と行動を引き起こしています。しかし、これは逆に、従来の意味での「国民の



［▼10］「マグレブ」とは、アラビア語で「日の没するところ」の意。地域名としては、モロッコ、アルジェリア、チュニジア、西サハラの北アフリカ北西部に位置するアラブ諸国を指す。

人種化」と「同化主義」がもはや機能しなくなったことの表現だと見たほうがいいでしょう。極右を活性化しているのは危機意識なのです。

ヨーロッパで起きているのは、グローバリゼーションのなかで事実上の「国民の脱人種化」(つまり国民を人種的に定義することができなくなっている事態)が進行していること、とくに旧植民地出身の「非ヨーロッパ系」国民が増加し、「国民のエスニック化」が起きていること、それに対して「人種化」された国民の多数派の側が「国民の人種化」の限界を意識し、危機意識を高めて、国民か外国人かを問わない「エスニック」の排除を主張している、ということです。つまり、「国民の人種化」の主張の昂揚は、「国民の人種化」が危機に瀕している(と意識されている)ことの裏側なのです。

このような国民の人種主義的実践を支えているのは(パラノイアと化した)ナショナリズムだ、ということを改めて確認したのが、第2章「国民/ナショナリズム」でも紹介したガッサン・ハージです。ナショナリストの主張は、「ここはわれわれの国だ、だから大きな顔をするな」という不快感の表明なのです。しかし、資本そのものが低賃金に甘んじる労働者を必要としているかぎり、国民戦線や極右の排外主義には移民の増加や「国民のエスニック化」という現実を押しとどめる力はないでしょう。

二〇〇五年秋のフランスの郊外蜂起は、そのような人種主義的ナショナリズムが、国民戦線にとどまらないフランスの「フランス系」国民多数派の日常実践でもあることを明らかにしました。外国人移民だけでなく、フランス国籍を保有する移民二世や三世も、肌の色や宗教を理由に嫌がらせを受け、「非フランス的」な名前のため就職できないという状況です。二〇一五年一月の風刺週刊紙襲撃事件[▼11]は、フランスの人種主義的実践が「世俗主義」の名の下にイスラムを攻撃対象として露骨に名指していることを明らかにしました。しかし同時に、フランス国籍のムスリムによって実行されたこの悲劇的事件そのものが「国民の脱人種化」という現実の表現でもあります。フランスの現状を知るためには、ジョーン・W・スコット[▼12]『ヴェールの政治学』(スコット[二〇一二])や宮島喬『多文化であることとは——新しい市民社会の条件』(宮島[二〇一四])が参考になるでしょう。

### 日本における「国民のエスニック化」

日本では「国民のエスニック化」はまだほとんど可視化されていません。固有の民族名を保持したままで日本国籍を取得する人は増加していますが、それは、国籍取得者に対して「日本人らしさ」を求める同化圧力がまだまだ強いからです。



[▼11] シャルリー・エブド襲撃事件ともいう。二〇一五年一月七日にフランス・パリ一一区にある風刺週刊紙を発行しているシャルリー・エブド本社を武装した犯人が襲撃。編集長や風刺漫画の担当者、コラム執筆者など一二人を射殺した事件。襲撃の原因は、『シャルリー・エブド』紙が、イスラム教の預言者ムハンマドを冒涜する風刺漫画などを描いたことによる。その後、報道と表現の自由をめぐる議論が起こった。

[▼12] Scott, Joan Wallach (1941–)。アメリカの歴史学者。プリンストン高等研究所教授。専門はフランス史、ジェンダー史。主な著書に『ジェンダーと歴史学』(荻野美穂訳、平凡社、

しかし、たとえば厚生労働省人口動態統計年報の最新版によれば、日本における二〇一〇年の結婚総数(婚姻件数)の二三組に一組(七〇万二二一四組中三万二〇七組の四・三%)が国際結婚です。この割合は、一九八〇年の〇・九%(七二六一組)と比較すれば大幅に増加しています。国際結婚によって生まれた子供はもちろん分数的存在ではなく、その多くは整数の日本人になりますが、「国民」内部の「系譜」は静かに多様化しているのです。

他方で「住民のエスニック化」も着実に進んでいます。法務省入国管理局が毎年発表している外国人登録者数が初めて二〇〇万人を突破したのは二〇〇五年末でしたが、その後も毎年前年度の数を更新し続け、二〇一五年末現在の登録者数は二二三万二一八九人(日本人口一億二七〇九万人の一・七五%)で、その国籍は一九四国にわたっています。総人口比一・七五%という割合はヨーロッパに比べれば低いですが、着実に増加の傾向にあります。

「国民」ではない住民、「日本人」ではない隣人との共生は、すでに日常生活の一部です。アメリカやヨーロッパだけでなく日本においても、「住民のエスニック化」と「国民の脱人種化」は仮定の問題ではなく、進行しつつある現実であり、私たちにできるのは、それを受け入れ、それに棹さすことなのです。

「国民の脱人種化」とは、主体的な実践としては次のことを意味します。「国民」

一九九二年)などがある。

を「日本人らしい日本人」の集団として閉鎖するのではなく開くこと、「国民の権利」行使の根拠としての「国籍」を「日本人らしさ」から切り離すこと。そのためには国籍法を出生地主義に変え、韓国・朝鮮系、中国系、ブラジル系、フィリピン系といった「国民のエスニック化」を目に見える事実として受け止めることが必要になるでしょう。たとえそれが労働力のエスニック別階層制や「アイデンティティ政治」の高まりを引き起こすのは避けられないとしても、です。あのドイツ（フィヒテのドイツ）でさえ、社会民主党政権の下で国籍法を改正し、「非ドイツ系」ドイツ人の自然的増加を受け入れました。日本が否応なくその必要に迫られるのも、それほど遠い将来ではないと思います。

## 参照文献

Mitchell, Samuel Augustus [1865] *Mitchell's New School Geography: A System of Modern Geography, Physical, Political, and Descriptive*, Philadelphia: E. H. Butler.

アーレント、ハンナ［一九七二］『全体主義の起源1――反ユダヤ主義』大久保和郎他訳、みすず書房

アンダーソン、ベネディクト［二〇〇五］『比較の亡霊――ナショナリズム・東南アジア・世界』糟屋啓介他訳、作品社

ウォーラーステイン、イマニュエル［一九八五］『史的システムとしての資本主義』川北稔訳、岩波書店
小熊英二［一九九五］『単一民族神話の起源――〈日本人〉の自画像の系譜』新曜社
小熊英二［一九九八］『〈日本人〉の境界――沖縄・アイヌ・台湾・朝鮮植民地支配から復帰運動まで』新曜社
小熊英二・姜尚中編［二〇〇八］『在日一世の記憶』集英社
グールド、スティーヴン・ジェイ［二〇〇八］『人間の測りまちがい――差別の科学史』鈴木善次他訳、河出書房新社
小岸昭［一九九六］『スペインを追われたユダヤ人』筑摩書房
小坂井敏晶［一九九六］『異文化受容のパラドックス』朝日新聞社
スコット、ジョーン・W［二〇一二］『ヴェールの政治学』李孝徳訳、みすず書房
朴一［一九九九］『〈在日〉という生き方――差異と平等のジレンマ』講談社
バリバール、エティエンヌ［二〇〇七］『ヨーロッパ市民とは誰か――境界・国家・民衆』松葉祥一・亀井大輔訳、平凡社
バリバール、エティエンヌ／イマニュエル・ウォーラーステイン［二〇一四］『人種・国民・階級――「民族」という曖昧なアイデンティティ』若森章孝他訳、唯学書房
ファノン、フランツ［一九九八］『黒い皮膚・白い仮面』海老坂武他訳、みすず書房
フィヒテ、ヨハン・ゴットリープ［一九二八］『ドイツ国民に告ぐ』大津康訳、岩波書店
フィヒテ、ヨハン・ゴットリープ［一九八七］『フランス革命論――革命の合法性をめぐる哲学的考察』桝田啓三郎訳、法政大学出版局

福澤諭吉［一九八〇］『学問のすゝめ』、『福沢諭吉選集』第三巻、岩波書店
福澤諭吉［一九八一a］『時事小言』、『福沢諭吉選集』第五巻、岩波書店
福澤諭吉［一九八一b］『掌中万国一覧』、『福沢諭吉選集』第七巻、岩波書店
福澤諭吉［一九八一c］「脱亜論」、『福沢諭吉選集』第七巻、岩波書店
古矢旬［二〇〇二］『アメリカニズム――「普遍国家」のナショナリズム』東京大学出版会
宮島喬［二〇一四］『多文化であることとは――新しい市民社会の条件』岩波書店
レヴィ＝ストロース、クロード［一九七〇］『人種と歴史』荒川幾男訳、みすず書房
レヴィ＝ストロース、クロード［一九七六］『野生の思考』大橋保夫訳、みすず書房

対談▼

# 人種／レイシズムをめぐる討論

## 「ナショナリズム」と「人種主義」における根本的矛盾

**若森**――報告は第2章の「国民・ナショナリズム」の議論と連続していて、たいへん興味深くお聞きしました。議論の射程も非常に長く、一五世紀末のスペインの宗教対立を通じて「人種」という用語が生まれたことから今日のグローバリゼーションとともに進行している「国民の脱人種化」までお話しいただきました。私が印象的な論点としては感じたのは、ユダヤ教からキリスト教に改宗した人びととその子孫を「本来の」キリスト教徒から区別するために使用された「人種（raza）」という言葉が最初から人種排除主義の意味を持っていたこと、一九世紀初頭のドイツの哲学者フィヒテにおいてナショナリズムと人種主義との接合が生まれたこと、二〇世紀末からのグローバリゼーションに進行を通じて、ナショナリズムと人種主義との接合の「無理」が露呈してきたこと、などです。議論したり質問したい論点はたくさんありますが、「国民のエスニック化」と「国民の脱人種化」という論点は人種主義の最新の形態にかかわると思います。

そこで、報告のなかで出てきた「ナショナリズムと人種主義の根本的矛盾」についてもう少し説明してください。

**植村**――バリバールがフィヒテに即して説明したのは、「ユダヤ人問題」でした。つまり、フランス革命は、「思想・信条の自由」を「基本的な人間の権利」だと宣言して、「フランス国民」に対して信仰告白の自由を保証しました。フランスに生まれ育ってフランス語を母語とするユダヤ教徒は、あくまでも「フランス国民」の一部だというのが、本来のナショナリズムです。この場合、宗教的信条は「国民」一人ひとりの内面的な問題だとされるわけです。しかし、宗教というのは実際には集団としての生活習慣でもあります。

一九世紀のドイツで「ユダヤ人問題」が提起されたときに、具体的な問題となったことの一つが、キリスト教徒とユダヤ教徒とは休日（安息日）が違う、ということでした。キリスト教の安息日は日曜日ですが、ユダヤ教の安息日は土曜日です。休むべき日に休まない人たちがいる。そのような日々の生活習慣の違いが摩擦を生み、「生まれ育ち」が違う人たちへの違和感を生み出す。そこに多数派と少数派という権力関係が介在することで、差別意識が生まれる。それが人種主義につながります（詳しくは、植村邦彦［一九九三］『同化と解放――一九世紀「ユダヤ人問題」論争』平凡社）。

国内の民衆を「同じ国民」として統合するはずのナショナリズムが、事実上は多数派の生活習慣や文化に根ざした「国民らしい国民」イメージを立ち上げます。「フランス国民」や「ドイツ国民」の理念型が、実際はキリスト教的な生活文化に根ざすものであることがわかります。「国民らしい」国民と「国民らしくない」一部の国民との分断を生み出す。その違いが「生まれ＝血統」の違いによるものだと考えられ、それが言説化されたときに、人種主義が成立します。先ほどのいい方でいうと、「国民の人種化」が起きるわけです。「ナショナリズムと人種主義との根本的矛盾」というのは、「国民」を統合するベクトルと分断するベクトルとの矛盾です。

この矛盾は、一九世紀のドイツでは、ヘーゲルとフィヒテの対立としても現れます。フィヒテがユダヤ人を「ドイツ国民」から排除すべきだという主張をしていたことは報告で説明しましたが、それに対してヘーゲルは一貫してユダヤ人排除を批判し、国民統合を支持する立場に立っていました（ジャック・ドント［一九八三］『ベルリンのヘーゲル』花田圭介監訳・杉山吉弘訳、法政大学出版局、参照）。ヘーゲルは、たとえば一八二〇年の『法の哲学』第二七〇節でも、「ユダヤ人排斥の主張」は「最も愚か」なもので、「国家の原理」に反すると厳しく批判し、それと反対に、ユダヤ人の「市民権」を認めることによって国家のなかに「望ましい均一化が生じる」のだと主張しています(ヘーゲル[二〇〇一]『法の哲学・下』上妻精他訳、『ヘーゲル全集9b』岩波書店、四六〇頁)。

この「国民」統合の思想とその一部を排除しようとする分断の思想との矛盾は、一八世紀に「国民国家」原理が成立して以来ずっと解決されることなく持続してきた根本的矛盾です。しかしながら、この根本的矛盾は、「誰が国民なのか」を決定する両者の接合点でまさに矛盾であることが露わになります。それが危険な瞬間であることは確かですが、他方では、それまで意識されてこなかった矛盾が多くの人に意識される可能性がある。それが、バリバールがナショナリズムと人種主義との接合点に「突破口」を開こうとすることの意味だと思います。

フランスの場合には、外国人移民労働者の排斥という形でナショナリズムが発動されると同時に、フランスに生まれ育ってフランス国籍を持つ「同じ国民」であるはずの移民二世や三世に対しても、見た目や生活文化の違いに基づく差別意識として人種主義が発動される。しかし、労働現場で多様な出自を持つ労働者が現実に協業するなかで、「矛盾」が「矛盾」として意識される場面がくる。外国人労働者に差別的な目を向けていた「フランス人」労働者自身が、自分も「階級の人種主義」の標的であることに気づく場面がくる。労働する人間として連帯が生まれうる瞬間がくる。バリバールはその「気づき」や「目覚め」を組織化しようとしているのだと思います。

## 「国民の人種化」が進行する日本の現状
### ――「排外主義」と「労働力の減少」という齟齬

**若森**――最近の日本では、中国嫌い、韓国嫌いの人が増加しているように、ナショナリズムが排外的レイシズムと結びついて盛り上がっています。他方、国民のエスニック化がどんどん進んでいて単一民族神話は形骸化しているのに、「アイヌ民族はもう存在しない」という言説が、右翼にばかりか自民党の議員からも公然と語られるように、「国民の人種化」を意図的に主張する動きもあります。

**植村**――札幌市議会議員でしたね。

**若森**――移民や外国人労働力の受け入れを含めて、一方で国民のエスニック化が実態的には進んでいるのに、他方で、日本国内にいくつか複数のエスニシティみたいなものが存在することを抹消してしまいたいという衝動が生まれています。

**植村**――そこが微妙だと思うのですが、札幌市議でその発言をした人は自民党から除名されましたよね。それと関連するのですが、自民党のなかで移民問題に関する作業部会があって、移民政策の議論をしているのですが、少子化と労働人口減少に対して、移民を受け入れるという提案をしています。少し詳しく説明すると、まず二〇〇八年六月に自民党有志の「外国人材交流推進議員連盟」[▼13]（会長・中川秀直元幹事長）が、人口減少問題を解決するために、五〇年間で総人口の一〇％程度（約一〇〇〇万人）の移民受け入れを目指すことなどを盛り込んだ提言「人材開国　日本型移民政策の提言――世界の若者が移住したいと憧れる国の構築に向けて（中間とりまとめ）」をまとめます。自民党国家戦略本部はこの提言をたたき台にして「日本型移民国家への道プロジェクトチーム」（木村義雄座長）を設置し、政府に提言書を提出しました。

その後、二〇一四年三月に、自民党日本経済再生本部の「労働力強化・生産性向上グループ」が、外国人労働者の受け入れ拡大を求める提言案をまとめました。これは、現行の外国人の技能実習制度の受け入れ期間延長などが柱で、いわばマイナーチェンジにすぎませんが、いずれにしても、限定をつけながらも、どういう人たちを受け入れるかということが議論になっているのです。

日本政府も自民党も移民の必要性ということはわかっている。だから、フランスの国民戦線のように移民を一切拒否するような議論は、やはり現実の経済的要



[▼13] 日本への移民の受け入れを提言する自民党議員有志の二〇〇五年に設立された任意団体。二〇〇八年には、五〇年間で約一〇〇〇万人の移民受け入れを目指す提言案、永住許可要件の大幅な緩和、「移民庁」設置案などを提言した。

求等からできないと思うんですね。実は、本当は来てほしくないと思っている人たちが、それにもかかわらず移民政策を議論しなければならなくなっている、というのが現状だと思うんです。だから、日本はかなり矛盾した状況になっている。思想的には「歴史修正主義者」であるという点でほとんど国民戦線的な人たちが大臣にまでなっているのですが、でもやはり、じゃあ外国人の移民を一切拒否して、真の日本人だけでやっていけるかといえば、そうは思っていない。

**若森**――日本は公式には今のところ移民を拒絶していますが、「外国人技能研究制度」を利用して、中国やヴェトナムなどのアジアから事実上の低賃金労働力として移民を利用しています。二〇一四年の時点で一六万人を超える「研修生」が農業や織物や建築業の技能を修得するという名目で働いていますが、海外からは「奴隷」のように使われているという批判があります。過酷な労働（残業手当が三〇〇円という例もあります）から逃れて失踪する研修生も多いようです。

しかし他方、日本は難民受け入れに消極的で、二〇一五年の例では、過去最高の八万三三一九人の難民申請に対して難民認定は二七人（九九％拒絶）でした。アメリカ（認定二万人）やフランス（認定約一万人）などの先進国と比べると、日本の難民認定の低さは異常です。経済の論理としては移民・難民を受け入れるが、人種主義と結合した国民（単一民族）の政治的文化的規範としては移民・難民を拒絶する、というねじれがあるようです。

**植村**——極端に受け入れないですね。

## 「虚構のエスニシティ」をいかに乗り越えるか

**若森**——日本は明治維新以来、ナショナリズムと人種主義の接合という形で国民国家や国民、あるいは日本人を作ろうしてきました。しかし、植村さんの報告で強調されたように、今は移民を含めて、いろんな意味での国民のエスニック化が進んでいる。国民のエスニック化を脱人種化につなげるためには、バリバールがいうところの、歴史的に構築された「虚構のエスニシティ」[▼14]をいかに解体するか、という視点が改めて重要になってきていると思われます。いい換えますと、国民国家としての日本社会も、言語とか文化とかメディアを通して、虚構のエスニック共同体をたえず作り直す必要に迫られています。

こういう文脈のなかで、大学でも「君が代を歌え」とか、英語をしゃべる教員を大学のなかに入れろとか、そういうことが次々と要請されている。グローバリゼーションが進行するなかで、「日本人」という虚構のエスニシティが、再構成され作り直されるべき課題として登場しているように感じられるのですが……。



[▼14] バリバールは『人種・国民・階級』の第五章「国民形態」のなかで、国民国家によって創出される共同体は、たとえば日本民族やフランス民族といった共同体を、「虚構のエスニシティ」と名づけている。彼は「虚構的」という言葉によって、国民国家によって創出された、人種や言語の「自然的」同一性を根拠とする「民族」というエスニシティが自然的共同体ではなく、「でっち上げられた」共同体であることを明示しようとしている。社会構成体に包摂された住民は、最初から共通の出自・言語・宗教といったエスニック的基礎を備えているのではないのである。「諸社会構成体の国民化に応じて、そこに包摂されている住民

**植村**——今の日本におけるナショナリズムと人種主義の接合の問題について少し補足すると、「在日外国人」への態度というのが一番典型的だと思います。「在日」への差別については改めていうまでもありませんが、「在日外国人」が日本国籍を取得して「国民」になったときに、むしろ「生まれの違い」を根拠とする差別が激しくなる、ということがあります。これがまさに、先ほどいった「国民の人種化」の一つの現れだと思います。

一九八二年のことですが、当時衆議院議員選挙に立候補しようとした自民党の新井将敬の政治広報ポスターに、同じ選挙区から立候補を予定していた石原慎太郎の公設第一秘書が、「四一年北朝鮮より帰化」［▼15］と書かれた黒シールを貼りつけるという事件が起きました。このとき落選した新井は、一九八六年に初当選を果たしますが、一九九八年に証券取引法違反容疑で取り調べを受けた後、自殺しました。残された奥さんは、「主人は本当に日本人になろうとしていたし、日本人の心をもっていました。恥を重んじ、心根の優しい武士のような男です。日本人以上に日本人の魂を持っている人間なのです」（新井真理子「わが夫新井将敬未公開の遺書」『週刊文春』一九九八年三月五日）と述べていますが、一方では過剰な「同化」要求があるのに、実際に「日本人以上に日本人らしい」ほどに同化すると、今度は「生まれ＝系譜」を持ち出して拒絶する。ナショナリズムと人種主義の接

は……あたかも彼らが自然的共同体を形成し、……期限・文化・利害の同一性を自然に備えているかのように表現／上演されるのである」（バリバール／ウォーラーステイン［二〇一四］一四九頁）。

［▼15］本人の希望によって他国の国籍を取得し、その国の国民となること。

合というのは、相当に矛盾に満ちた事態だと思います。

最近の例でいうと、二〇一四年三月に浦和レッズ差別横断幕事件というのがありました。これは、サッカーJリーグの浦和レッズのサポーターが「Japanese Only」(外国人お断り)と書いた横断幕を掲げたという事件です。清義明『サッカーと愛国』(イーストプレス、二〇一六年)という本が詳しく検証していますが、この横断幕は、シーズン開幕前に浦和レッズに移籍してきた李忠成《り・ただなり》に向けられたものだと見られています。李忠成は東京生まれの在日韓国人四世ですが、二〇〇七年に日本国籍を取得し、二〇一一年のアジアカップで「日本代表」チームのメンバーとして得点を挙げたこともある選手です。

この事件の後、Jリーグのチェアマンは、浦和レッズに「無観客試合」という処分を下しましたし、また、浦和レッズ側でも「無観客試合」当日に「差別撲滅宣言」を発表するとともに、当該サポーターの所属グループに対しては無期限活動停止、所属メンバー全員に対しては浦和が出場する全試合と埼玉スタジアムへの無期限入場禁止という対応を取りました。

浦和レッズ差別横断幕事件は、まさにナショナリズムと人種主義の矛盾が露わになった事件で、結果的にサッカー関係者やファンに対しては、人種差別を反省する「突破口」的な意味を持ったということができるかもしれません。しかしその一方で、先に述べたような「日本人らしさ」への「同化」圧力は、現在ではもっと強くなっていると思います。今はメディアの雰囲気がすごいですからね。日本人論とか、日本のいいところとか、本当に自画自賛的に日本人に言及する機会というのが増えてますからね。テレビがそうだし、出版物でも、何ごとにも「日本人は」という宣伝なり見出しなりをつける。

**若森**——そうそう、外国の人が日本をほめている、というテレビ番組がやたらに多いですね。視聴率も高いのでしょうか。ちょっと末期的だと思いますけどね。異様なぐらいですね、最近は。日本では自画自賛的な日本人論が流行する一方で、中国や韓国を人種的に差別する人種主義も高まっています。

ヨーロッパでも移民排斥運動は、フランスやドイツ、デンマーク、スウェーデンでイスラム教徒排斥運動という新しい形態で展開されています。人種主義という排除と閉鎖の装置が各国で反イスラム主義として噴出しています。この人種主義という虚構のエスニシティをいかに超えることができるか、という問いが提起されているわけです。ハーバーマスがいうように、ヨーロッパのレベルでナショナリズム(国民)を超える共同体を作ることによって、人種主義という虚構のエスニシティを超えることができる、という期待もあります。バリバールは「民衆のヨーロッパ」の実現に期待しています。

## 「ヨーロッパ的ヨーロッパ」という新しいナショナリズムの勃興

**植村**――そう、だからそこが難しい。実際ヨーロッパでは、一方でEU統合が進行していくのと重なって、少なくとも人種主義は強まっている気がしますね。それは国内要因だけじゃなくて、「ヨーロッパ的ヨーロッパ」というヨーロッパ人意識が強まるのと連動して、ヨーロッパ的でないものが意識されてくる。ジャン＝ピエール・シュヴェーヌマンのような、フランス社会党の創設者の一人でジョスパン内閣の閣僚まで務めた人が、「ヨーロッパをヨーロッパ人の手に」とか、「ヨーロッパ的なヨーロッパ」とかいういい方をして、「ヨーロッパ・モンロー主義」のような主張をしている。それまでは、ドイツとかフランスという国民的なレベルで対抗意識があったのが、ヨーロッパ人アイデンティティが強くなってくるから、ヨーロッパ的でないものとの対立関係が強くなってくる。たとえば昔だと、フランス人は、ドイツ人を強く意識して見ていたり、あるいはフランス国内のイタリア人やスペイン人の労働者のことが嫌いだったり摩擦があったりしましたが、イスラムが身近になると、今度はそれに対して「ドイツ人やイタリア人はやはり同じヨーロッパ人だ」という認識に変わってしまいます。そういう形で、ヨーロッパ主義が強まるにつれて、他方では非ヨーロッパ的な移民に対する反対意識が強まっていると思います。

**若森**――ヨーロッパ・ナショナリズム、つまり、ヨーロッパレベルでの国民国家を超えたレベルにおけるナショナリズム＝新しいナショナリズムが生まれている、といえるかもしれないですね。

**植村**――ヨーロッパ的なものが何か、ということをめぐるヘゲモニー争いみたいなことがあるように思われます。キリスト教的なものをヨーロッパ的なもののコアに入れるのか入れないのか、ということがおそらく問題になると思います。

**若森**――アジアのレベルでも、日本や韓国、中国を超えたアジアレベルのナショナリズム、アジア人意識みたいなものの要素が形成され始めているかもしれません。中国を中心とするアジアと、日本・アメリカを中心とするアジアの構想が、経済、政治・外交、軍事、領土問題をめぐって抗争しているように思います。

**植村**――国民国家を超えるレベルで、これまでのナショナリズムとは異なる形での地域間対立という問題が出てきたということでしょうか。

## ナショナリズムと民主主義の接合

**若森**――植村さんのフィヒテ論に出てきたように、「ナショナリズムがその出発点において人種排外主義と接合していた」という分析はとてもおもしろいし、重要だと思います。そこで、日本の戦後啓蒙の市民社会派、丸山眞男[▼16]や大塚久雄[▼17]などの思想と理論において、ナショナリズム（愛国）と民主主義の接合はどのように捉えられていたのか、知りたくなりました。ナショナリズムと人種主義の接合、およびナショナリズムと人種主義の接合に対する批判は自覚されていたのでしょうか。

**植村**――そういう接合があったかもしれません。公共性への関わりとか。

**若森**――日中戦争と第二次世界大戦の時期の日本がナショナリズムと人種主義の接合によって特徴づけられるとすれば、戦中への批判として出発した戦後復興の時期は、ナショナリズムと愛国として特徴づけられるのでしょうか。

**植村**――ナショナリズムと愛国なんでしょうね。あるいは愛国と民主主義か。

**若森**――丸山眞男たちの戦後啓蒙[▼18]は、ナショナリズムとデモクラシーの接合の意義について語っていたと思います。しかし、人種主義あるいは植民地主義の



［▼16］大阪府生まれ（一九一四年三月－一九九六年八月）。日本を代表する政治思想学者。東京大学名誉教授。一九四六年に「超国家主義の論理と心理」を発表し、日本の超国家主義を分析。その後も日本型ファシズムと天皇制国家などを論じ、第二次世界大戦後の民主主義思想を主導。主な著書に、『日本政治思想史研究』（東京大學出版會、一九五二年）、『現代政治の思想と行動』（未來社、一九五六年）などがある。

［▼17］京都府生まれ（一九〇七年五月－一九九六年七月）。東京大学名誉教授。日本を代表する経済史学者。マックス・ウェーバーやマルクスを研究し資本主義形成について、独自の理論で

マイナスの遺産をどこまで反省していたのでしょうか。戦後日本の丸山眞男たちが出した積極的な提起を継承という観点から考えると、どうなりますか。

**植村**――私の報告では、民主主義や共和主義、あるいは政治参加、公共性などのポジティブな側面の話はあえてしませんでしたが、ナショナリズムには確かにそういう変革的側面があります。戦後民主主義が「国民」という言葉を使ったときには、個人的な主体性を確立しよう、自覚的に公共性に参加する主体性を作ろう、という主張が含まれていました。福澤の場合にも、主体的に政治参加する人間が「国民」だという考え方が明確にありますから、コミュニティ論を考えるときには、そういう主体的な参加意識もないと困る、ということもいえますね。

**若森**――もう少し、ナショナリズムと人種主義の接合という「虚構のエスニシティ」を超えていく議論、すなわち「国民の脱人種化」という議論があればいいと思いますが……。

ナショナリズムが国民的次元を超える、というのは未完の課題ですので、国民の脱人種化が民主主義を弱め、それがナショナリズムと民主主義の接合という論理の力を弱めることになる、という問題があるかもしれません。

**植村**――要するに、別のいい方をすると、こういう人種主義やナショナリズムに対する批判をしながら、他方でポジティブな公共性みたいな話をどうやって組み



ある「大塚史学」を確立した。主な著書に、『近代欧州経済史序説』（日本評論社、一九四四年）、『近代資本主義の系譜』（學生書房、一九四七年）などがある。

［▼18］アジア・太平洋戦争が終結した一九四五年以降の時期に、敗戦に至った戦争経験と戦前の国家体制を批判的に総括することを通じて、戦後の社会状況に積極的にかかわり、「主体的な」責任意識を有する自立的個人の確立を求めて啓蒙的な役割を果たした知識人たちの総称。戦後啓蒙知識人は、政治学者の丸山眞男（一九一四－一九九六年）や経済史家の大塚久雄（一九〇七－一九九六年）に代表される。戦後の日本にヨーロッパ的「近代」をも

立てるかということですね。すごく難しいですね。

**若森**——難しいかもしれませんが、根本的な問題はそこにあると思います。

**植村**——そういう議論の評価も入れながら、でもそれではだめなところと引き継ぐところみたいな話をもう少し整理したほうがいいということですね。

## メディアの功罪

**若森**——あと、ナショナリズムにしてもレイシズムにしても、とくに現代、メディアとの関係が大きくなっていると思いますが、そのあたりの議論はどうなっていますか。

ナショナリズムは、ベネディクト・アンダーソンがいうように「想像の共同体」としては出版資本主義なしには成立しません。それと同じように、今のレイシズムはネットなしに成立しないのではないでしょうか。人種主義的ナショナリズムが日本でこう肥大化しているのは、やはり、ネットの影響だと思います。海外では、ネットが「アラブの春」[▼19]や「ウォール街オキュパイ」[▼20]、あるいはスペインの「インディグナトス」[▼21]（怒れる者たち）などを生み出すのに積極的に活用されたようですが、日本ではおそらく労組や大学やＮＰＯ、宗教団体のよう



たらそうと意欲した戦後啓蒙は、近代対前近代（あるいは西欧対日本）という二項対立を自明の論理的枠組みとする傾向が強く、戦後啓蒙の批判者たちはこの枠組みに異議を唱えてきた。

［▼19］二〇一〇年末のチュニジアで勃発した体制権力への異議申し立て運動（「ジャスミン革命」）に端を発し、広く中東各国に広がった一連の民主化運動のこと。チュニジア、エジプト、リビアでは長期独裁政権が倒れた一方で、アルジェリア、イエメン、サウジアラビア、ヨルダン、では体制が存続。シリアでは内戦が長期化している。

［▼20］「ウォール街を占拠せよ！（Occupy Wall Street）」

な中間団体が弱いこともあって、メディアがレイシズムの普及に利用されてきました。その結果、市民社会の多様性と寛容が失われたのではないでしょうか。

**植村**――丸山眞男のような戦後啓蒙が考えていたようなデモクラシーの構想も、バーチャルなメディアの肥大化によって実現がどんどん難しくなっています。

**若森**――植村さんの報告への感想になりますが、国民・ナショナリズムに関するルソー論とヘーゲル論、国民と人種の接合に関するフィヒテ論を聞いていると、新しい思想や考え方が歴史や現実を作っていくことを感じます。ルソーやフィヒテの言説によって「国民／ナショナリズム」や「国民／人種」が作り出された、とまでいいたいぐらいです。思想家によって創出された思想や理論、新しい言説は、実に大きな力を持っていると感じます。経済学や伝統的なマルクス主義の立場から考えると、生産力や技術革新といった客観的な力だけが歴史を作り動かしているように見えますが、この考え方はかなり相対化する必要があると思います。実際、新しい思想や言説、新しい概念が人びとの思考と行動を変え、現実と歴史を形成していく面があるように思います。マスメディアや世論も現実を作り上げる力を持っていますので、ちょっと怖いと思うことがあります。

**植村**――その点でいうと、バリバールとウォーラーステインにはかなり違いがあると思います。ウォーラーステインは、ナショナリズムや人種主義のイデオロ

の意。二〇一一年九月一七日より、金融機関の集まるニューヨーク・ウォール街において発生した若者の草の根抗議運動のこと。参加者は、ウォール街近くの公園に野営しながら、経済格差の解消を求めて富裕層への課税強化などを訴えた。

[▼21]「怒れる人々（Indignad(s)）」の意。スペイン金融危機後の二〇一一年五月、大幅な社会福祉費削減計画を発表した政府に反対し、多くの人々がマドリード中心部のプエルタデルソル広場を占拠し、座り込み運動を行った抗議運動のこと。ウォール街オキュパイの先駆けとなった。

ギーを世界システムにおける国際的な垂直的分業に関連させて、国際的序列に当てはめていく傾向がありますが、バリバールは自律的なイデオロギーの言説の変遷を国民国家に内在する問題として論じますよね。

**若森**――植村さんの報告にあったように、バリバールは「人種主義はナショナリズムから発生する」という考え方ですが、ウォーラーステインはナショナリズムや人種を、世界システムの中核にある社会的集団のアイデンティティ形成や中核―周辺の対立関係から説明しています。

**植村**――ナショナリズムと人種主義の接合をいかに批判するか、たえず作り直される「虚構のエスニック共同体」をいかに解体するか、という問題は、グローバリゼーションとともに実態的に進展している「国民のエスニック化」に注目しながら、理論や思想の次元で取り組むべき課題です。ウォーラーステインやバリバールの研究はこの課題に挑んだ先駆的な仕事です。

**若森**――そういう仕事を踏まえたうえで、人種主義に関する研究と運動のこれからの課題について、方向性を聞かせてください。

## ヨーロッパで蔓延する「人種なき人種主義」

**植村**——報告でも述べたように、人種主義を批判的に考察する場合の出発点となる必読文献は、スティーヴン・ジェイ・グールドの『人間の測りまちがい——差別の科学史』（鈴木善次他訳、河出書房新社、二〇〇八年）だと思います。人種、階級、性別などによる社会的差別を自然的な差異の反映だと見なす「生物学的決定論」の論拠を全面的に批判した力作です。一八世紀以来の歴史をていねいに追って論じているのですが、とくにアメリカの知識人らしいと思うのが、アメリカで開発された知能指数（IQ）を取り上げて、知能を数量として測ることで個人や集団の価値を表すという主張がなぜ生まれたのかを、その歴史的・社会的な背景に即して検証しているところです。

それにもう一冊加えるとすれば、ジョージ・M・フレドリクソン[▼22]の『人種主義の歴史』（李孝徳訳、みすず書房、二〇〇九年）を挙げることができます。この本の特徴は、人種主義の歴史的な発生と展開を、とりわけ「反ユダヤ主義＝反セム主義」と「白人至上主義」とを比較考察することで、両者の共通性と差異を明らかにした点です。ヨーロッパとアメリカにおける人種主義の現れ方の違いがよく理解できます。

しかし、現状に即して考えると、現在もっとも切迫した問題となっているのは、バリバールのいう「人種なき人種主義」だと思います。つまり、肌の色や顔

[▼22] Fredrickson, George M.（1934–2008）。アメリカの歴史学者。専門はアメリカと南アフリカの人種関係の比較史。ハーヴァード大学で博士号取得。ノーザンウエスト大学を経てスタンフォード大学教授。

立ちのような形質人類学的な意味での「人種」の違いではなく、集団間の文化的な違いを「本質的に」解消不可能なものだと見なすような差別主義のことです。

本書の「はじめに――日本はどこに向かうのか」でも述べましたが、現在のフランスでは、そのような本質主義的差別主義としてのイスラム嫌悪が広がっています。そのような社会的雰囲気のなかで、二〇一五年一月七日にはアルジェリア系フランス人によるパリの風刺週刊誌『シャルリ・エブド（Charlie Hebdo）』襲撃事件が起き、二〇一五年一一月一三日にはモロッコ系ベルギー人らのＩＳ[▼23]（イスラム国）戦闘員によるパリ同時多発テロ事件[▼24]、さらに二〇一六年七月一四日には在仏チュニジア人によるニースでのトラック・テロ事件[▼25]が起きました。フランスやドイツをはじめとするヨーロッパ諸国では、このような、いわゆる「イスラム過激派」によるテロリズムだけでなく、二〇一一年以降のシリア内戦の結果として流入する難民の受け入れ問題も加わって、とくにイスラム教徒を標的とした排外主義が高まってきています。

## 「私はシャルリ」に現れた中産階級の欺瞞性

**植村**――それに対して、『シャルリ・エブド』襲撃事件の後に執筆され、日本で



［▼23］正式名称は、「イラク・シリアのイスラム国（Islamic State in Iraq and Syria; ISIS）」。イラク、シリアなどで活動するスンニ派過激組織。「カリフ制国家」を自称。両国などで、政府やスンニ派以外の宗派、宗教の住民などを標的としたテロを実行している。

［▼24］二〇一五年一一月一三日金曜日にフランス・パリで同時多発的に起きた一連の無差別テロ事件。市民一三〇人が死亡した。過激派組織「イスラム国」（ＩＳ）が、フランスのシリア空爆への報復だとする犯行声明を出した。実行犯らは、主にフランスやベルギー出身の若者。

［▼25］二〇一六年七月一四

は二〇一六年の一月に出版されたエマニュエル・トッドの『シャルリとは誰か？——人種差別と没落する西欧』（堀茂樹訳、文藝春秋、二〇一六年）の問題提起はきわめて重要だと思います。事件後にフランス各地で「私はシャルリ」という標語を掲げた抗議デモが広がりましたが、トッドは、「表現の自由」を掲げた「私はシャルリ」デモが、実は偽善的で排外主義的であったことを明らかにしています。彼が問題にしているのは、「表現の自由」のような人権にかかわる言説の下で、実際には新自由主義的な経済政策や格差拡大を容認し、自分より下層の人びとを無視して社会を支配している、高学歴で自称反体制派の「中産階級」の自己欺瞞です。

トッドが指摘しているのは、「言論の自由」を守るためのデモに見えたものが、実は「ユーロ経済の不平等を許容する中産階級」と「二〇世紀後半にカトリック信仰が希薄化した地理的周縁部の人びと」のそれぞれの不安の現れだったという事実です。そこにあるのは、「中産階級の差異主義的な気懸かり」が、具体的な現実がないままに、「イスラム教徒」を標的とする「差異主義的外国人恐怖症」（同上、一九六頁）にまで膨らんだ状態です。「私はシャルリ」デモには、都市郊外に住むイスラム系移民も、極右「国民戦線」の支持層である労働者階級も含まれていなかったことを、トッドは指摘しています。

日にフランスの南部・ニースの遊歩道プロムナード・デ・ザングレにおいて、花火の見物をしていた人々の列にトラックが突っ込んだテロ事件のこと。八四人が死亡し、二〇二人の負傷者が出た。実行犯は、チュニジア出身の若者。その後、ISが犯行声明を出した。

さらにトッドは、原著の執筆後に書かれた「日本の読者へ」という文章のなかで、「事態のその後の推移も、現在のフランス社会を支配している中産階級が自己批判能力を欠き、経済的特権の中に閉じ籠もり、宗教的不安によって内面を穿たれ、イスラム恐怖症にのめり込んでいるという診断の正しさを示しました」(同上、五頁)と述べています。彼が結果的に明らかにしたのは、ウォーラーステインやバリバールと同様に、フランスにおける人種主義とテロリズムの双方の背後には、新自由主義的世界システムの下で(とくにヨーロッパではユーロ経済の下で)複雑化した国内の階級構造が潜んでいるのであって、人種主義や排外主義を理解するためには、目には見えにくいが厳然として存在する階級と階級闘争を析出する必要がある、ということだと思います。

## 差別の担い手は誰か?

**植村**――ドイツでも、現在の状況はフランスとかなり似てきています。井関正久『戦後ドイツの抗議運動――「成熟した市民社会」への模索』(岩波書店、二〇一六年)が詳しく分析していますが、二〇一三年にユーロに反対する運動として結成された「ドイツのためのオルタナティヴ[▼26](AfD=Alternative für Deutschland)」



[▼26] ドイツの右派政党。二〇一三年のギリシャ経済危機を契機に、反EUを掲げて結党された。ドイツのEU離脱や移民の制限、反イスラムの立場を掲げている。

が、その後は移民制限と反イスラムを主張して勢力を拡大してきました。二〇一四年にはドレスデンで「西洋のイスラム化に反対する愛国的欧州市民[▼27]（PEGIDA＝Patriotische Europäer gegen die Islamisierung des Abendlandes）」が結成され、これも急速にドイツ全土に広がっています。「ドイツのためのオルタナティヴ」は、二〇一六年三月の州議会選挙では複数の州で議席数を大幅に増やし、ザクセン・アンハルト州では与党「キリスト教民主同盟（CDU＝Christlich-Demokratische Union Deutschlands）」に次ぐ第二党になっています。これらの運動の特徴は、従来からの「ドイツ国民民主党[▼28]（NPD＝Nationaldemokratische Partei Deutschlands）」のような極右ネオナチ団体とは異なって、中間層を含むより広範な社会層に基盤を持っていることです。フランスと同じように、ドイツでもナショナリズムを超えた「人種なき人種主義」が広まっているということができます。

このような動きは、標的とされる人びとこそ違いますが、日本にもある程度当てはまると思います。日本における「人種なき人種主義」に切り込んだものとしてまず挙げられるべきは、安田浩一『ネットと愛国――在特会の「闇」を追いかけて』（講談社、二〇一二年。後に、講談社＋α文庫、二〇一五年）と『ヘイトスピーチ――「愛国者」たちの憎悪と暴力』（文藝春秋、二〇一五年）だと思います。とくに前者は、一見頼りなげでおとなしい「普通」の若者がなぜ怨嗟と憎悪の人種主

[▼27] 二〇一四年一〇月二〇日にドイツにおけるデモ行動に始まった、反イスラム主義を掲げる極右政治団体のこと。西欧圏におけるイスラムの暴力的な活動を制することを標榜している。

[▼28] ドイツの極右政党。一九六四年結党。ドイツにおけるネオナチ団体の代表として知られている。連邦議会には議席は保有していないが、二つの州議会で議席を獲得、二〇一四年には欧州議会でも一議席を獲得している。

義に走るのかを地道に取材した労作です。最近の研究としては、第2章の対談で若森さんがすでに言及している樋口直人『日本型排外主義――在特会・外国人参政権・東アジア地政学』(名古屋大学出版会、二〇一四年)が、在特会の担い手の社会層分析に関して、「周辺化された人びとの不安と不満」を強調する安田の議論を厳しく批判し、むしろ中間層が持つ「草の根保守主義」の歴史修正主義を強調しています。しかし、私としては、樋口の安田批判の仕方はかなり一面的だと思います。両方を補い合いながら併せて読むと、日本でも、フランスやドイツと同じように、新自由主義的グローバリゼーションが引き起こす不安と不満を糧にして、「人種なき人種主義」の担い手となる社会層が意外に広い範囲に広がっている、という結論になるのではないでしょうか。そのような成果を踏まえたうえで、現在の日本では、階級的対立構造と人種主義あるいは排外主義がどのように関連しているのかを、もっと緻密に分析する必要があると思います。

**若森**――人種と人種主義について、一五世紀のスペインから一九世紀初頭のフィヒテの国民・人種論や明治維新期の福澤の『学問のすゝめ』の議論を経て、二一世紀初頭におけるグローバリゼーションによる「国民の脱人種化」(国民を人種的に定義できない事態)まで議論してきました。ヨーロッパにおけるイスラム教徒排斥の運動の背後に、「国民の人種化」の危機があることを植村さんは強調されましたが、これによって、ナショナリズムと人種主義の接合というバリバールの命題の理解も深まったと思います。国民の脱人種化によって、今日の日本においても、ナショナリズムと人種主義との「接合」の矛盾が深まっています。そして、現代日本の国民的アイデンティティの一種の危機を解明するためには、国民の人種化の危機とともに、植村さんが第2章の「国民／ナショナリズム」で強調された、日本のナショナリズムが抱える自己矛盾型の倒錯、「日本が世界帝国アメリカに従属的な属国として組み込まれているからこそ、国民に対してはナショナリズムを表わすレトリックが不可欠である」という公式ナショナリズムの曲芸を、思想的、歴史的に研究していく必要があると思います。「階級の人種主義」についてはもう少し議論したいところですが、後の章でも討論したいと思います。

# 第4章 階級／階級闘争

WAKAMORI Fumitaka
若森章孝

## 1　グローバル資本主義と階級アイデンティティの消失

一九七〇年代に危機に陥ったケインズ主義的福祉主義的資本主義（フォーディズム）に対するオルタナティブとして、規制緩和や民営化、市場化を掲げる新自由主義の政策理念の主導によって経済のグローバル化と金融化が推進され、一九八〇年代の中ごろから、国境を超えるグローバル資本主義がアメリカ、EU、日本を巻き込みながら急速に地球的な広がりで展開されてきました。階級利害と階級対立の視点から見たグローバル資本主義の大きな特徴は、格差や不平等の拡大、雇用不安や非正規雇用の増大、労働分配率[▼1]の低下と資本分配率[▼2]（収益率）の上昇のように、事実としては階級にかかわる問題が存在するにもかかわらず、階級[▼3]の問題と政治的・経済的な諸闘争が消失したかのように見えることです。



[▼1]　企業が新たに生み出した価値である付加価値のうち、賃金・俸給（人件費）として労働者に支払われた割合のこと。

[▼2]　企業が生み出した付加価値のうち、株主配当や設備投資、内部留保等に分配される割合のこと。

[▼3]　生産手段の所有・非所有によって区別される対立的な社会集団のこと。

グローバル資本主義における階級闘争[▼4]の消失という現象は、バリバールが『人種・国民・階級』の第一〇章「階級なき階級闘争？」で指摘するように、「社会経済的な諸闘争が政治的中心性を喪失し、多様な形態の社会的対立のネットワークのなかに吸収されている」（バリバール／ウォーラーステイン［二〇一四］二四一頁）状況のもとで生じています。確かに、本来は上と下の対立である階級対立は、ギリシャ国民とドイツ国民の対立のような国民間の対立、雇用をめぐる国内の労働者と移民労働者との対立のような人種間の対立、少子高齢化と年金問題に見られるような世代間の対立、家事と子育てをめぐる男女間の対立といった、多様な形態の社会的コンフリクトのなかに吸収されて、独自的な課題として取り上げられ追求されることが少なくなっています。労働者階級が国民、人種、性別、世代間に分断され、階級としてのアイデンティティがあいまいになった、ということもできる。

このような階級の消失という現象は、資本主義の発展とともに自生的に生まれる結果ではなく、新自由主義とそれによって推進されたグローバリゼーションと経済活動の金融化によって生み出されたものです。



［▼4］生産手段を所有する支配階級と、それを所有しない被支配階級との闘争のこと。

## 労働組合の弱体化と資本主義の再生

第一に、不況（失業増加）とインフレの同時進行というスタグフレーション（インフレと不況の同時進行）のなかで、一九八〇年前後に総選挙で勝利したイギリスやアメリカ、日本の保守政党は、完全雇用政策からインフレ抑制のために一定の失業（「自然失業率」）を容認する政策へと政策の軸を移し、新自由主義の理念と経済政策・社会政策にしたがって労働市場、金融市場、生産物市場の規制を緩和し、競争の活性化を調整様式とすることで、資本収益の上昇と景気の回復を図りました。そして、労働市場に競争秩序を作り出す方策として、雇用保障や賃金上昇を要求する労働組合を解体あるいは弱体化させる政策が強行されました。

イギリスでは、一九七九年に政権に就いたマーガレット・サッチャー首相が、労働組合活動を法的手段（一九八四年から一九九三年のあいだに六つの労使関係関連法を制定）によって厳しく規制し、クローズドショップ制（採用時に労働組合に加入している労働者のみを雇用し、組合員の資格を失った労働者を解雇する制度）の禁止やスト事前投票の義務化などを定めました。その結果、労働組合の組織力と団体交渉の主体としての力は著しく弱体化する一方で、経営側の発言力と労働市場の柔軟性が高まったのです。サッチャー政権はまた、公営住宅の払い下げと金融市場の規制緩和を通じて、労働者を「住宅の所有者」および株式の保有者として、新自由主義



［▼5］ Reich, Robert

的「大衆資本主義」に統合する政策も実行しました。
一九八一年の一月に就任したアメリカのロナルド・レーガン大統領が最初に行った大きな仕事は、ストに参加した連邦政府職員である航空管制官の一万三〇〇〇人を解雇したことでした。連邦政府職員にはスト権はありませんが、政府はストに入った組合と合意のための交渉に臨む、というのが一九七〇年代までの慣行でした。この慣行を破って多数の管制官を解雇し、新たに代替員を雇用したレーガンの措置は、国民の圧倒的な支持を得ました。ロバート・B・ライシュ[▼5]が『最後の資本主義』(ライシュ[二〇一六])のなかで指摘するように、これを契機にアメリカでは、労働組合の組織力の弱体化と企業による非組合員の雇用が進展しました。
日本でも、中曽根康弘政権(一九八二―一九八七年)が一九八七年に国鉄分割民営化[▼6]と国労の解体を実施したことで、官公労を中心とした労働組合運動の弱体化が進行しました。新自由主義は何よりも労働組合の交渉力を奪うことを通じて、市場原理による資本主義の再生を図ったということができます。

**社会民主主義の変質と労働者を代表する政党の不在**

第二に、一九八〇年代からの保守党の新自由主義政策の実施によって、格差



Bernard(1946－)。アメリカの経済学者。ハーバード大学教授などを経て、現在、カリフォルニア大学バークレー校公共政策大学院教授。クリントン政権での労働長官、オバマ大統領のアドバイザーなど務める。主な著書に、『暴走する資本主義』(雨宮寛・今井章子訳、東洋経済新報社、二〇〇八年)などがある。

[▼6] 一九八七年四月、公共企業である三公社の一つであった日本国有鉄道(国鉄)を七社に分割・民営化し、一方で不採算路線の廃止や第三セクター化を強行したこと。「小さな政府」をめざし、公的部門に対して株式会社化と分割を導入し、競争原理の導入を図るために行われた。

の拡大と低賃金の労働者層（ワーキングプア）の増加が進行したことに由来する社会的不満を背景として、一九九〇年代の後半にイギリスとドイツで労働者の利害を代表する労働党と社会民主党がそれぞれ政権に就きました。しかし、トニー・ブレアの労働党もゲアハルト・シュレーダーの社会民主党も、雇用規制の緩和によって労働市場の柔軟性をより高める政策を実施するとともに、「福祉から労働へ」の社会政策の転換を主張して、失業手当や各種の福祉給付を受給する条件を厳格にし、失業者や生活保護受給者、シングルマザーに「就労による自立」を要請しました。ブレアやシュレーダーは、新自由主義思想を公的領域および社会政策・労働市場政策の領域にまで拡大する試みを新しい社会民主主義改革の柱としたのです。伝統的に労働者の党であった党が、労働者の利害よりも資本の競争力や金融市場の利害を代表する党に変質したことで、労働者は自分たちの利害を代表する政党を失いました。労働組合の弱体化と労働者の利害を代表する党の変質は、階級的利害が政治的レベルで表現されるのを困難にしたのです[▼7]。

## エリートの叛逆とタックス・ヘイブン

第三に、労働者の利害を代表する組織や政党の弱体化の対極として、資本の側は雇用の安定や賃金に関する従来のフォーディズム的妥協、あるいは、労働力



[▼7] アメリカにおいても、労働組合が支持するビル・クリントンの民主党政権は、一九九五年の福祉改革によって、ワークフェア政策を実地した。

の集団的な再生産にかかわる医療や教育、住宅、貧困に関する社会民主主義的妥協から脱出し、ブレトンウッズ体制における資本の国際移動の制限を含むあらゆる規制を撤廃して、国境を越えて利潤と利得を際限なく追求する経済的自由を獲得しました。とくに金融資本は、貸付や金融商品の取引を通じて、労働者、失業者、自営業者、農民、大学生、年金生活者といった社会のすべての層から利得を引き出す多様な方法を開発したのです。

　資本の価値増殖の連鎖にかかわるエリートたちや多国籍企業の経営者、巨大金融機関の幹部、そして国民の社会保険料を引き上げる一方で法人税や累進所得税の引き下げを図る政治家は、雇用や福祉に関して労働者や一般の人びとに譲歩することで資本主義に対する支持を獲得するという、従来の「社会的機能」を放棄したのです。そればかりか彼らの一部は、「パナマ文書」[▼8]によって明らかになったように、アメリカのデラウェア州やネバダ州、スイスやイギリスのシティ、イギリス王室属領のマン島やジャージー、パナマやマカオ、カリブ海のイギリス海外領土であるケイマン諸島などを含む少なくとも三五以上あるタックス・ヘイブン[▼9]（租税回避地）経由の取引を通じて租税負担をゼロにし、納税という国民の義務から逃げています（志賀［二〇一三］）。タックス・ヘイブンを利用する多国籍企業は、すでに租税を回避する「無国籍企業」になっています。アメリカでも日本

[▼8] タックス・ヘイブンでの法人設立を請け負っていた中米・パナマの法律事務所から二〇一五年に流出した文書のこと。それにより、租税回避を行っていた約二一万件の企業名や経営者、株主、政治家などに関する企業情報が公開された。

[▼9] 租税回避のために利用される、法人税や所得税などの税率がゼロか極めて低い国・地域のこと。

でも巨大金融機関や総合商社の納税額は意外に少額なのです。

二一世紀は、社会と国民に対する責任を放棄する「エリートの叛逆」(ラッシュ[一九九七])の拡大として始まった、ということもできます。エリートの叛逆によって、国内で交渉を通じて合意と妥協に到達するという従来型の階級闘争の形態は持続できなくなりました。

## 労働者階級の人種主義の拡大

第四に、国境を越えるグローバル資本主義によって生み出された一連の社会問題、すなわち、失業と雇用の不安定性、賃金の下落と生活水準の劣化、製造業労働者の社会的地位の低下、住環境の悪化、社会保障の低下と貧困の放置、犯罪や風紀といった問題を「移民という事実に起因する問題」に転化させ、移民の抑制と排除こそが社会問題の解決を可能にするという短絡的な思考と言説(バリバールはこれを移民現象コンプレクスの形成と呼んでいる)が、フォーディズム時代に自動車産業などの大量生産方式(流れ作業)に必要な単純労働の担い手として移民労働者を大量に受け入れた西ヨーロッパの各国で、階級横断的に広がり、とくに労働者階級において蔓延していることです(バリバール/ウォーラーステイン[二〇一四]三二九-三三〇頁)。移民を軽蔑と憎悪の対象とし排除しようとする労働者階級の人種主義（民衆的な人種主義）の拡大は、多くの労働者が熟練にともなう特権や社会的地位を失い、労働市場の最底辺に編入されている移民労働者と同じように、流動的で不安定な条件に投げ出されることに対する不安と憎悪の反映です。つまり、労働者階級の人種主義化は、「労働者が憎悪しているのは、……［資本の運動と移動によって、生活条件と労働条件をたえず流動化・不安定化させられる］プロレタリア化の巨大なメカニズムに投じられる恐れのあるものとしての、彼ら自身ということ」（三二一頁）を示しているのである。

アメリカにおいても、ポール・クルーグマンが『格差はつくられた——保守派がアメリカを支配し続けるための呆れた戦略』（三上義一訳、早川書房、二〇〇八年）のなかで説明しているように、リンカーンの奴隷解放宣言（一八六二年）に続く合衆国憲法第一三条の修正（一八六五年）によって奴隷制が全国的に廃止されたにもかかわらず、その後も南部諸州を中心に選挙権や就職の差別、学校や病院、食堂、婚姻の人種隔離を認める法律と慣行が維持されました。このような人種差別と人種隔離政策を撤廃した一九六四年の公民権法の制定は、それによって相対的に政治的・社会的地位が低下した白人労働者の黒人労働者に対する憎悪と恨みを生み出し、この白人労働者の人種主義が一九七〇年代以降、ニューディール政策と福祉制度を解体しようとする新自由主義の潮流によって政治的に利用されました。

公民権法制定から五〇年後の二〇一四年八月に、ミズーリ州で白人警官が黒人少年を射殺する事件[▼10]が起きましたが、これは白人労働者の人種主義がいかに根深いものであるかを示しています。

ヨーロッパでもアメリカでも、労働者階級における人種主義の発展が階級的対立をずらし、労働者を分断し、いわゆる「階級闘争の消滅」を生じさせる一因になっているのです。

## 2　階級／階級闘争の目に見えない重要な役割

階級／階級闘争の存在は、為替レートや株価の変動、失業率や有効求人倍率の変化のように数字として見えるかたちで公表される現象ではありませんが、経済活動と社会の動きの見えないところで作用し、経済と社会の総体に大きな影響を与えてきました。マルクスは、一八五二年三月五日付のヨゼフ・ワイデマイヤー[▼11]宛の有名な書簡のなかで、階級の経済学的解明はデヴィッド・リカード[▼12]などの古典派経済学者たちによって、階級闘争の発見はフランソワ・ギゾー



[▼10] マイケル・ブラウン射殺事件のこと。二〇一四年八月九日に米ミズーリ州ファーガソンにおいて、一八歳の黒人青年マイケル・ブラウンが白人警察官によって射殺された事件。事件の人種差別問題や警察の対応に対して、抗議行動が起こった。しかし、同年一一月には、射殺した白人警官に対して大陪審は不起訴の決定を下した。

[▼11] Weydemeyer, Josep (1818–1866)。一八四八年革命期におけるドイツ社会主義者、ジャーナリスト。真正社会主義系の雑誌編集に携わるとともに、マルクス、エンゲルスと親交を結ぶ。革命後は共産主義者同盟の再建に努めるが、その後アメリカに亡命。

[▼13]などの歴史家によってすでになされており、自分が新たに行ったのは「諸階級の存在は生産の一定の歴史的発表段階とのみ結びついていること」、つまり階級なき歴史段階も想定できることを明らかにしたことである、と述べています（マルクス／エンゲルス［一九七一］四〇七頁）。唯物史観と呼ばれるこのような人類史の把握にしたがって、マルクスはその後、草稿『経済学批判要綱』（高木幸二郎監訳、大月書店、一九五八－一九六五年）や『資本論』（長谷部文雄訳、河出書房新社）の執筆を通じて、資本主義社会における階級／階級闘争の位置づけと役割を、資本制的生産過程の変化や資本蓄積の動態との関係で明らかにしました。

## 労働力の商品化と労働力の利用時間をめぐる対抗

一九四四年五月一〇日、ＩＬＯ[▼14]（国際労働機関）は「労働は商品ではない」という根本原則を再発見したフィラデルフィア宣言を布告し、価格が市場の需給法則によって決定される通常の商品と同じように労働を市場の調整作用に任せてはならないとして、長労働時間の規制や失業の防止、老齢年金の給付などによって労働者を市場の自己調整作用から保護する立法や制度の必要性を提起しました。実際、一八世紀末の産業革命以来の資本主義の歴史は、人間の生命活動の別名である「労働」力の商品化とその利用の仕方をめぐる資本側と労働側の対立を通じて

[▼12] Ricardo, David（1772－1823）。イギリスの経済学者。古典派経済学の完成者として今日にも大きな影響を及ぼしている。地金論争や穀物法論争を展開。アダム・スミスの労働価値説から出発し、利潤と賃金の対抗関係を説いた。主な著書に『経済学および課税の原理』などがある。

[▼13] Guizot, François Pierre Guillaume（1787－1874）。フランスの政治家、歴史家。研究生活から政界に入り首相などを務めたが、一八四八年に二月革命を招き、イギリスに亡命。主な著書に『イギリス革命史』『ヨーロッパ文明史』などがある。

展開されてきました。

マルクスは『資本論』第一巻『資本の生産過程』（一八六七年）の第八章「本源的蓄積」において、プロレタリア化という労働力の商品化の歴史的過程を分析し、労働力の商品化が、農村民から土地を収奪し農民を土地から切り離すエンクロジャー（囲い込み運動）と、浮浪者となった農民を工場で働く労働者に転換するための強制的な立法措置が王権や封建領主や議会によって暴力的に遂行されたこと明らかにしました。しかし、カール・ポランニー［▼15］が『大転換』（野口健彦・栖原学訳、東洋経済新報社、二〇〇九年）で描いたように、一八三四年の新救貧法によって初めて資本主義に適合的な労働市場が確立したことを踏まえるならば、一七九五年から一八三四年までの、イギリス産業革命の進展とときを同じくして行われた救貧法論争をめぐる階級対立の興亡を視野に入れる必要があります（若森みどり［二〇一五］五七－六九頁）。

イギリスでは貧しい人びとを富者からの救貧税によって教区で保護する制度が伝統的に維持されてきましたが、一七九五年から低賃金の労働者を対象に、パン価格の変動（と家族数）にスライドして賃金の補助を給付するスピーナムランド制［▼16］が実行に移されました。当時の産業資本家やそれを支持するトマス・ロバート・マルサス［▼17］、リカードなどの経済学者が、賃金扶助が労働者の怠惰と



［▼14］ International Labor Organization. 一九一九年にベルサイユ条約に基づいて、国際連盟の一機構として設立。第二次世界大戦後は国際連合の専門機関となる。各国政府に対して労働条件の改善や社会福祉の向上に関する勧告・指導を行う。本部はジュネーブ。「労働は商品ではない」ことを提唱したフィラデルフィア宣言は有名である。

［▼15］ Polanyi, Karl（1886－1964）。ハンガリー出身の経済史家、ジャーナリスト。オーストリア、イギリス、アメリカで活躍しながら、市場経済の拡大が人間の自由と社会にとって危険であることを主張し、「経済を社会に埋め込む」ことを提唱した。アメリカ時代には、

貧困を生む原因になっているという理由でスピーナムランド制を撤廃し、特別の保護や規制のない近代的労働市場の確立を主張しました。これに対して労働側は、労働市場の破壊的な影響から生存権を守るという理由で、スピーナムランド制による賃金扶助の存続を主張しました。マルサスたちの主張が世論を捉えたことや一八三二年の選挙で撤廃派が勝利したことで、賃金扶助制度が廃止され、労働能力を有するものはすべて労働市場で「労働」を売り、得られる賃金で生計を立てること（労働能力者の就労促進のために、公的救済は収容施設内で行い、公的救済に依存しない労働者の最低生活水準よりも低い水準で実施する、という劣等処遇の原則）を強制する、新救貧法が制定されました。これ以後、自由主義的資本主義は飛躍的に発展したのです。

　労働市場では、労働力商品の所有者である労働者と貨幣および生産手段の所有者である資本家が、法的に自由で平等な私的所有者同士として雇用契約を結び、労働者は労働力の価値に照応する賃金と交換に、労働力の使用価値である「労働」を一定の時間決めで使用する権利を資本家に引き渡します。「労働」が時間決めで販売されるのは、労働力の生涯的価値が一度に販売され、労働力の生涯的使用権が永久的に資本家に引き渡されるならば、労働者は商品所有者の立場から奴隷の身分に転落してしまう、という理由からです。



経済過程の統合パターンとして、互酬・再分配・交換の三様式を摘出し、市場社会と非市場社会を考察するなかで、経済人類学の体系化に尽力した。

［▼16］一七九五年にイギリスのバークシャーのスピーナムランドにあるペリカン館で決定された貧民への賃金補助制度。

［▼17］Malthus, Thomas Robert（1766–1834）。イギリスの古典派経済学者。人口増加が貧困や犯罪の原因であると位置づけ、人口の増加を抑制するための道徳的抑制を説いた。主な著書に『人口論』などがある。

資本によって労働力と生産手段（機械、原材料）が結合され、資本家の指揮と目的設定のもとで労働者が労働を提供する生産過程の次元では、労働力の使用価値である労働の最大限の利用、最大限の労働時間を要求する資本家と、労働力の急速な消耗によって身体・健康が破壊され労働力の生涯的価値が侵害されることを危惧する労働者とが、労働時間の長さをめぐって対抗します。機械の利用時間を長くするほど剰余価値（利潤）の生産も多くなる資本家は、労働力商品の購買者の立場から可能なかぎりの労働時間の延長を、労働者はこの商品の販売者の立場から労働時間の制限と短縮を要求します。

労働時間をめぐる資本と労働の対立には「権利 対 権利の闘争」という性格があります。機械を使用し始めた当初、資本家の要求にしたがって労働時間は労働者の身体と生命を維持できないレベル（睡眠時間と食事時間を除く一日一四時間）まで延長されましたが、チャーチスト運動[▼18]や一〇時間労働運動のような、総資本と総労働との長期にわたる闘争を経て、資本による労働時間の利用を一〇時間に制限する標準労働日[▼19]が一八四七年に制定されました。またＩＬＯは、一九一九年から「一日八時間・週四〇時間」を国際的労働基準として定めています。マルクスは標準労働日制定の意義を、何時からが「労働者自身の時間」で何時からが「労働者の売る時間」かが明確化された、ということに求めているのです



[▼18] 一八三二年の選挙法改革後にイギリスで展開された、労働者・民衆の選挙権獲得運動。弾圧や内部分裂などで五〇年代以降に衰退する。

[▼19] 法律や労働協約によって規制された一日の労働時間のこと。

（マルクス［一九六四］二四七頁）。

## 労働生産性の上昇をめぐる階級対立――機械と労働者の闘争

資本主義は労働生産性の上昇（技術進歩）とその成果である付加価値の利用を原動力として発展します。労働生産性は労働一時間当たりの付加価値（GDP）の増加によって表現させます。イギリスの資本主義を例にとれば、マニュファクチャー（工場制手工業）と商業資本主義が支配的であった一七〇〇年から一八二〇年ごろまでのあいだ、労働生産性の上昇率は年当たり〇・三%でした。しかし、機械の大規模な利用による産業革命によって産業資本[▼20]が確立した一八二〇年以後を見ると、労働生産性は飛躍的に上昇し、一八二〇年から一九五〇年のあいだ、労働生産性は年当たり一・四%で上昇しました。流れ作業方式による耐久消費財の大量生産と賃金上昇による大量消費を連結したフォーディズム（山田［一九九四］）が発展した一九五〇年から一九八七年のあいだになると、労働生産性はさらに高くなり、二・九%で上昇しました。しかし、グローバリゼーションと経済の金融化が進行した一九八〇年代後半以後になると、労働生産性の伸びは減速し一%台にとどまっています。

この機械化による労働生産性の上昇は、資本家の意思決定を通して一方的に



［▼20］商品の生産過程に投下され、労働力と生産手段を結びつけて生産を行うことで、剰余価値を生み出す資本のこと。資本主義的生産様式における基本的な資本の形態。

実施されるのではなく、宇仁宏幸が指摘するように（宇仁［一九九八］）、機械化のテンポと形態の両面における労使の対抗によって制約されています。機械化のテンポは、労働量の変化と雇用保障という、労働者にとってもっとも重要な問題と関連しています。労働者が雇用されている企業で、生産された商品の需要が停滞しているときに機械化が導入されるならば、雇用が削減され労使対立が激化します。機械化のテンポを生産される商品の需要量に応じて調整すれば、雇用量の変化は小さくなります。この機械化のテンポの調整の仕方は、労使の階級対立の争点となります。

機械化の形態は、職務や生産に関する労働者の技能や知識に関連しています。そのような知識や技能は、労働者が資本家の指揮のもとにある生産システム（生産過程）のなかで一定の自律性を確保する基盤になるとともに、付加価値の分配をめぐる労使対抗における労働者側の交渉力を強める要因ともなります。

資本の側が労働者の知識や技能を奪い、それらを管理者に吸収するような機械化の形態を一方的に実施するならば、労使対立が激化して労働生産性が低下することもありえます。機械化の形態には、労働者の持っている熟練を解体して生産に関する知識や技能を管理部に集中することで、労働者に知的作業のない単純作業の反復を求めるテーラー主義的労働編成と、労働者の知識や技能を重視する反テーラー主義的な労働編成があります。機械化の形態をめぐる選択も労使対抗の争点の一つです。

また、資本主義の発展は、労働生産性上昇によって生み出される付加価値の分配をめぐる労使の対立を含んでいます。賃金は、労働者の有する労働力を生理学的な意味で再生産するのに必要な消費財の価値の多さによって固定されているのではありません。それは、自分自身が作り出したものの分配に関心を持つ労働者と、利潤の拡大に関心を持つ資本家との闘争と妥協を通じて決定されるのです。

一九世紀の自由主義的資本主義における賃金決定は、短期的には景気変動（失業者や不安定就業層を含む産業予備軍の増減）によって決定されました。しかし長期的には、機械化による労働生産性の上昇が生産量の増加をもたらし、製品価格の低下が需要量を増加させる過程は、実質賃金（賃金購買力）の一定の増加をともなっていたと考えられます。

フォーディズムと呼ばれる二〇世紀後半の資本主義になると、労働組合の結成や団体交渉の制度化のもとで、賃金は労使交渉を通じて労働生産性上昇にインデックスして決定されるようになります。労働生産の上昇を反映する生産性インデックス賃金は、テーラー主義的労働編成を通じて大量に生産される自動車、テレビ、冷蔵庫などの耐久消費財に対する需要を創出しました（アグリエッタ［二〇〇〇〕）。

新自由主義によってグローバリゼーションと経済活動の金融化が推進された一九八〇年代以後、労働組合の交渉力が弱体化したこともあって、付加価値の大部分が機関投資家の配当や最高経営者（CEO）の報酬として配分されるようになり、賃金の上昇は抑制された状態が続いています（鍋島［二〇一六］）。

それればかりでなく、国際競争力を高めるためにコストとしての賃金総額を削減する政策として、雇用の規制緩和が実施され非正規雇用が増加したために（三八％）、労働者の年収はこの三〇年のあいだに大きく低下しました。金融主導型資本主義は、労使の対立とその妥協による調整から、金融市場の投資家（株主）と企業経営者との調整へと軸を移したのです。その結果、労働市場では柔軟性が高まり、雇用不安と賃金の低下が生じています。

以上のように、機械化のテンポとその形態は、資本主義における階級対立の争点となる雇用保障、賃金の大きさ（付加価値の賃金と利潤への分配）、生産システムにおける労働者の自律性の程度に関連しているのです。

## 支配階級のヘゲモニーと労働力の再生産への国家の介入

政治経済学の書としての『資本論』の特徴は、経済領域と政治領域の分離を自明の前提として国家の経済への介入と「経済における政治の内在性」を認めない自由主義的思想と古典派経済学を批判し、労働日の長さや労働生産性の上昇をめぐる労使対立の分析に見られるように、生産過程の次元における階級対立・政治的対立性と国家の介入によるその調整を経済的運動法則の展開の背後にあるものとして分析していることにあります。しかし、バリバールが指摘するように、マルクスの叙述のなかには、対立・闘争を国家権力と政治の領域に割り当てる自由主義的イデオロギーの影響が残存していて、「階級の経済理論」と「階級の政治理論」の分離、あるいは経済主義と政治主義のあいだを動揺する傾向が見られます。マルクスの階級分析におけるこの「動揺」または「分析の不徹底」は、支配階級のヘゲモニー（および国家論）についての固有な叙述がないことに現れています（バリバール／ウォーラーステイン［二〇一四］二四八―二五三頁）。

支配階級としての資本家階級のヘゲモニー［▼21］（または社会的機能）は、バリバールによれば「生産過程ならびに／それ以上に労働力の再生産自体――広義における労働力の再生産は、労働者の生存・維持と彼らの「文化的」形成を含んでいる――を編成する能力に基づいている」（バリバール／ウォーラーステイン［二〇一四］一〇―一一頁）。より詳しくいえば、支配階級のヘゲモニーは、生産手段（機械、原材料）と生活手段を生産するさまざまな生産過程に、その更新に必要な労働力と

［▼21］イタリアのマルクス主義者、アントニオ・グラムシ（1891－1937）によって考案された概念で、支配階級が教育や政党、労働組合、協同組合、マスコミ、教会などを通じた政治的文化的指導によって、被支配階級の同意を獲得することを意味する。

生産手段を継続的に供給することで諸生産部門間の相互依存的連関を編成する能力、および賃金決定や教育、医療、非労働期間（病気、失業、引退後）の生存保障を含む労働力の再生産を編成する能力に依存します。

支配階級のこの能力は、経済領域における個々の資本家の意思決定や経済活動を通じて自然発生的に生まれるのではなく、政治領域においてさまざまな資本家集団（産業資本家、金融資本家、商業資本家）の利害が国家の媒介によって調整されることで初めて形成されます（斉藤［二〇一〇］）。ヘゲモニーは、狭い意味の資本家集団だけでなく、その外側に位置する知識人や高級官僚、聖職者、マスコミ関係者、土地所有者が加わることで構成されます。資本主義の経済的再生産の諸条件、とりわけ労働力商品の担い手である労働者を世代的に再生産する能力にヘゲモニーが依存するとはいえ、資本家階級は、労働力の再生産を確保するために、労働者に最低限保障しなければならない社会的機能（教育、衛生、貧困対策など）を自らの手によってではなく、国家の介入（初等教育、救貧法、家族政策、公衆衛生、人口政策など）を通じて実行します。

一九世紀の自由主義的資本主義を想定しても、労働力商品化の諸条件の確保と労働力の再生産には、国家の介入が不可欠です。マルクスは『資本論』のなかで、資本主義の前提条件である「労働者と生産手段の分離」を再生産するメカニズムそのものが、労働者の家族を介して労働力の再生産を経済法則として実現することを強調する一方で（この点だけでは、資本家のヘゲモニーは国家の介入がなくても生産や交換が円滑に進行するかぎり、経済領域で達成されるという印象を与える）、標準労働日の制定や工場立法の教育条項の制定に見られるように、一定の健康と文化的な水準を有する労働力を確保するには国家の介入が必要であることを明らかにしました。

一九世紀末から二〇世紀初頭にかけて、労働組合の法的承認と普通選挙権の労働者への普及によって、労働者の交渉力と政治的影響力が飛躍的に大きくなりました。そのことを背景として、国家の介入を通じた支配階級の社会的機能は、労働力の再生産を終身的に保障する失業保険や健康保険、労働災害保険、年金保険を含むまでに拡大されました。また、労働者も国民として統合された結果、ヨーロッパを中心に国民的な「社会的国家」（福祉国家）が出現しました。このような社会国家は二〇世紀に突然出現したものではなく、すでに資本主義経済とともに最初から存在していた国家介入がより統合され計画された形態をとるようになった、と理解することが重要です。

二〇世紀の後半になると、フォーディズムによる高成長とケインズ主義的完全雇用政策のもとで、社会国家は、イギリスの福祉国家を設計したウィリアム・

ベヴァリッジ[▼22]が五大悪と呼ぶ五つのリスク、すなわち無為（失業）、疾病、貧困、不衛生（劣悪な住宅）、無知（無教育）からすべての国民を保護する社会保障制度を備えるまでに発展し、先進国に波及しました。その結果、労働力の再生産をリスクから保護する制度諸形態から構成される高度社会国家が階級闘争の闘技場となり、国家介入の質や程度、その財源の調達の仕方（企業の社会保険負担、累進所得税など）が闘争の争点となったのです（バリバール／ウォーラースティン［二〇一四］二六一頁）。

しかし、一九七〇年代のフォーディズムの危機とスタグフレーションを経て、新自由主義によって主導されるグローバル資本主義が一九八〇年代のなかごろから国境を超えて波及するなかで、一国レベルの支配階級の社会的機能は衰退し、社会支出の削減と社会国家の市場化・民営化が進展し、社会国家を闘技場とする階級闘争の形態は形骸化しました。従来のタイプの階級闘争は目標を失い、危機に陥ったのです。にもかかわらず、グローバルなレベルでは、支配階級としてヘゲモニーを形成すべき「世界ブルジョワジー」も、労働力の正常な再生産を要求する「世界プロレタリアート」も、社会的機能を実際に遂行する「世界政府」も形成されていません。



［▼22］ Beveridge, William Henry（1879–1963）。イギリスの経済学者、政治家。ベヴァリッジがまとめた「社会保険と関連サービス」（「ベヴァリッジ報告」）と題された報告書が、先進諸国の社会保障制度の構築に多大な影響を与えた。

## 資本の私的所有権の規制をめぐる闘争──二〇世紀の社会民主主義の経験

際限なき利潤追求によって動機づけられる資本主義の拡大と膨張は、あらゆるものが商品化されること、そして、資本家や企業が購入した商品を自由に排他的に利用できる権利を獲得できること（私的所有権の保障）に基づいています。それはまた、自然や人間の労働、教育や医療、株や金融派生商品といった商品として生産されたものでないものまでも商品化し、私的所有権に基づいてそれらを購入した資本家や企業がそれらを自由に排他的に処分できる権利を獲得できる、ということに基づいています。資本主義は、機械や原材料、自動車やテレビ、冷凍食品やハム、ベーコンといった商品として生産された財だけではなく、商品として生産されたものでない自然や人間の労働や科学的知識にまで私的所有権を設定し、それらを商品として購入し自由に処分する権利を取得して、投下された資本を最大限に増加させるための手段と材料を拡大することができます。

階級闘争は、際限なき利潤追求と資本の増殖を法的に正当化する私的所有権の規制と制限をめぐる攻防として展開されてきました。先に見たような、資本による労働時間延長の衝動を制限する標準労働日の制定や、機械導入の時期と形態の決定を資本側の排他的な権限から労使交渉の対象事項に移動させること、労働力の再生産に伴うリスクから労働者を保護する社会保障制度を発展させることは、事実上、資本の所有権を制限し侵害する性格を持っているのです。第二次世界大戦のブレトンウッズ体制［▼23］では、国際資本移動［▼24］を制限することで、各国は国内で完全雇用政策を実施する政策余地を確保することができましたが、この資本の自由な国際移動の制限も資本の所有権を制限する措置なのです。

　階級闘争を所有論の観点から理解するうえで決定的な理論的革新を行ったのは、スウェーデンの社会民主主義の思想家、ニル・カーレビュー［▼25］（一八九二―一九二六年）です。カーレビューは、『現実に直面する社会主義』（一九二六年）のなかで、民主的社会主義は、生まれや所有に基づく特権を排除することによって自由をすべての人に拡大することである、と主張しました。そして、私的所有権を一枚岩的な権利・権限としてではなく「さまざまな諸権利の束」として理解し、この所有認識にしたがって、私的所有権に基づく資本主義的所有関係の権利（資本主義的領有権）を玉ねぎの皮と同じように、最後には何もなくなるまで徐々にはがしていく戦略を提起し、社会民主主義的社会改革に理論的根拠を与えました（Berman［2006］pp. 168-169）。もし所有権が多くの個別的権利の集合体であるならば、これらの権利を相互に分離することができ、それらを次第に社会の影響力に従わせることができるからです。これまでのすべての社会政策である、標準労働日の制定と労働時間の短縮の運動、工場立法による労働環境の改善と教育条項、団体



［▼23］アメリカとヨーロッパ諸国が主導して、一九四四年の国際通貨基金（ＩＭＦ）設立を契機に発足した国際通貨体制。七一年に金ドル交換は停止されるまで世界経済を支えてきた。

［▼24］国際間での資本移動のことで、資本が元の国に還流するまでの期間が一年未満の短期資本移動（株や債券、通貨の売買による投機的な利益を追求する資本移動）とそれが一年以上の長期資本移動（企業の経営支配を目的とする直接投資と利子・配当の獲得を目的とする証券投資）とがある。投機的な資本移動の制限を撤廃する国際資本移動の自由化は、各国の為替レートや金融市場に大きな影響を与えるだけではなく、雇用

交渉の制度化とその対象項目の拡大、失業保険、強制的労災保険などは、資本の所有権の制限と変更を意味しているのです。カーレビューによれば、社会政策や社会国家の発展は事実上、資本主義の境界から踏み出すものです。それゆえ、社会的経済的資源に対する資本家の権限を制限するすべての改革は、民主的な社会主義社会にむけての一歩となりえます。

しかし、第二次世界大戦後、社会民主主義的戦略の成功によって相互に分離され、玉ねぎの皮をむくようにはがされてきた資本の特権が、一九八〇年代からの新自由主義的改革によって復権されつつあります。労働組合の弱体化、解雇規制の緩和や労働時間規制の緩和、雇用形態の多様化などによって、資本の労働に対する権利が拡大しているだけでなく、金融市場の規制緩和と国際資本移動の制限撤廃によって金融資本の権利も飛躍的に大きなものになりました。新自由主義は二〇世紀の歴史のなかで、西欧の社会民主主義が半世紀をかけて実現してきた資本の所有権の制限と変更を逆転させ、かつての十全な姿に戻そうとしているのです。私的所有権に基づく資本の、労働や社会、自然を領有し支配し富を増殖する力は、二一世紀初頭の現在、国際金本位制のもとで国際資本移動や貿易が飛躍的に拡大した、最初のグローバリゼーションの時期といわれる一九世紀末から第一次世界大戦までの時代のレベルにまで復権を遂げたように見えます。

や福祉における国内的政策余地を制限する恐れがある。

[▼25] Karleby, Nil (1892－1926)。スウェーデンの社会民主主義の指導者。長期的な社会変革の目標と漸進的改革との関係について理論的基礎を与えることで、社会民主主義と労働運動の発展に貢献した。

## 3 グローバル資本主義の危機と階級問題の浮上

### 二〇〇八年のアメリカ発世界金融危機の根本的原因としての不平等の拡大

新自由主義によって主導されるグローバル資本主義と経済活動の金融化は、経済と雇用の回復という当初の約束を果たすことに失敗しただけでなく、経済停滞や失業・雇用不安、不平等や貧困、大企業による政治的民主主義の侵害を作り出し、さらに二〇〇八年秋のリーマンショックに始まる金融危機と世界的な景気大後退を招きました。

金融危機はバブルの形成とその崩壊から生じました。アメリカの製造業の衰退と収益性の高い金融分野への資本の移動という経済活動の金融化が、新自由主義によって支持された金融取引規制の緩和（シャドー・バンキング[▼26]やデリバティブ[▼27]「金融派生商品」の発達）を通じて金融バブルを作り出しました。そして、この金融バブルがサブプライムローン（低所得者向け住宅抵当融資）を証券化した商品である住宅ローン担保債券[▼28]（RMBS）の価格や、さらにさまざまな証券化商品を合成した債務担保証券[▼29]（CDOS）の価格が住宅価格の下落によって崩壊したことから、二〇〇八年秋のアメリカ発の金融危機が発生しました。



[▼26] 通常の銀行ではなく、投資銀行（証券会社）やヘッジファンド、証券化のための特殊な運用会社などの金融業態の総称。

[▼27] 株式・債券・金利・外国為替などの金融商品（原資産）から派生して生まれた金融商品のこと。

[▼28] 住宅ローンからの元利返済金を裏付け（担保）に発行される証券のこと。

[▼29] 貸付債権（ローン）や債券（公社債）などから構成される金銭債権を担保として発行される証券化商品のこと。

バブルの崩壊は、デリバティブ市場の崩壊と投資家のパニック、金融機関の損失拡大と倒産を引き起こしました。金融危機は規制緩和された金融資本の力の増大から、直接的には、住宅価格の上昇に依存する住宅ローン担保債券や債務担保証券を内外の金融機関や機関投資家に販売することで金融収益の増収を図った、投資銀行の楽観的なリスク評価から生まれました。ウォール街の金融モデルも、住宅バブルの崩壊を予測できなかったのです。

しかし、金融危機の発生を、規制緩和による投機的なバブルの形成とその崩壊から説明するだけでは不十分です。金融危機が不平等の拡大と貧困の水準の上昇によって促進されたことに、注目する必要があります。アメリカとイギリスではとくに、製造業の衰退と福祉国家の縮小によって、労働者の家庭は、子どもの教育や医療、あるいは退職後の生活を確保するために、銀行からの債務に依存するようになりました。とりわけ、一九九五年以後、中国や日本から大量の資本が流入することから生まれた低金利と住宅価格の上昇のもとで、低所得者層が住宅ローンで容易に住宅を所有することが可能になり、人びとは住宅価値の上昇を担保にして負債を増やすことで、生活水準を維持することができました。

アメリカの家計債務が家計の処分可能な所得に占める割合は、一九八〇年の六四%から二〇〇八年の一二一%に上昇しました。債務の割合は貧しい家庭ほど大きくなりました。家庭の債務の増加は、投資銀行が住宅ローン担保債券のような証券化商品の創出を通じて投機的な金融活動を世界的に拡大することにつながり、金融危機を促進する直接的な要因となりました。経済活動の金融化が不平等と貧困を拡大させ、不平等と貧困の拡大がさらに銀行依存と負債（銀行貸付）を増加させることで金融活動を膨張させる傾向があります。この意味で、二〇〇八年の金融危機と景気大後退の根本的な原因は、投機的金融活動の活発化よりもむしろ貧困と不平等の拡大にある、といわねばなりません（Man [2013] pp. 322-360）。

## 一％対九九％の階級対立を作り出した「分配的な力」

新自由主義は、法人税・累進課税の大幅引き下げや国家の福祉支出の削減といった、国家を介して普通の人びと（九九％）から大企業や富裕層に富を移転させる再分配の方法（従来とは反対方向の「再分配」）に加えて、固有の「分配的な力」の行使をその力の源泉にしています。「分配的な力」とは、歴史的社会学者のマイケル・マン［▼30］が『ソーシャルパワー――社会的な力の世界史』（全四巻本の大著）のなかで、「アクターAとアクターBとが、自然あるいは第三のアクターを利用＝搾取すべく協同して行使する」（マン［二〇〇五・上］五頁）集合的な力（多数の人間を動員する能力や自然からエネルギーを抽出する能力）と区別して用いている用語で、「ア



［▼30］Mann, Michael（1942ー）。イギリスの歴史社会学者。オクスフォード大学で博士号を取得。エセックス大学、ロンドン大学政治経済学部を経て、カリフォルニア大学ロサンゼルス校（UCLA）社会学部教授。『社会的な力の源泉』で一九八八年度アメリカ社会学会最優秀賞受賞。

クターAがアクターBに対して行使する権力」（同上）を意味し、AとBは「Bがより多くの分配的な力を獲得するには、Aは幾分その力を失わなくてはならない」（同上、六頁）関係（ゼロサム・ゲーム）にあります。分配的な力は、簡単にいえば、強い立場の側が弱い立場の側に圧力をかけて譲歩を引き出し、各種の利得や政策の変更を抽出する力のことです。

新自由主義は、一九九〇年代のアメリカのIT産業の成長やシェールガスの採掘などにおいて集合的な力を発揮したとはいえ、この力の行使は貧弱であり、その支配力を主として分配的な力から引き出してきました。新自由主義が金融部門を支配しているのも、この部門の収益の増大が分配的な力の行使に依存しているからです。

新自由主義が金融機関による貸付や融資を通じて分配的な力を最初に行使した例は、IMFと世界銀行の構造調整プログラムです。IMFと世界銀行は一九八〇年代に、累積債務を抱え通貨危機に陥ったラテンアメリカやアフリカ、アジアの途上国に対し、融資の条件として、緊縮財政、公的企業の民営化、貿易・投資の自由化、各種規制の緩和といった新自由主義的政策内容から成る構造調整プログラムを実施させました。構造調整プログラムは、国内投資の低迷や貧困層の拡大、公務員の削減と失業の増加などの破壊的影響をもたらしました。ウォール街と先進国の金融機関を動揺させた一九八〇年代の途上国の累積債務問題への取り組みの経験を一般化した「ワシントンコンセンサス」は、途上国の新自由主義的な経済的改革を意図してアメリカ政府、ＩＭＦ、世界銀行の間で一九八九年ごろに定式化された合意です。これは、①財政赤字の是正、②補助金カットなど財政支出の変更、③税制改革、④金利の自由化、⑤競争力ある為替レート、⑥貿易の自由化、⑦直接投資の受け入れ促進、⑧公的企業の民営化、⑨規制緩和、⑩所有権法の確立の項目からなり、アメリカを中心とする先進国の金融機関による、途上国住民に対する分配的な力の行使を促進するプログラムとなっています。

金融機関の分配的な力の行使の最近の例は、ギリシャ危機に見られるようなＥＵ諸国、とくにユーロ圏加盟国の財政危機・政府の債務不履行（デフォルト）の危機・通貨危機（この三つを合わせてソブリン危機といいます）です。二〇〇八年秋の金融危機に際して、ＥＵ加盟国の政府はアメリカ政府と同じように、「大きすぎて潰せない」という理由で巨大金融機関を税金の投入によって救済しました。つまり、政府は銀行の私的債務を公的債務（国債）として肩代わりしたわけです。ところが、救済され経営を再建した金融機関は、多額の財政赤字を抱える、ユーロ圏に属する南欧の政府、ギリシャ、イタリア、スペイン、ポルトガルに対して、保有する膨大な公債の利払いと償還を確保するために財政の健全化と緊縮策を要求しました。

ユーロ圏に属する国は共通通貨の価値を安定させるために、財政赤字の程度をGDPの三%以内に抑えねばならない、という基準を守る必要がありますが、これらの南欧諸国の財政赤字はこの基準を大幅に超えていましたので、金融機関は公債の元利返済を確保する条件としてこれらの国の政府に緊縮策を要求しました。

特にギリシャの場合、多額の公債を外国の金融機関に購入してもらうことで財政支出を膨張させていましたので、ギリシャ政府が公債の利払いと償還を続行できなくなる債務不履行（デフォルト宣言）の可能性が高まれば公債は暴落します。ギリシャ政府は債務不履行を延期するために、欧州中央銀行やIMFから多額の融資を受けましたが、融資の条件として緊縮政策のパッケージ（年金と失業手当の削減、公務員の削減、公的企業の民営化）の実施を迫られました。そして、融資された金額のほとんどは公債の元利返済として外国の金融機関によって取得されました。

ギリシャの債務危機の場合、EUとアメリカの金融機関が、多額の負債を抱えるギリシャ政府に対して分配的な力を行使し、ギリシャの国民から富と資産を抽出しようとしている、といえるでしょう。ギリシャの債務危機の例からわかることは、金融機関の有する分配的な力が債務（負債）による統治であることです。

金融機関が、政府を介して住民や国民に間接的に分配的な力を行使するだけではなく、この力を直接的に行使する例として、アメリカのサブプライムローン問題があります。低所得者層に対するリスクの高い（比較的高金利の）住宅貸付であるサブプライムローンは、従来は銀行ローンの対象者から除外されていた低所得者層や人種的マイノリティに対する貸付で、「金融の民主化」として称賛されました（また政府も、合意形成の難しい福祉政策の代替として、拡大する不平等を是正する措置として支持しましたが）。しかし実際には、経済活動の金融化がアメリカ社会の富裕層や中間層ばかりか最下層にまで到達したことを意味していたのです。賃金収入が停滞し、公的な福祉予算の削減が進むなかで、労働者階層は教育や健康、住宅、自動車といった必要なものを手に入れるために、金融機関からの負債と金融派生商品を売買する金融市場に依存する割合を高めてきました。それとともに、労働者世帯の貯蓄も急速に減少してきました。いい換えれば、金融機関は、労働者世帯に対する各種の貸付や住宅ローンを担保とする証券化商品や、さらにこれらの証券化商品を再証券化した商品の売買によって収益を引き出してきました。銀行は労働者階層の金融依存を利用し、貸付と債務を通して労働者を含む住民全体に対して分配的な力を行使してきたのです。

貸付と負債（債務）の関係を通して行使されている債権者（金融機関）の分配的

な力は、デヴィッド・グレーバー［▼31］が『負債――最初の五〇〇〇年』(Graeber［2011］)で分析したように、債権者と負債を負った債務者のあいだに「階層性」が生じることに起因します。

「負債が未払いにとどまる期間は、階層性の論理が持続する」(Graeber［2011］p. 121)。

債務契約は、当事者間の自由で平等な人格的関係を前提とし、負債の支払いによって平等性が回復することを想定していますが、完済までは従属的な関係を生じさせているのです。負債の支払い義務を負った債務者は、負債を支払い終わるまでの期間、従属的状態に移行し、階層的な関係のなかで交渉力の弱い劣位な立場に置かれることになります。債権者の側は、過剰な金利を請求することも、再融資の条件として債務者の自由な選択や決定を拘束することも可能です。

市場社会における負債は、債務者の陥っている階層性が永続的ではなくあくまで暫定的であり、負債を返済すれば債務者は平等な地位を取り戻す、ということを想定しています。したがって、負債の返済を怠り、債務者という従属性から脱出できないことは、道徳的な「罪」として見なされます。債権者が貸し付けた



［▼31］Graeber, David (1961-)。アメリカの文化人類学者、活動家。ロンドン・スクール・オブ・エコノミクス大学人類学教授。主な著書に『アナーキスト人類学のための断章』(高祖岩三郎訳、以文社、二〇〇六年)、『負債論――貨幣と暴力の5000年』(酒井隆史ほか訳、以文社、二〇一六年)などがある。

行為に対する責任——借り手の支払い能力や債務の使用目的についての査定の是非、あるいは略奪的貸付——を問われることはめったにありません。「借りたものは返済しなければならない」という負債の道徳を不可欠の倫理的前提とする市場社会では、債務者はしばしば長期に及ぶ債務返済期間を通じて、将来の労働と生活のすべての時間を負債を支払うために捧げることを余儀なくされます。債務者は、返還終了によって負債返済の義務から解放されるまで、ときには徒労に終わる平等性の回復を求めて、債権者の統治のもとにある債務奴隷的な生活を送るのです。

金融資本によって分配的な力の行使の対象になって富を捕食されているのは、もはや労働者だけではなく、失業者や非正規労働者、学生、人種的マイノリティ、病人、年金生活者を含む住民の全体なのです（廣瀬［二〇一六］七八頁）。

## 金融危機後も拡大する不平等と金融資本の力——階級問題の浮上

二〇〇八年秋のアメリカ発の金融危機とそれに続く景気大後退（二〇〇九－二〇一〇年）は、世界のGDPを三〇％低下させ、アメリカやヨーロッパの投資銀行やGMのような有力企業を倒産させ、ヨーロッパを中心に失業率、とくに若年労働者の失業率（ギリシャ、スペイン、イタリアでは四〇％を超える失業率）を上昇させました。しかし、「大きすぎてつぶせない」という理由で政府の大量の税金投入によって救済された巨大金融機関は生き残り、分配的な力を各国政府や債務者に行使して利潤を回復させています。その一方で、政府支援の対象から除外された普通の人びとの所得と生活は低下し、不平等はさらに拡大しました。景気大後退はとくにアングロサクソン諸国（アメリカ、イギリス、アイルランド、アイスランド）と南ヨーロッパにおいて貧しい人びとやマイノリティに打撃を与えましたが、金融機関と富裕層は、誰よりも金融危機と景気大後退に対して責任を負っているにもかかわらず、貧しい人びとや中産階級からの富の移転を通じてさらに金持ちになりました。アメリカでは、上位一〇％の家計所得は二〇〇五年の四九％から二〇〇九年の五六％に増加する一方で、低所得者層やマイノリティはより貧しくなったのです。

さらに、金融機関を救出するための大量の税金投入と、企業投資と個人消費の減少を補う景気対策としての財政支出の拡大によって、つまり負債が私的領域から公的領域に転嫁されたことで、政府の負債はアメリカ、イギリス、南ヨーロッパでGDPの一〇％以上にまで上昇しました。ところが、政府の介入によって救われ金融市場の信頼を回復した金融機関が、各国政府に通貨の安定と貸し付けている債権である公債を守るために、健全な財政と緊縮政策を要求し始めたことで、二〇一一年からヨーロッパを中心に景気大後退の第二段階として通貨危機とソブリン債務危機が発生しました。高水準の負債を抱えていて、通貨に対する投機攻勢に弱い諸国を多く抱えるユーロ圏でユーロ危機が発生し、EU各国と欧州委員会、欧州中央銀行は緊縮財政によって通貨を防衛することに追われました。通貨安定のための緊縮政策の実施は、総需要の縮小と経済のデフレを招き、不況と高水準の失業を長期化させることになったのです。

また、ソブリン債務危機[▼32]が発生したイタリア、ギリシャ、スペイン、ポルトガルでは、投資家と金融機関が貸付や債権、公債に対して高い金利の支払いを要求しましたが、ユーロ圏に属していて通貨切り下げ政策や積極的財政政策を採れない政府は、金融市場と投資家の信頼を回復するために政府支出の大幅削減（公務員の削減、年金や失業給付の減額）を実行することを余儀なくされました。

二〇〇八年のリーマンショック（アメリカの投資銀行リーマンブラザーズの倒産）に端を発する世界同時金融危機、景気大後退、ユーロ危機、ソブリン債務危機はいずれも、これらの危機に対してもっとも責任を負っているはずの金融機関と投機的な投資家が責任を免れる一方で、普通の納税者や貧しい人びとが危機の犠牲となりその代償を支払ったのです。

そして、金融危機の影響がもっとも深刻であったアメリカ、イギリス、スペ



［▼32］ギリシャの財政問題に端を発した債務危機のこと。その後、南ヨーロッパからユーロ圏へと広域に連鎖した。

イン、ギリシャ、アイスランドで、金融機関や富裕層の責任を問う運動が発生しました。グローバル資本主義の危機と不平等の拡大のなかで、階級問題が浮上したのです。アメリカでは二〇一一年九月一七日から約二カ月のあいだ、ローンの返済に苦しむ学生や若者、失業者、労働組合員、アーティストといった九九%の人びとが「ウォール街を占拠せよ」というデモを行い、金融機関と一%の富裕層に対する抗議を展開しました。

スペインでは、二〇一一年五月にEUの緊縮政策を受け入れて不況と大量失業を長期化させている既成政党(右派の国民党、左派の社会労働党)に絶望した若者や学生が真の民主主義を求めてマドリードのプエルタ・デル・ソル広場を占拠した一五M運動から生まれたポデモス(英語の党名は"we can"で、「われわれはできる」を意味します)が、二〇一五年の総選挙で第三位の党に躍進しました。

イギリスでは、二〇一五年九月に労働党の新しい党首として、反貧困・反緊縮・大学授業料再無料化を掲げる、党内最左派のジェレミー・コービン[▼33]が選出されました。資本主義を批判し階級問題を強調するコービンの〈マルクス的〉主張は党の上層部の反感を買っています(マスコミによってもしばしば批判され嘲笑を浴びている)が、「第三の道」を掲げたトニー・ブレア元首相(任期一九九七-二〇〇七年)以来、まったく左派(伝統的な労働者の党)でなくなった労働党に不満をもって

[▼33] Corbyn, Jeremy Berrard (1949-)。イギリスの政治家、社会主義者。一九八三年より庶民院議員。二〇一五年九月より労働党党首。

いる下部の労働者や若年労働者の支持を集めています（プレディみかこ［二〇一六］）。

　また、ソブリン債務危機に陥り、緊急融資の見返り条件として緊縮政策の履行を欧州員会や欧州中央銀行、ＩＭＦから求められているギリシャでは、緊縮政策に無批判的な既成政党に代わって、反緊縮政策を掲げるシリザ［▼34］（急進左派連合）が二〇一五年一月の総選挙で勝利し、チプラス［▼35］政権が誕生しました。ギリシャ危機はたんに債務返済の問題ではなく、階級政治の問題です。チプラス政権は、ユーロ圏離脱（あるいはＥＵ離脱）の選択を採らず、ＥＵ残留のなかで緊縮政策（年金抑制、付加価値税の引き上げなど）を受け入れながら融資継続によってギリシャ危機を打開しようとする困難な道を模索しています。

　そして、新自由主義を信奉して金融自由化を推進し金融バブルを謳歌していたアイスランドは、アメリカのリーマンショックと株価大暴落の影響でアイスランド銀行の倒産、株式市場の閉鎖、失業率の急上昇を招き、首相が「国家破産宣言」を出すまでの窮地に陥りました。しかしアイスランド政府は、国民が怒りを爆発させて国会議事堂を取り囲んだ二〇〇九年一月の「鍋とフライパン革命」に後押しされて、公的資金による巨大銀行の救済中止、責任者である当時の首相と大手銀行の幹部を含む約二〇〇人の逮捕、医療や年金のカットを条件とするＩＭＦの支援策の拒絶を選択し、金融ではなく教育や医療、ＩＴやハイテク産業に予



［▼34］二〇〇四年の議会選挙の前に、穏健な社会民主主義者、エコロジスト、毛沢東主義者、トロツキストなどのさまざまな左派グループを連合して生まれた政党。新自由主義と緊縮政策による福祉の削減を批判して支持を広げ、二〇一五年の総選挙で第一党に躍進し、政権に就いた。

［▼35］Tsipras, Alexis（1974－）。ギリシャの首相。一〇代より学生運動で頭角を現す。国立アテネ工科大学で土木工学を学んだ。二〇〇九年、ギリシャ議会総選挙で初当選、急進左派連合の党首に就任した。二〇一五年選挙でシリザを第一党に導き、首相の座に就いたチプラスは、融資の条件として緊縮を要求するＥＵや

算を選択的に投資する金融・経済改革を実施しました（堤［二〇一六］）。人口三二万人の島国アイスランドの「鍋とフライパン革命」は、マスコミではまったく報じられませんが、民主主義によって国民の命と健康と教育をグローバル資本主義と分配的な力を行使する金融資本から保護することが経済危機からの脱出につながることを示しています。以上のように、金融危機と景気大後退を通じてますます拡大する不平等に抗議する、九九％ 対 一％の階級対立が国境を横断して鮮明になっているのです。

ドイツのメルケル首相と緊縮に反対する国民との間で、難しいかじ取りを強いられている。

## 参考文献


Berman, Sheri［2006］*The Primacy of Politics. Social Democracy and the Making of Europe's Twentieth Century*, Cambridge University Press.
Graeber, David［2001］Debt: The First 5,000Years, Melville House Publishing/.
Man, Michael［2013］*The Sources of Social Power Volumes4: Globalizations, 1945-2011*, Cambridge University Press.
アグリエッタ、ミシェル［二〇〇〇］『資本主義のレギュラシオン理論』若森章孝・山田鋭夫・大田一廣・海老塚明訳、大村書店
植村邦彦［二〇〇一］『マルクスを読む』青土社

クルーグマン、ポール［二〇〇八］『格差はつくられた』三上義一訳、早川書房
宇仁宏幸［一九九八］『構造変化と資本蓄積』有斐閣
斉藤日出治［二〇一〇］『グローバル化を超える市民社会――社会的個人とヘゲモニー』新泉社
志賀櫻［二〇一三］『タックス・ヘイブン』岩波書店
トムスン、エドワード［二〇〇三］『イングランド労働者階級の形成』市橋秀夫・芳賀健一訳、青弓社
提美果［二〇一六］『政府はもう嘘をつけない』角川書店
鍋島直樹［二〇一六］「金融化と現代資本主義――ポスト・ケインズ派のアプローチ」諸富徹編『資本主義経済システムの展望』岩波書店
バリバール、エティエンヌ／ウォーラースティン、イマニュエル［二〇一四］『人種・国民・階級』若森章孝・岡田光正・須田文明・奥西達也訳、唯学書房
廣瀬純編訳［二〇一六］『資本の専制、奴隷の叛逆』航思社
ピケティ、トマ［二〇一四］『二一世紀の資本』山形浩生・守岡桜・森本正史訳、みすず書房
プレディみかこ［二〇一六］『ヨーロッパ・コーリング』岩波書店、二〇一六年
ボワイエ、ロベール［二〇一六］『作られた不平等』山田鋭夫監修、横田宏樹訳、藤原書店
ポランニー、カール［二〇〇九］『新訳大転換』野口健彦・栖原学訳、東洋経済新報社
マルクス、カール［一九六四］『資本論』第一巻「資本の生産過程」長谷部文雄訳、河出書房新社

マルクス、カール／エンゲルス、フリードリッヒ［一九七一］『マルクス・エンゲルス全集』第二八巻「書簡集」、大月書店
マン、マイケル［二〇〇五］『ソーシャルパワー――社会的な〈力〉の世界史Ⅱ』（上下）森本醇・君塚直隆訳、NTT出版
山田鋭夫［一九九四］『二〇世紀資本主義』有斐閣
ライシュ、ロバート［二〇一六］『最後の資本主義』雨宮寛・今井幸子訳、東洋経済新報社
ラッシュ、クリストファ［一九九七］『エリートの叛逆――現代民主主義の病い』森下伸也訳、新曜社
若森みどり［二〇一五］『カール・ポランニーの経済学入門――ポスト新自由主義の思想』平凡社
若森章孝・小池渺・森岡孝二［二〇〇七］『入門・政治経済学』ミネルヴァ書房

対談

# 階級／階級闘争をめぐる討論

## 不正としての私的所有

**若森**――報告は、一のグローバル資本主義における階級闘争の消失、二の階級／階級闘争の目に見えない重要な役割（労働日をめぐる闘争、支配階級のヘゲモニーなど）、三のグローバル資本主義の危機と階級問題の浮上、および、一％対九九％の階級対立をつくりだす金融資本の「分配的力」という順序で構成されていて、全体としてマルクスの古典的な階級論に立ち戻りながら、二一世紀初頭の現代社会における階級的問題の特徴を浮かび上がらせる議論になっています。バリバールの「階級闘争から階級なき闘争へ」という命題は面白いですよ。

さて、植村さんは最近、マルクスが「不正」について、資本主義のもとでの労働者の状態について、どのように論じているかを調査されたようですが……。

**植村**――マルクスの奴隷制に関して調べた論文ですが、今日はコピーを持ってきました。姜尚中・齋藤純一編の『逆光の政治哲学――不正義から問い返す』（法律文化社、二〇一六年）という論文集です。

**若森**――マルクスの階級論に関する論文のようですが、まだ刊行されていないのですか。

**植村**――二〇一六年四月に出版されました。政治哲学の思想史の論文集で、「不正」や「正義」をさまざまな思想家がどう論じているか、というのが共通テーマです。私が論じたのは、不正や正義ということばをマルクスがどう使っているかということですが、そのなかで、マルクスが奴隷制をどう考えているか、それと階級の問題がどうかかわるか、ということを書いています。

マルクスが最初に「不正」ということばを使っているのは、一八四三年ですね。「不正そのものとしての貧困」といういい方です。ご存知のように、初期のマルクスは、当時の木材窃盗取締法案を批判する新聞論説を書いています。当時のドイツでは、土地自体はもうコモンズ（入会地）ではなくなって貴族の私的所有地になっている。しかし、貴族の所有地の中に貧民が入って、立木を切り倒してはいけないが、落ちている枝は集めてよいという慣習がありました。それが「窃盗」として問題にされ始めるわけです。そのなかで、マルクスは、「貧民階級のこれらの慣習の中には本能的な権利感覚があり、その慣習の根源は確固として正当なものである」（マルクス「第六回ライン州議会の議事 第三論文 木材窃盗取締法にかんする討論」平井俊彦・細見英訳『マルクス・エンゲルス全集』第一巻、大月書店、一九五九年、一三八頁）といいます。貧民階級のコモンズとしての慣習的権利は正当だというふうにいい方をしているわけです。さらに、こうもいいます。「もし所有権侵害行為がそれぞれ区別されることもなく、またより立ち入った規定付けも与えられないですべて窃盗だとされるならば、あらゆる私有財産は窃盗だということにならないだろうか」。ちょうど「財産は盗みだ」といったピエール・ジョセフ・プルードン[▼36]（『所有とは何か』一八四〇年）のようですが、それに続けてこういっています。「私は、自分の私有財産をもつことによって、いっさいの第三者をこれに対する所有権から閉め出しているのではなかろうか？ したがって私は、第三者の所有権を侵害していることにはならないか？」（同上、一三〇－一三一頁）。私的所有権というのは他人を排除することだから、それは不当ではないか、私的所有は不当だ、というわけです。

そのあと、有名な『ヘーゲル法哲学批判序説』（一八四四年）では、マルクスはこういいます。「その普遍的な苦難のゆえに普遍的な性格をもち、なにか特別の不正ではなく不正そのものを被っているがゆえにいかなる特別の権利をも要求しな



[▼36] Proudhon, Pierre-Joseph (1809–1865)。フランス出身の社会思想家。民主的な経済制度や相互連帯に基づく自由で平等な社会の実現を主張。無政府主義思想（アナーキズム）に大きな影響を与えた。主な著書に、『所有とは何か』『貧困の哲学』などがある。

い一領域、もはや歴史的な権原ではなく、ただなお人間的な権原だけを拠点にすることができる一領域、……一言でいえば、人間の完全な喪失であり、それゆえにただ人間の完全な再獲得によってのみ自分自身を獲得することができる一領域、……それがプロレタリアートなのである」(『ユダヤ人問題によせて／ヘーゲル法哲学批判序説』城塚登訳、岩波書店、一九七四年、九四頁)。つまり、「プロレタリアートの状況そのものが不正なのだ」というふうにいい方が出てくるんですね。そうすると、なぜそれが不正なのか、という根拠の問題が出てくるはずで、そうすると、そもそも私的所有自体が不当なのだという話につながると思いますが、ここではまだはっきり述べてはいません。

次は、『経済学・哲学草稿』(一八四四年)のところです。そこでは「不正」ということばは出てきませんが、「不正そのもの」といわれた状況が「疎外」[▼37]ということばでいい換えられています。マルクスはこういっています。「疎外は、たんに生産の結果においてだけでなく、生産の行為のうちにも、生産的活動そのものの内部においても現れる」。つまり、「彼の労働は自発的なものではなくて強いられたものであり、強制労働である。そのため労働は、ある欲求の満足ではなく、労働以外のところで諸欲求を満足させるための手段であるにすぎない」。いい換えれば、「労働者にとっての労働の外在性は、労働が彼自身のものではなくて他

[▼37] 人間が作りだした事物や社会関係が人間から分離され自立化し、逆に人間を支配する疎遠な力として現れること。資本主義社会では、労働者が生産した労働生産物が自立化し、資本家の所有物となり、労働者と彼の労働を指揮＝支配する資本として現れる。

人のものであること、それが彼に属していないこと、彼が労働において自己自身にではなく他人に従属するということに現れる」(『経済学・哲学草稿』城塚登・田中吉六訳、岩波書店、一九六四年、九二頁)。

その後になると、マルクスは不正の歴史的規定性を考えるようになります。一八五七年から一八五八年にかけて書かれた『経済学批判要綱』では、マルクスはやはり、資本の下では人間の「普遍的対象化」が「総体的疎外」(『経済学批判要綱』資本論草稿集翻訳委員会訳、『マルクス資本論草稿集二』大月書店、一九九三年、一三八頁)として現れる、といういい方をしています。ただし、それだけではなく、そのような「疎外の極度の形態は、一つの必然的な通過点である」(同上、一八〇頁)ことも指摘して、いずれは「諸個人の活動が、直接的に一般的な、すなわち社会的な活動として措定されるとともに、生産の対象的な諸契機からこうした疎外の形態が拭い去られる」(同上、七〇七頁)はずだというんです。つまり、「疎外」が歴史的に捉えられているわけです。

ここで注目すべきは、その際にマルクスが、労働者自身による「疎外」の「不当性」の自覚を、「資本に基づく生産様式」自体が生み出す歴史的産物と見なしていることです。そこに奴隷の話が出てきます。こういう文章です。「労働能力が生産物を自分自身のものだと見抜くこと、そして自己の実現の諸条件からの分離を不埒な強制された分離だと判断すること、それは並外れた意識であり、それ自身が資本に基づく生産様式の産物である。そしてそれがこの生産様式の滅亡への前兆であるのは、ちょうど奴隷が、自分はだれか第三者の所有であるはずがないのだ、という意識をもち、自分が人間であるという意識をもつようになると、奴隷制はもはや、かろうじてその人為的な定在を維持することしかできず、生産の土台として存続することができなくなってしまったのと同じである」(同上、一〇三一一〇四頁)。

つまり、資本主義のなかで労働者が今の状況はおかしいというふうに気づく「並外れた意識」を持つ、というんです。奴隷が、「自分だって同じ人間だ」と思うのと同じように、労働者がどこかの時点で、今の自分の状態は不当だという、そういう並外れた意識を持つ段階が来る、といっています。「並外れた」と訳してあるのはドイツ語の「エノーム(enorm)」なので、「ノルム(norm=標準)」から外れた意識ですね。ここでマルクスが念頭に置いているのは、一八世紀末のブラック・ジャコバン[▼38]だと思いますが、奴隷制に則していえば、ハイチで黒人奴隷が反乱をおこしたのは、フランスで革命がおきて、「人間と市民の権利の宣言」が発表されて、その二年後です。フランス革命で身分制を廃棄するはずの「人間の権利」という思想がハイチに波及すると、ハイチの黒人奴隷に「自分

[▼38] 産業革命やフランス革命と同じ期に、奴隷解放としてのハイチ革命を展開した黒人奴隷の指導者たちのこと。一八〇四年には宗主国フランスからからに独立を宣言し、世界初の黒人共和国が誕生した。C・L・R・ジェームズはこのハイチ革命の盛衰を『ブラック・ジャコバン』(青木芳夫訳、大村書店、2002年)として描き出した。

だって人間だ」という意識を生み出して、それが奴隷制を掘り崩すということです。

それでは、そういう「並外れた意識」がどうやってできるのかというと、マルクスは「資本に基づく生産様式の産物」として歴史的に形成されるものだ、といっています。

## 「労働日をめぐる闘争」＝「階級闘争」

**植村**——もう一つ、不正や奴隷に関して面白いのは、一八六四年から六五年にかけて書かれた『資本論』の第三部草稿の叙述です。そこでは、取引の公正は「自然的な正義（natural justice）」だと説明する経済学を批判する文脈で、こういうことをいっています。「生産当事者たちの間で行われる取引の公正は、これらの取引が生産関係から自然的帰結として現れ、彼らの共通の意志の発現として、また個々の当事者に対して国家によって強制されうる契約として現れるのであるが、このような法律的諸形態は、単なる形態として、この内容そのものを規定することはできない。このような形態はただこの内容を表現するだけである。この内容は、それが生産様式に対応し適合していさえすれば、公正（gerecht）なのである。

生産様式と矛盾していれば、それは不正(ungerecht)である。たとえば、奴隷を使うことは資本主義的生産様式の基礎の上では不正である」(『資本論第三巻』岡崎次郎訳、『全集』第二五巻、一九六七年、四二三-四二四頁)。つまり、資本主義的な、自由な労働者と資本家との対等な契約関係に基づくと見なされている社会のなかでは、奴隷労働は不正だということになる。逆にいうと、賃金労働者を雇って働かせるのは不正ではない、ということです。資本主義的生産様式のうえでは、法的には雇用労働は不正ではない。

それでこの後は、先ほどの話につながりますが、『資本論』ではどうなっているでしょうか。『資本論』では、まずは労働者と資本家の雇用契約は不正ではないというところから話が始まります。「労働力の所持者と貨幣所持者とは、市場で出会って互いに対等な商品所持者として関係を結ぶのであり、……両方とも法律上では平等な人である」(『資本論 第一巻』岡崎次郎訳、『全集』第二三巻、一九六五年、二二七-二二〇頁)。しかし、生産現場に入るとどうなるか。「労働力の買い手は、労働力の売り手に労働をさせることによって、労働力を消費する」のだが、「労働者は資本家の監督の下に労働し、彼の労働はこの資本家に属している。……また、第二に、生産物は資本家の所有物であって、直接生産者である労働者のものではない」(同上、二三〇-二四三頁)。

したがって生産現場の実態は、実際には若いときのマルクスが「不正そのもの」だと見なした「疎外」の状態なわけです。しかし、資本主義社会の「公正」観念に従えば、ここには何の不正もない。「貨幣所持者は労働力の日価値を支払った。だから、一日の労働力の使用、一日中の労働は、彼のものである。労働力は丸一日活動し労働できるにもかかわらず、労働力の一日の維持には半労働日しかかからないという事情、したがって、労働力の使用が一日に作り出す価値が労働力自身の日価値の二倍だという事情は、買い手にとっての特別の幸運ではあるが、けっして売り手に対する不法（Unrecht）ではないのである」（同上、二五四頁）。つまり、八時間労働だったら、最初の四時間が給与分で、残り四時間は不払い労働、という話は、買い手にとって特別の幸運ではあるが、決して売り手に対する不法ではない。だから、要するに搾取は不法ではない、とひとまずいうわけです。それで、労働日の話に入ります。労働日について、念のために確認しておきましょう。資本主義社会では、資本家が労働者をできるだけ長く働かせようとするのは、労働力商品の買い手としての資本家の正当な権利（Recht）であり、逆に、労働時間の外部で自らの生活時間を確保しようとするのは売り手としての労働者の権利だとマルクスはいいます。「つまり、どちらも等しく商品交換の法則によって保証されている権利 対 権利である。同等な権利と権利との間では力

［ゲヴァルト（die Gewalt）］がことを決する。こういうわけで、資本主義的生産の歴史では、労働日の標準化は、労働日の限界をめぐる闘争——総資本家すなわち資本家階級と総労働者すなわち労働者階級との間の闘争——として現れるのである」（同上、三〇五頁）。ここに「階級の闘争」ということばが出てくるんですね。労働日の標準化、労働日の限界を巡る闘争は、資本家階級と労働者階級の闘争だということです。

## 「領有法則の転回」が労働者を奴隷にする

**植村**——そうすると、マルクスの場合、階級闘争というのは、まずは労働日を巡る闘争で、法的には対等な権利同士の対立なので、事実上の「ゲヴァルト＝力関係」か、「レギュラシオン＝調整」か、それによって決まるわけです。『資本論』のなかでは、「不正」ということばが出てくるのは、「領有法則の転回」［▼39］の話をしたあとなんですね。それによると、「搾取」というのはいったんは正当に見えますが、搾取に基づく再生産が繰り返されていくと、結局、資本家の最初の元手自体が不払い労働の蓄積に置き換わってしまうのではないか、という話になります。その話をしたあとに、ようやく奴隷ということばがでてきます。搾取の繰



［▼39］近代社会の所有観は「自己労働に基づく私的所有」であり、私的所有は自己労働によって正当化されるが、資本主義経済が発展し、資本（資本家の私有財産）が労働者からの剰余価値（剰余労働）の取得を通じて増加するとともに、「自分の労働に基づく私的所有」が「他人の労働に基づく私的所有」に転換すること。マルクスは労働者から取得した剰余価値が繰り返し追加資本として利用される資本の蓄積過程を分析することで、資本主義的私的所有が自己労働による私的所有の否定であり、他人の労働に基づく所有に置き換わっていることを解明した。

り返しによって「自分の労働に基づく私的所有」が「他人労働の搾取に基づく私的領有」に転換してしまう、という説明をしたのちに、そうだとすれば、労働者は永久に無所有の状態から脱却できないという話になり、そこで改めて「疎外」ということばが出てきます。

「資本主義システムのもとでは労働の社会的生産力を高くするための方法はすべて個々の労働者の犠牲において行われるということ、生産の発展のための手段は、すべて、生産者を支配し搾取するための手段に一変し、労働者を不具にして部分人間となし、彼を機械の付属物に引き下げ、彼の労働の苦痛で労働の内容を破壊し、独立の力としての科学が労働過程に合体されるにつれて労働過程の精神的な諸力を彼から疎外するということ、……これらのことをわれわれは知ったのである」(同上、八四〇頁)。

そのうえで、マルクスはさらに労働者の置かれた状態を「奴隷状態(Sklaverei)」ということばで表現します。「最後に、相対的過剰人口または産業予備軍をいつでも蓄積の規模およびエネルギーと均衡を保たせておくという法則は、……資本の蓄積に対応する貧困の蓄積を必然的にする。だから、一方の極での富の蓄積は、同時に反対の極での、すなわち自分の生産物を資本として生産する階級の側での、貧困、労働苦、奴隷状態、無知、粗暴、道徳的堕落の蓄積なのである」(同上、八四〇頁)。

前には、資本主義的生産様式の基礎のうえでは、労働者を雇用して搾取するのは不正ではないが、奴隷を使うのは不正だという話をしているので、ここまできて領有法則の転回を説明してしまうと、「やはり労働者は疎外されていて所有が剝奪されていて、だから不正であって、それでは奴隷と同じだ」という話になるわけです。その後に「本源的蓄積」[▼40]を論じる箇所で、本当の奴隷制の話が出てきます。「綿工業はイングランドには児童奴隷制を持ちこんだが、それは同時に、以前は多かれ少なかれ家父長制的[温情主義的]だった合衆国の奴隷経済を、商業的搾取制度に転化させるための原動力をも与えた。一般に、ヨーロッパにおける賃金労働者の隠された奴隷制は、新世界における文句なしの奴隷制を踏み台として必要としたのである」(同上、九九一頁)。

ここでは、奴隷制ということばをマルクスは堂々と使っているわけです。そうすると、資本主義における労働者の状態は、実はほとんど奴隷なのであって、そうだとしたら、これは不正で不当だという話になる。『資本論』ではそういう論理になっていると思います。

**若森**——資本主義における労働者の状態を議論する場合、領有法則の転回論が重要なんですね。



[▼40] 封建社会が解体し、資本主義的生産様式が成立する前提条件としての資本と賃労働力が創出される歴史的過程のこと。原始的蓄積ともいう。

**植村**――やっぱりそうですね。「搾取」というだけだと、それはそういう契約をしたからだという話になるだけですが、領有法則の転回が明らかになると、一方は永遠に蓄積して、もう一方はいつまでたっても貧しいまま、ということになる。そうであるなら、それは不正だ、という話になっていく。昔、平田清明が強調していましたが、こうやって『資本論』を読むと、改めて「やはり領有法則の転回というのは大事な話なんだな」と思いました。

## 賃金奴隷制といかに闘うべきか

**若森**――平田清明[▼41]は『経済学と歴史認識』(岩波書店、一九七一年)に収録されている一連の論文のなかで、自己労働に基づくことで正当化されている私的所有権(古典派経済学が商品交換の次元で想定した労働に基づく所有法則)が、資本の蓄積過程を通して、他人の労働(労働者の剰余労働)の搾取に基づいてより多くの剰余労働を搾取する資本制的領有権に転変する、という論理を説明しています。

**植村**――この領有法則の転回が明らかになると、賃金労働はやはり奴隷制だということになる。それは不正で不法だということになる。しかし、労働者自身がどこかでそのことに気がつかないといけないんです。「並外れた意識」をどこかで持

[▼41] 東京出身の経済学者(一九二二―一九九五年)。東京商科大学(現一橋大学)卒業。名古屋大学教授、京都大学教授、鹿児島経済大学学長などを歴任。京都大学名誉教授。主な著書に、『経済科学の創造――「経済表」とフランス革命』(岩波書店、一九六五年)、『市民社会と社会主義』(岩波書店、一九六九)、『市民社会思想の古典と現代――ルソー、ケネー、マルクスと現代市民社会』(有斐閣、一九九六年)などがある。

たないといけないわけです。

**若森**――資本制的領有権と、それを正当化する根拠となっている私的所有権に対する批判的意識が労働者に生まれる、ということですね。

**植村**――ただ、労働者が「並外れた意識」を持つと階級意識が生まれるはずなのですが、しかしマルクスは、そのノーマルではない意識それ自体を労働者がどうやったら持てるのか、という具体的な議論はしてないんですね。それだから、ジョルジ・ルカーチ[▼42]の『歴史と階級意識』(城塚登・古田光訳、白水社、一九九一年)のように、後のマルクス主義者がその議論を詰めないといけないという話になってくる。

**若森**――それはマルクスの階級論の残された課題ということですか。

**植村**――そうですね。奴隷制とか賃金奴隷制ということば自体は、マルクスの前から使われていると思います。当時の労働運動では賃金奴隷制ということばがよく使われていて、やはり現実に賃金で雇われて働く労働者の待遇はほとんど奴隷だと思っていたんでしょうね。彼らにとってはたぶん誇張語法ではなくて、「本当にこんなのは奴隷だ」ということでしょうね。問題は、それをどう論理的に説明するか、ということです。

**若森**――植村さんがいったように、マルクスは『資本論』第一巻の「労働日」を

[▼42] Lukács, György (1885-1971)。ハンガリー出身の哲学者、文学史家。一九一八～一九二九年のハンガリー革命に参加し、革命失敗後、亡命。第二次世界大戦後に帰国し、ブタペスト大学教授等を歴任。主な著書に、『歴史と階級意識』(新装版、平井俊彦訳、未來社、一九九八年)、『実存主義かマルクス主義か』(城塚登、生松敬三訳、岩波書店、一九五三年)などがある。

論じた箇所で、購入した労働力の使用価値を利用する権利を持つ資本家と、労働力の利用に制限を課すこと、具体的には長労働時間を短縮することで労働力の生涯的価値を維持しようとする、労働者の権利との衝突を描いています。マルクスが経済領域、とくに生産過程における階級対立を意識的に強調しているのは、経済領域と政治領域を分離して対立や闘争をすべて政治領域の特徴とみなし、経済領域を市場の価格変動によって調整される経済的階級（資本家、地主、労働者）の世界として描く、古典派経済学の自由主義イデオロギーを批判しようとしているためです。資本家は、購入した労働力を最大限に利用するために労働時間の無際限の延長を追求しますが、一時的ではなく生涯にわたって労働力を販売して賃金を得ることで生計を立てる労働者は、働きすぎによって健康と身体が破壊されことに抗議して、労働力の正常な再生産を維持できるような労働時間の長さ、すなわち、一日二四時間のなかで、睡眠時間や家族と過ごす時間、子育てのための時間、スポーツや教養のための時間を保証するような労働時間の制限を要求しました。このような、商品としての労働力をめぐる販売者の立場と購入者の立場の対立は、ともに、私的所有権者としての権利に基づく対立、権利と権利の闘いです。マルクスは、このような権利 対 権利の闘争は法律レベルでは解決できないので、力関係によって解決するほかはない、といっています。結局、労働日をめぐる資本家と労働者の争いは、長期の闘争を通じて標準労働日の制定に結果しました。標準労働日の制定の意義は、どこからどこまでが資本家が利用できる時間で、どこからが労働者の時間、労働者が自分のために利用できる時間である、ということが明確になったことです。

**植村**――マルクスの『ゴータ綱領批判』の議論とつなげると、ゲヴァルトが決するような闘争をしていると、「給料が上がればそれでいいというわけではない」ということに気がつく人が出てくる可能性があるわけです。

**若森**――ずっと前の大学院生の時代にわれわれがよく議論したのは、労働時間を短縮することで、労働者は自由時間を確保し、自由時間を自分の人生を多面的に生きるために、あるいは家族や仲間と過ごすために、文化活動や政治的活動に参加するために、利用することができるようになる。すなわち自由時間の増加は労働者の生と人生を豊かにする条件である。だから、自由時間こそ真実の富＝豊かさである、ということでした。この真実の富である自由時間は、資本主義の生産力の発展によって潜在的には増大しているのに、現実には、自由時間は資本の支配する剰余労働時間の増大という形でしか存在していません。労働者が資本主義のもとで、労働時間の短縮のための闘争を通じて自由時間の拡大をめざすならば、労働日短縮の運動は、原理的には資本の利潤追求の運動に対抗し、資本主義を超える次元につながっていると思います。マルクスは『資本論』第三巻の最後の箇所で、労働日の短縮を人間の自由を拡大するうえでの根本条件であると述べています。

**植村**——自由時間論は『資本論』よりも、どちらかというと、その前に書かれた『経済学批判要綱』で展開されています。

**若森**——そうですね。資本が領有する剰余労働時間[▼43]を自由時間として奪い返すことで労働者が「時間の主人公になる」という議論は、『資本論』よりも中期マルクスの草稿『経済学批判要綱』の方によく出てきます。

**植村**——マルクスが一八四四年にドイツからフランスに行ったときに、フランスの労働者は自由時間にカフェで珈琲を飲みながら政治的な議論をするといってマルクスは感心するのですが、マルクスを感心させた労働者というのは実は熟練職人で、資本主義に対しては、むしろ「遅れた」「後ろ向きの」の存在というか、まだ資本主義に完全に包摂されていない意識の持ち主だったわけです。したがって、階級闘争というのは、実はかなり後ろ向きの、生活防衛的な意味を持っているということはいえそうですね。



[▼43] 労働日のうち、労働者が必要労働時間を超えて行う労働部分のこと。

[▼44] Rubel, Maximilien (1905–1996)。オーストリア=ハンガリー帝国出身のマルクス研究者。ドイツ占領下のフランスでレジスタンスに身を投じて戦い、そのただなかでマルクス研究を開始。戦後、フランス

## 資本主義に依存しない生き方

**若森**――フランスのマルクスの文献史的研究者、マクシミリアン・リュベル[▼44]が、マルクスの経済学・政治学を編集した三巻本の解説のなかで、国家の抑圧に対抗する労働者の自発性と連帯を強調するマルクスの思想を追跡しながら、「アナキストとしてのマルクス」を描いています。邦訳されている『マルクスへ帰れ』（角田史幸訳、こぶし書房、二〇一〇年）でも、アナキストとしてのマルクスに触れています。

**植村**――マルクス自身が両義性を、並のマルクス主義者よりはかなり持っていたということですね。

**若森**――日本のマルクス研究者のなかで、『経済学批判要綱』の独自な意義をいちばん深く認識した人は佐藤金三郎[▼45]でした。佐藤金三郎は、『資本論』を原理論として純化し、原理論・段階論・現状分析からなる宇野三段階論[▼46]の内在的な批判者として、また、アムステルダムの国際社会史研究所でマルクスの『資本論』第三巻「資本主義的生産の総過程」のオリジナルな草稿を解読し、現行のエンゲルス版とマルクスの草稿との異同を明らかにしたことで著名ですが、晩年



国立科学研究センターで研究のかたわら、『マルクス学研究』の編集にあたる。

[▼45] 東京出身のマルクス経済学者（一九二七－一九八九年）。東京商科大学卒業ののち、大阪市立大学を経て横浜国立大学教授。主な著書に、『「資本論」と宇野経済学』（新評論、一九六八年）、『マルクス遺稿物語』（岩波書店、一九八九年）、『「資本論」研究序説』（岩波書店、一九九二年）などがある。

[▼46] 経済学者の宇野弘蔵が提唱した経済学研究の方法論。経済学研究をその研究対象の次元の差に基づいて「原理論・段階論・現状分析」の三分野に分ける立場。

の佐藤は高須賀義博[▼47]などと「資本論シンポジウム」を開催し、そこで、『資本論』をマルクスの経済学の完成形態と見ることに疑問を提起し、『経済学批判要綱』のマルクスの方がマルクスとして豊富で面白いという、異端的な発言をしています。佐藤金三郎・高須賀義博編『シンポジウム「資本論」成立史』（新評論、一九八九年）は、マルクスを本格的に研究しようとする若い世代の人に読んでもらいたい文献です。佐藤のマルクス研究を継承する著作として、弟子の向井公敏が書いた『貨幣と賃労働の再定義』（ミネルヴァ書房、二〇一〇年）があります。

**植村**――アントニオ・ネグリ[▼48]も『経済学批判要綱』を重視する立場ですね。

**若森**――ネグリは、邦訳されている『マルクスを超えるマルクス――『経済学批判要綱』研究』（清水和巳他訳、作品社、二〇〇三年）のなかで、『経済学批判要綱』を大胆に解釈していて、この本はよく読まれています。

**植村**――モイシェ・ポストン[▼49]の『時間・労働・支配――マルクス理論の新地平』（白井聡・野尻英一監訳、筑摩書房、二〇一二年）という本があって、彼も基本的には『要綱』重視派ですが、彼の場合は、『要綱』と『資本論』がそのまま延長線でずっとつながっている形になっていますね。ポストンはシカゴ大学の歴史学教授で、フランクフルト学派の研究者でもあるのですが、二〇一二年八月にポストンが来日したとき、東京と京都でポストンを囲むシンポジウムをやったんです。



[▼47] 朝鮮出身の経済学者（一九三二―一九九一年）。一橋大学大学院理論経済学修了。一橋大学名誉教授。主な著書に、『マルクスの競争・恐慌観』（岩波書店、一九八五年）、『マルクス経済学の解体と再生』（増補版、御茶の水書房、一九八九年）などがある。

[▼48] Negri, Antonio (1933―）。イタリア出身の哲学者、政治活動家。大学政治学研究所教授として国家論などを講義。また、イタリア全土を揺り動かした「アウトノミア」運動の理論的リーダーとして注目された。「赤い旅団」によるモロ元首相暗殺事件の首謀者として、逮捕されるが、獄中より国会議員に立候補し、当選。議員特権により釈放さ

京都でのシンポジウムでは、私もパネラーとしてコメントをしました。そのときに、ネグリと佐藤金三郎の話をしたんです。日本には佐藤金三郎という人がいて、彼もむしろ『要綱』を高く評価していて、『資本論』では客観的な法則の方が強調されているが、自分はそれを評価しない」というのが佐藤のいい方であり、そういう研究者が日本にもいて、『要綱』を評価している。このような、ネグリや佐藤のような読み方をどう思うか、とポストンに質問したんです。しかし、あまりちゃんとした答えが返ってこなかったですね。ちなみに、熊野純彦の『マルクス　資本論の思考』（せりか書房、二〇一三年）を読んでいたら、注のなかで、ネグリの『マルクスを超えるマルクス』と並んで私の『マルクスを読む』（青土社、二〇〇一年）も『要綱』評価派に分類されていました。

**若森**――佐藤優[▼50]の『いまを生きる「資本論」』（新潮社、二〇一四年）をざっと読みましたが、書いてある内容は、資本主義社会における労働者の地位や資本の運動を客観的に理解することで、たとえ安い給料であくせく働いている人でも、資本主義とどうつきあえばいいか、どう距離をおいて対応したらいいかがわかる、というような議論です。資本主義の早急な打破をめざして行動するよりも、資本主義と適当な距離をとって生きていく姿勢や精神を説いているようです。

**植村**――佐藤優の『いまを生きる「資本論」』は読みました。あれはカルチャー

れ、フランスへ亡命。主な著書に、『〈帝国〉――グローバル化の世界秩序とマルチチュードの可能性』共著、水嶋一憲ほか訳、以文社、二〇〇三年）などがある。

[▼49] Postone, Moishe (1942–)。シカゴ大学トーマス・E・ドネリー講座教授（近現代史）。ラディカルな〝社会理論〟を発信し、米国およびヨーロッパ各国で注目を集める。

[▼50] 東京都出身の作家、元外交官（一九六〇年–）。同志社大学大学院神学研究科修了後、外務省入省。二〇〇二年、背任と偽計業務妨害容疑で逮捕、起訴され、二〇〇九年六月有罪確定。現在は、執筆活動に取り組

センターでの講演が本になったみたいで、『資本論』の説明もしていますが、その部分は割に適当で勘違いもあって、『資本論』のコメンタールとしてはあんまり役に立たないです。しかし、面白いのはむしろ「資本主義の終わり」論ですね、資本主義は終わりつつあるという。それこそ会社はいつつぶれるかわからない、いつリストラされるかわからない。そうなったときに、あるいはそういうことがあってもいいように、自分の身の回りの人間関係を構築しないといけない、お金なしでもつきあえる人間関係とか副業とかを作っておかないといけない、という話が面白いです。

**若森**――一週間の活動時間のうちの半分でお米や味噌を作って自給自活し、残りの半分の時間を好きなことに使う。音楽の演奏や小説を書くなどに時間を使うというライフスタイルですね。そういう生き方は割と若者に人気があって、会社にすべてを依存しない生き方が可能であることが見えてきた。会社からおりても資本主義からおりても、生きて行けるんだよ、と。低収入で節約生活を自分で選びながら、時間のゆったりとした流れを楽しみ人間関係を充実するために時間を使う生き方が、いろいろなところで試みられているようですね。

**植村**――伊藤洋志の『ナリワイをつくる――人生を盗まれない働き方』（東京書籍、二〇一二年）とかね。最近だと、『おいしい資本主義』（河出書房新社、二〇一五年）と



む。主な著書として、『獄中記』（岩波書店、二〇〇六年）などがある。

いう、朝日新聞の記者で近藤康太郎という人が書いた本が出ています。

**若森**――どんなことを書いているのですか。

**植村**――朝日新聞も慰安婦報道でバッシング受けているし、いつつぶれるかわからないと考えて、九州の長崎県諫早支局に赴任して、そこで、会社に行く前の早朝一時間、農作業をするんです。地元の農家から田んぼを借りて、自分の食べる米は自分で作ろう、と。そうすれば、会社がつぶれても、食べるものがなくて死ぬことはない、と。それをとにかく続けていくんです。その記録を朝日新聞の九州版に連載したのかな。

**若森**――会社の発展や資本主義に依存も期待もしない生き方が始まっているのではないでしょうか。藤原章生の『資本主義の「終わりの始まり」』（新潮社、二〇一二年）は、いまイタリアやギリシャで資本主義に期待しない生活をする人が増えている現実を伝えています。

## 「階級闘争のない階級論」を超えて

**若森**――ところで、歴史家は階級や階級闘争をどのように議論してきましたか。

**植村**――日本の歴史学の流れは、世界的に見たら独特かもしれないですよね。日本の歴史学畑では、戦後ずっと長いあいだマルクス主義系があまりに強くて、階級闘争型の話をずっとやってきたから、それに対する反動が強すぎて、たとえば「江戸時代はよかった」とか、「封建制は暗黒の時代ではなかった」というような話が多い。最近ちょっと話題になった、ちくま学芸文庫に入った呉座勇一という国際日本文化研究センターの人が書いた『一揆の原理』(筑摩書房、二〇一五年)というのを読みました。これも、「農民一揆というのはかつての戦後マルクス主義歴史学が考えたような階級闘争ではないんだ」ということを強調していて、それでよく売れたりしている。だから、そこに出てくる話は、かつてのマルクス主義系の歴史学に対するアンチテーゼですから、そのあたりは、世界的な流れとはやはり違うんですね。

**若森**——日本のマルクス系の歴史学の階級闘争についての論じ方に問題が含まれているということですか。

**植村**——問題は、今日の話でいうと、まさに階級闘争なしの階級論ですね。

**若森**——網野義彦[▼51]の中世史研究は、単純な階級闘争史観を批判しています。

**植村**——戦後の歴史学では、階級論が客観的な構造論だけであって、闘争史観の分析はあまりないので、ときどきある農民一揆とか自由民権運動を過剰に評価する。たぶんそういうことでしょう。



[▼51] 山梨県出身の歴史学者(一九二八 - 二〇〇四年)。東京大学文学部史学科卒業。名古屋大学を経て、神奈川大学短期大学教授、同大学特任教授を歴任。専門は日本中世史、日本海民史。主な著書に、『日本中世の非農業民と天皇』(岩波書店、一九八四年)、『異形の王権』(平凡社、一九九三年)、『無縁・公界・楽——日本中世の自由と平和』(増補版、平凡社、一九九六年)などがある。

若森――「階級は階級闘争と不可分である」ことを強調する、『イングランド労働者階級の形成』（トムスン［二〇〇三］）を書いたエドワード・P・トムスン［▼52］の議論は、そのような階級闘争なしの階級論を根本的に批判しています。ところで、階級論を論じるにあたって、国家機構を支配する支配階級の権力が何に由来するかについて問う必要があります。支配階級は、単に土地や機械、生産設備といった生産手段を所有するだけでは、権力を引き出すことはできません。マルクスが『経済学批判』の序文で述べた唯物史観の公式によれば、人類の歴史はアジア的、古典古代的、封建的、近代ブルジョワ的という段階で発展してきたのですが、それぞれの時代の支配階級は、社会の維持に必要なその時代に特有な共同利害、具体的には社会的分業（経済的相互依存関係）を編成することで、権力を引き出してきました。アジア的生産様式［▼53］では、専制君主は大規模な集団的作業を通して、農業生産の維持と発展に不可欠な灌漑用水を作ることを権力の源泉としていました。廣松渉が『唯物史観と国家論』（論創社、一九八二年）において指摘しているように、資本主義における支配的階級である資本家階級の権力は、単に機械や工場といった生産手段の私的所有に基づくものではなく、生産の協同的連関（さまざまな生産とさまざまな消費との社会的連関）を構築して再生産し、この協同的連関を代表することに立脚しています。このような議論は従来、弱かったと感じています。

［▼52］Thompson, Edward Palmer（1924－1993）。イギリスの歴史家、平和活動家。一九六五年にウォーリック大学のリーダー（准教授）になるが、その後辞職。一九七〇年代末から八〇年代には、軍拡競争に反対する市民運動に貢献した。

［▼53］マルクスが『経済学批判』の序文で使用した用語。灌漑農業を主体とするアジアに特有の奴隷所有的、共同体的生産関係をさす。

**植村**——マルクス主義的歴史学は階級ばかり考えていて闘争に関する分析は弱い。階級に比重があったんでしょうね。

**若森**——階級闘争を日常的な次元で考察することも重要です。第二次世界大戦後の一九四五年から一九七四年の時期は、フォーディズム（労働者の大量消費と結合した大量消費）が高い経済成長率や労働生産性、雇用の増大と失業率の低さ、高い賃金と消費の上昇、社会保障制度の普及などを作り出し、「資本主義の黄金時代」と呼ばれています。このフォーディズムは、生産上昇の主導権（機械の採用や省力化の決定）は経営側が握るが、労働側は生産性上昇の分配については生産性上昇に見合った賃金（生産性インデックス賃金）を獲得する、という労使妥協に基づいていました。労働者、典型的には自動車の組み立て工場で働く若者や移民労働者は、生産現場では階級闘争を禁じられ、与えられた単調な労働を規則的に時間どおりに遂行することを要求され、生産において自発性や創造性を発揮できませんが、消費者としては、年々上昇する賃金で自動車やテレビ、冷蔵庫、住宅などの耐久消費財を購買することで、消費欲求を満たすことができました。フォーディズムは、労働者が生産現場では疎外され主体性を失っているが、失った主体性を消費において取り戻す、という仕組みを作り出したともいえます。しかし、階級闘争が賃上げ闘争に還元され、労働者が全体としてシステムに統合されたフォーディズムにおいても、日常的な階級対立は続いていました。

　レギュラシオン学派の旗手の一人であるアラン・リピエッツ[▼54]が『勇気ある選択——ポストフォーディズム・民主主義・エコロジー』(若森章孝訳、藤原書店、一九八四年)で指摘するように、現場の労働者はしばしば、「順法闘争」を掲げて、労働災害を防ぎ労働者の健康を確保するために制定されている規則(たとえば、労働法による残業時間の制限、事故を回避するための交通機関の運転規則)を厳格に守ることによって、規則を恒常的に無視することで維持されている高水準の生産性システムに抵抗することがありました。休暇明けの月曜日の無断欠勤が多く生産編成に支障をきたすとか、欠陥品の割合が異常に多いとか、職場の定着率が低く転職が多い、といったこともありました。これらはフォード主義的労使妥協のもとでの労働生産性上昇という要請への抵抗であり、個人的、日常的なレベルでの階級闘争であると思います。

　また、経営側の機械化や省力化の方針に反対する労働組合の支部が組合の中央の指令を無視して行う「山猫ストライキ」もありました。一九世紀の自由主義的資本主義では、労働者が生産者としては資本主義に統合されましたが、生存ぎりぎりの賃金(低賃金)のために消費者としては資本主義に統合されていませんでした。しかし、二〇世紀後半のフォーディズム的資本主義は、労働者を消費者とし



[▼54] Lipietz, Alain (1947ー)。フランスの経済学者、政治活動家。国立科学研究所研究員を経て、ヨーロッパ議会議員。その間、フランス・緑の党の経済顧問。レギュラシオン学派の旗手の一人。主な著書に、『緑の希望——政治的エコロジーの構想』(若森文子・若森章孝訳、社会評論社、一九九四年)、『レギュラシオンの社会理論』(若森章孝監訳、青木書店、二〇〇二年)などがある。

ても資本主義に統合しました。階級闘争が制度化されたこのようなフォーディズムのもとでも、労働の資本に対する階級闘争は継続されていました。ヨーロッパを中心とした一九六八年の世界的な規模での闘争は、労働者、移民労働者、若者のフォーディズムに対する異議申し立てという性格を持っていました。

しかし、イギリスで一九七九年に、市場原理主義を掲げたサッチャーが出てきて、労働組合を解体させるとか、その交渉力をそぐということを行いました。その結果、大企業や金融資本が、労働組合や民主主義の行使によって規制されることなく利潤追求のために市場経済を自由に利用できる環境が作り出されました。つまり、自由が「企業の自由」となったわけです。

労働者は、労働組合を潰されることで集団的交渉力を奪われ、他方で、公共住宅の民営化によって住宅の所有者になるという夢《ゆめ》が実現されたことで、新自由主義的資本主義に対する批判的意識を後退させました。その結果、組織された労働者の資本に対する闘争は衰退しました。資本は、賃金や福祉、雇用に関するフォーディズム時代の妥協から脱出し、労働者やすべての住民に対して利潤と資産を増やすための闘争を仕掛けているといっていいと思います。日本でも、中曽根政権の時代から民営化と規制緩和を掲げる新自由主義が導入されました。たとえば国鉄が分割民営化され、いくつかの強力な労組がつぶされました。国鉄の民営化に続いて、日本電信電話公社も民営化されました。その結果、官公労に中心をおいた日本の労働組合の交渉力と発言力は著しく後退し、資本主義の暴走を抑制する力も、格差を是正する再分配政策の実施を要求する発言力も失いました。一九八〇年から二〇一五年までの動きを見ると、各国とも新自由主義の確立は、労働側の交渉力の後退と歩調を合わせています。

## 多くの形態をとる階級闘争

**若森**――少し話題を変えます。今度は、住民闘争または地域闘争についての話ですが、長年日本では、沖縄を中心に基地を巡る闘争が展開されてきました。近年では辺野古移設をめぐって住民の反対運動があり、沖縄県と政府が激しく対立しています。最近、歴史学者の冨山一郎など四人が中心となって「闘争と記憶を伝える会」を結成し、基地問題の重要性を訴える声明を出しました。安倍内閣の菅官房長官は早速、「戦争で苦労して悲惨な目にあったのは、沖縄の人も日本も同じだ」という趣旨の発言をして、沖縄の基地問題に対する理解の浅さを暴露してしまいました。

沖縄の米軍基地は、アメリカの占領下のもとで強制的に住民から接収したものです。日本を防衛するとされる米軍基地の七〇％以上が沖縄に集中していて、日本の安全保障の犠牲になっています。哲学者の高橋哲哉が『沖縄の米軍基地』（集英社、二〇一五年）のなかで書いていますが、サンフランシスコ条約の調印以後に、沖縄の米軍基地はどんどん増えています。一九七二年の沖縄返還まで、沖縄はアメリカの植民地的状態に置かれていました。同時に日本の本土では、砂川闘争[▼55]という大きな反基地闘争のあとから、基地の数は減っています。本土に残っているのは、岩国、三沢、横田、厚木などの基地です。簡単にいうと、本土で騒音や墜落事故をめぐる基地闘争が激化するのを恐れて、本土の米軍基地が沖縄に移転されたわけです。その結果、本土の住民は基地問題を自分の問題として感じる必要がなくなり、日本全体で負担すべき米軍基地は沖縄と沖縄の住民だけが犠牲を払う結果を招きました。本土の人は基地問題と沖縄の負担を見たり感じたりしなくても構わない立場に置かれ、基地問題を日常的には忘れてしまっています。本土に生きている人は、基地問題をめぐって沖縄の住民に対して加害者の側に立っていますが、そのことはすっかり忘れられています。また、忘れているような仕組みが作られてきたわけです。

**植村**――声明の呼びかけ人の一人は鹿野政直ですね。『戦後沖縄の思想像』（朝日新聞社、一九八七年）や『沖縄の淵――伊波普猷とその時代』（岩波書店、一九九三年）



[▼55] 在日米軍立川飛行場（立川基地）の拡張に反対して、一九五五年から一九六〇年代まで闘われた住民運動のこと。

などの著書のある歴史家です。

**若森**——福島の原発設置もそうですが、国内のなかに一種の植民地というか、経済の発展や国の防衛のために犠牲を強いられる周辺的地域があって、そこに負担を強いる一種の構造的暴力が働いています。しかし、それが見えなくなっているのが現状です。権力を監視する役割を果たしていないマスコミの罪も大きいです。東京や大阪に住んでいると感覚が鈍くなりますが、周辺地域で闘われているさまざまな闘争や権力構造に対する階級闘争など、国内の「中心」に対する抵抗運動に、われわれはもっと敏感にならなければいけないと思っています。そして、社会全体の効率や安全を確保するために周辺の人びとに犠牲を強いるという、一種の構造的暴力に目覚める契機として、記憶や時間の連続性の意識が重要です。沖縄を見ると、運動の記憶もある程度継承もされていますし、辺野古などでも何らかの記憶に支えられてもいます。

ところが、日本の本土の場合は、戦争の記憶や闘争の記憶が意図的にどんどん分断されて、時間の連続性のなかに生きているという感じがなくなっています。人びとは常に現在に生きているような状態です。そこまで資本主義的な時間感覚が日常生活に浸透しているわけです。ですから、消失し見えなくなっている階級闘争の過去の記憶やイメージを取り戻し現在につなげるのが重要で、多様なナラティブをすくいあげていくことで、われわれの想像力のレパートリーを増やして行くことが重要だと思います。

**植村**——たぶん、階級闘争という名前をつけられていない、認識されてない階級闘争はたくさんあって、それらを、「これは階級闘争だ」と名づけ直していく、発見していくということが、とても大事だと思うんです。一つは最近聞いたばかりなのですが、京都放送（KBS）は、もともとの会社の経営がひどい状態になって、労働組合が主体になって会社更生法を適用し、事実上、自主管理として会社を再建したのが、今に続いています。したがって京都放送は、珍しい労働者自主管理型の企業だそうで、放送の内容も権力に迎合して自主規制したりしないということを聞きました。

もう一つ、ネグリとハートの新しい本、『叛逆——マルチチュードの民主主義宣言』（水嶋一憲他訳、NHKブックス、二〇一三年）では、「逃げること」「さぼること」自体が階級闘争だと、ちゃんと認識しないといけないといっています。「さぼる」「逃げる」「休む」が重要なんです。

**若森**——ポール・ラファルグ[▼56]の『怠ける権利』（田淵晋也訳、平凡社ライブラリー、二〇〇八年）の議論につながりますね。

**植村**——ヤン・ムーリエ・ブータン[▼57]の『アルチュセール伝——思想の形成1



[▼56] Lafargue, Paul（1842－1911）。フランスの社会主義者、批評家、ジャーナリスト。マルクスの婿。

[▼57] Boutang, Yann Moulier（1949－）フランスの経済学者、思想家。認知資本主義と金融資本主義を批判的に解明した著作を発表。政治思想誌『マルチチュード』の編集委員。

918−1956』(今村仁司他訳、筑摩書房、一九九八年)も、逃亡していく労働力の動きを資本が抑えようとすることに注目しています。江戸の幕末の農村は、農民が逃走することで崩壊状況になりました。そうみると、逃げるというのも階級闘争だといえます。ですから、登校拒否や出社拒否も、実は階級闘争だという話をしなければいけないですよね。

**若森**――国鉄が分割民営化される前の時期には、国鉄の労働者は「順法闘争」という階級闘争をときどきやっていました。順法闘争とは、労務規則どおりに列車を運行することです。なぜこれが当局に対する闘争になるか、ということが重要です。乗客の安全を守って順法闘争を行うと、山手線などで運転される列車の本数が減り、輸送の効率が低下します。規則どおりに列車を運転し、きちんと各駅での停車時間を守るような運転をすると、時刻表どおりの運転ができなくなり、順法闘争が合理化反対闘争になるというわけです。普段の運転は効率優先で、規則どおりにやっていては間に合わないのです。順法闘争で、規則を守る運転が当局に対する闘争としての意味を持っていました。

しかし、現在は、合法的な順法闘争的な闘いも過去のものとなりました。今の企業は、能力や創造性や人格のすべてを動員するようなプロジェクト型の働き方を求めており、働く側にもそのような働き方に動員されることで自己実現したい願望もあって、労働の規律訓練はかつてよりも内面化しているように思えます。正社員として働く人にとって、資本への抵抗は難しくなっているように見えます。

**植村**――しかし、それだけ規律訓練が強化されてくるというのは、逆にいうと、資本主義の終わりが近づいているからではないでしょうか。危機的な状況になっているから、ますます労働者をきつく縛らないとやっていけなくなっているということがあるかもしれませんね。そもそも資本主義というのは、本源的蓄積が成立する時点から、彷徨って放浪する人間を捕まえたり、働かずにフラフラしている人は許さないなど、労働を強いる動きが始まるわけですから。社会全体が連動して、ますます生活そのものを支配しつつある労働者が、逃げようとする力も強くなってきています。

**若森**――ブラックバイトの問題で、牛丼店にバイトが集まらなくなりました。安い労働力を過酷な条件で使用する仕組みになっている外国人研修制度でも、多数の研修者が逃亡していますね。これらはいってみれば階級闘争ですよね。

**植村**――ちょっと話が遡りますが、戦後のマルクス主義歴史家に反対する流れがはやっているという話が出ました。たとえば、先ほどの『一揆の原理』にしても、農民一揆は、昔のマルクス主義者がいっていたような反体制的な武装蜂起のようなハードな闘争じゃないから、階級闘争史観は間違いだということを著者はいっていますが、それでは農民一揆が実際に何をしたのかというと、誓約団体を作って粘り強くネゴシエーションをしていくという話なんです。著者の呉座勇一は、「階級闘争史観は間違っている」というスタンスで書いていますが、いってみれば交渉というのも階級闘争ですよね。彼は階級闘争を「革命」と短絡させていて、それに反論する形で、農民の強訴は「自分たちが百姓身分を逸脱していないということを幕府や藩に示すアピール」を伴う「交渉」であり（『一揆の原理』筑摩書房、二〇一五年、三六頁）、逃散も「ストライキであるから、逃散によって両者の交渉が途絶することはない」ので、それは「暴動よりも労働争議」だというんです（六三－六四頁）。しかし、まさにそれこそが階級闘争じゃないですか。呉座は「革命至上主義的な発想を捨てて、等身大の一揆のしたたかさを正当に評価すべきだ」（一六三頁）といいます。それは私も同感で、正当な理解だと思います。しかし彼は、それがマルクス主義的階級闘争史観への批判だと思い込んでおり、そこに勘違いがあります。改めて、階級闘争と思われてないところに階級闘争を見つけ出していくというのは大事なことですね。

**若森**――闘争の形態は江戸時代でも、戦後の日本でもさまざまであり、多様な形態をとるということですね。国鉄の順法闘争は、電車を安全遵守の規則どおりに動かすことが効率重視の当局に対する有効な闘争手段になることを見抜いた、巧妙な闘争形態でした。アメリカで電話交換手が一斉に五分だけストライキするという闘争もありました。しかし、現在では、抵抗運動は基地や原発に立地を提供している周辺地域に限定されるようになりました。

ここで、日本の環境保護運動の前史となった公害反対運動について触れておきます。一九六〇年代から七〇年代にかけて、日本の各地で公害反対運動が展開されました。コンビナートから発生した大気汚染による四日市ぜんそく、チッソ水俣工場からの水銀排出による水俣病、三井金属工業がカドミウムを神通川に排出したことによって起きた富山県のイタイイタイ病、昭和電工が阿賀川にメチル水銀を排出したことによって起きた新潟水俣病、高速道路による大阪の西淀川大気汚染などに対して、環境汚染のコストを外部化し、地域住民の生命と健康を危険にさらす企業の環境責任が厳しく問われました。裁判で企業の環境責任が争われ、企業の賠償責任が十分ではありませんが認められました。

公害反対運動と公害訴訟は、企業が利潤追求のために住民と自然環境を汚染・破壊することに抗議する社会運動ですが、資本の権力に対抗するという点では階級闘争です。企業は本来なら自らが負担すべきであった環境コスト（環境保護の投資）をさぼり、健康被害とか命を奪うとかいう形で環境コストを住民に負担させてきました。六〇～七〇年代、それに対する抵抗運動が大きかったのです。

若い世代の人は記録写真でしか見ることができませんが、当時のテレビで、大会社の社長が被害者の住民や漁師に頭を下げて謝る姿が放映されました。大企業の社長が地域住民に頭を下げることは、今、あまり見られませんが、七〇年代はそういう時代でした。

公害問題への関心は一九七五年以降の低成長時代を通じて低下し、環境保護よりも経済効率と雇用保障を優先する時代が続いてきました。

**植村**——それとともに抵抗運動は、基地や原発に立地を提供している、東京や大阪から離れた周辺地域に限定されるようになりました。

**若森**——成田闘争[▼58]もありました。『自動車の社会的費用』(岩波書店、一九七四年)で経済学から見た環境問題を解明し、晩年は「人間の経済学」を提唱した宇沢弘文が、成田問題に取り組んできました。この問題に関する著書もあります。成田闘争では、日本資本主義のための国際空港の建設という国家的プロジェクトに農民が激しく抵抗しました。

**植村**——そういう意味では、階級闘争の再発見の余地はありますが、今のところ、私は、傾向としては、階級闘争は個人化されていると思います。組合が弱くなり、あるいはなくなってしまい、見えなくなっています。個人で、孤立して闘うしかない状況があります。しかし、同時に他方では、「ユニオン」とカタカナ表記し

[▼58] 成田国際空港建設に対する反対闘争。一九六六年、新たな国際空港を千葉県成田市三里塚に建設する閣議決定を受け、地元農民らが反対運動を展開。全学連などの学生や新左翼諸党派が支援して闘争は激化した。

た個人加盟の労働組合も増えています。個々人の連帯がどういう形で進んで行きつつあるのか、そこが大事なところですね。

## 「新しい対抗運動」の萌芽

**若森**――労働側や住民からの対抗運動だけではなく、資本の側が仕掛けた階級闘争にも注目する必要があります。一九八〇年代にイギリスのサッチャー政権やアメリカのレーガン政権によって実行に移された新自由主義的資本主義の展開は、資本の側が従来のフォード主義的労使妥協(および福祉国家)を無視し、労働者および多数の住民に仕掛けた新たな階級闘争という性格を持っています。デヴィッド・ハーヴェイが『新自由主義――その歴史的展開と現在』(渡辺治監訳、作品社、二〇〇七年)のなかで強調しているように、新自由主義を、「資本蓄積のための条件を再構築するため条件を回復し経済エリートの権力を回復するための政治的プロジェクト」(三二頁)として解釈していますが、ここでいう経済エリートの権力の回復とは、所得の低い人びとから多くの資産(株、債券、不動産)を所有する富裕層へ富が再分配され移転される仕組みを作ることによって、一九七〇年代に生じたスタグフレーションと労働側の賃上げ要求のもとで低落していた資本の収益（資本分配率）を根本的に回復させること、を意味します。資本はフォーディズム時代の労使妥協から離床して、もはや労働側に譲歩することなく、資本収益の増加と資産の増大を追求し始めました。

レーガン政権は、富裕層への再分配の仕組みを作るための新自由主義的政策として、大企業に高水準の利潤を確保するための無制限の市場的自由を保証するあらゆる産業分野での規制緩和、投資に対する優遇税制、法人税の大幅引き下げ、個人所得の最高税率の抜本的引き下げ（七〇％から二八％へ）などを行いました。その結果、トマ・ピケティが『二一世紀の資本』（山形浩生訳、みすず書房、二〇一四年）で証明しているように、アメリカの所得格差（トップ十分位が国民所得で占める割合）は、フォーディズム時代の一九四〇年代末から一九七〇年代までは三〇～三五％に下がっていましたが、一九八〇年以降に爆発的に拡大して四五～五〇％となり、一九一〇年代から一九二〇年代にかけての水準に戻ることになりました（ピケティ[二〇一四]二六頁）。彼は、このような格差の拡大の大半が、もっとも富裕な一％が国民所得に占めるシェアの急増に起因すると指摘しています。実際、トップ一％のシェアは一九七〇年代の九％から二〇〇〇～二〇一〇年には二〇％にまで上昇しました。このシェアの上昇率は、経済成長や労働生産性の上昇をずっと上回っています。

二〇一一年の九月から翌年にかけて「ウォール街を占拠せよ」という呼びかけで展開された運動は、労働者や失業者、非正規労働者、年金生活者といったすべての人びとの富を吸い上げてもっとも富裕な一%に再分配する仕組みに対する抗議でした。経済成長が期待できない経済環境のなかで資本の側、とくに金融資本が仕掛けた再分配をめぐる階級闘争に対して、労働側からの有効な対抗運動はありませんが、若者や学生を中心とした新しい対抗運動が始まっていると思います。

**植村**――国境を超えたグローバル資本主義との闘いがヨーロッパでもアメリカでも始まっているということですね。

**若森**――第1章で触れたように、ミーゼスやハイエクなどの新自由主義の経済思想家は、最低賃金の制定を労働市場の価格調整を妨げる制度として拒絶しましたが、今日、最低賃金[▼59]が重要な問題となっています。安すぎる最低賃金を、時給七五〇円ぐらいから一〇〇〇円あるいは一五〇〇円に引き上げる、といった法的措置を要求することが、資本の暴走を制限し、経済格差を縮小し、「健康で文化的な最低限度の生活」を若者たちに保障するうえで重要だと思います。時給一五〇〇円で週四〇時間の労働をすると、一カ月(四週間)で二四万円の収入が得られます。日本の最低賃金は低すぎます。連邦最低賃金が時給七・二五ドル(約八二二円)のアメリカでは、コンビニやスーパーで働く非正規労働者が、一時間一



[▼59] 最低賃金は都道府県ごとに定められていて、最も高いのは東京都の時給九五八円、いちばん低いのは宮崎県と沖縄の七一四円である。

五ドルの最低賃金の獲得をめざして運動しています。日本でも、労働者の最低賃金を自給一五〇〇円に引き上げることを求める運動が、二〇一五年秋から若者のグループ「エキタス」[▼60]によって進められています。労働組合の交渉力が強く、これまで最低賃金制定の必要性がなかったドイツでも、法的に労働者を保護するために、近年、最低賃金が制定されました。

最低賃金のほかに、無際限の残業時間を制限して長労働時間を抑制することも重要です。日本の労働法で決められている標準労働時間は週四〇時間制ですが、労働法の第三六条(いわゆる三六協定)によって、労働組合の承認があれば、労働時間を延長できるという抜け穴が設けられています。労働法で残業時間の上限を明確にして残業規制を厳格にすれば、労働者のストレスと健康状態は改善されます。

また、正規雇用とパートタイム労働などの非正規雇用の格差を是正するためには、オランダで実行されているような「同一労働同一賃金」の原則を日本でも導入する必要があります。このような労働条件の改善は、資本の無制限の利潤追求を抑制し、労働者の自由時間を増やし、労働側の交渉力を強めるように作用すると思います。

**植村**——私は大学の授業では、マルクスのいう資本主義の仕組みの話をして、搾取の実態を説明したあとに、学生に、「就職活動の前に行きたい企業の有価証券



[▼60] 二〇一五年秋に結成されたグループ。若者を貧困から脱出させる方法として、最低賃金の一五〇〇円への引き上げなど求める活動を行っている。

報告書を見ろ」とアドバイスしています。企業のホームページのＩＲ情報[▼61]のところに載っています。有価証券報告書には必ず、売上高や利潤だけでなく、雇用労働者の平均年齢、平均勤続年数、平均賃金が書いてあるんですね。従業員数もわかるので、利潤を一人当たりで割って、それを平均給与とつきあわせてみれば、それがどれくらいのパーセンテージになっているかを自分で計算できるわけです。そうすると、マルクスのいう剰余価値率、つまり搾取率がわかるので、搾取率の高くない企業を判別することができます。「その数値と労働条件の善し悪しの関連性が高いから調べなさい。きっと役に立つよ」といっているんです。トヨタの場合で一人当たり利潤と平均給与とが五分五分くらいです。従業員にやさしいといわれるような企業、たとえばサントリーなどは、もう少し労働分配率が高いこともわかります。それは数字が見えるので、その気になれば調べられるんですね。そこまでできれば学生は、「やっぱり少しでもましな条件のところで働きたい」と思うようになります。資本主義をひっくり返そうという発想にはなりませんが。

**若森**――他方で、大きな企業で働いて比較的高い賃金をもらっても、働く目的を上から与えられて従属的に働くことへの抵抗感があるようです。企業のなかで出世して地位を高くするよりも、自営して自分の人生を自分で管理したい、という



[▼61] 投資家向け情報のこと。具体的には、貸借対照表や損益計算書、キャッシュフロー計算書などの財務諸表をはじめとした、さまざまな経営指標のことをさす。

強い願望があります。この願望は就活に対する一種の抵抗感を生み出します。

**植村**――それこそ大手銀行に内定をもらっていても、学生は「本当は働きたくないんです」といいますね。地方で就職をしたい、あるいは地方で農業をやりたいという学生もいます。給料は低いけれども、自分の家があって、親戚がいて、友だちがいるということが、給料が低いことの代償になりうるということです。資本主義のなかでの生き方として、どちらが豊かなのか、考えてほしいと思います。

**若森**――「グローバル資本主義における階級闘争の消失と浮上」という命題をめぐって、多面的に熱く議論しました。個人的には、この章の討論を通じて、資本主義の階級関係（搾取関係）は私的所有権と密接に結びついていること、階級は階級闘争と不可分であることを改めて思いしらされました。資本主義に依存しない生き方、階級闘争なき階級論を超える、階級闘争の多様性など、いくつか新しい論点を提起できたのではないでしょうか。関連する議論は第6章に関する討論でやりましょう。

第5章

# 「資本主義の終わり」の始まりとオルタナティブ

WAKAMORI Fumitaka
若森章孝

# 1 「資本主義の終わり」をどのように考えるのか

## 新自由主義革命と経済的自由の確保

今日の二一世紀の資本主義は、対抗する原理を掲げた社会主義を打ち破ることによって、また、民主主義で資本主義経済の暴走を抑制する仕組みを後退させることによって、それを制約したり制限したりするものをすべて取り除き、最終的に勝利したように見えます。一九八九年のベルリンの壁崩壊後に起きた社会主義の解体と冷戦の終結という歴史的な出来事は、フランス革命が掲げた自由と平等という近代社会の二つの大きな原理のうち、自由を優先した資本主義が平等を優先させた社会主義に勝ったことを印象づけました。さらに、一九八〇年代前後から始まった新自由主義革命は、労働組合や地方自治体の力を弱体化させ政治領



［▼1］ Crouch, Colin（1944－）。イギリスの経済社会学者。ロンドン・スクール・オブ・エコノミクス、オックスフォード大学トリニティカレッジ、欧州大学

域における合意形成を縮減させて、民主主義が市場経済に介入する余地を著しく制限しました。市場経済の調整や政策決定は、社会の利害を代表する選挙の結果や社会運動から切り離されて、産業界の利害を代表する専門家（有識者）と政治家の交渉や、中央銀行などの専門的機関の決定に委ねられるようになりました。コリン・クラウチ[▼1]（二〇〇七年）がいうような「ポスト・デモクラシー」[▼2]の時代が出現したのです。今や資本主義は、自由の拡大という名のもとに長年の念願がかない、あらゆるものを商品化し、無制限に利潤を追求する経済的自由を手に入れたかに見えます。

にもかかわらず、勝利した資本主義は多くの緊張と難問を抱え、その前途には閉塞感が立ち込めています。アメリカや日本、ドイツ、フランス、イギリス、イタリアといった高度に工業化された資本主義は、経済成長率の永続的な低下、政府・家計・企業・金融機関における累積債務の増加、経済的不平等の拡大（端的には、失業や非正規雇用の増大）、という三つの長期的傾向に直面していますが、有効な打開策を見つけることができない状態が続いています。

### 成長率の永続的低下

先進国の経済成長は、図表5－1「日本の経済成長率の推移」にも見られる



院大学を経てウォーリック大学名誉教授。主な著書に、『現代の資本主義制度――グローバリズムと多様性』（山田鋭夫訳、NTT出版、二〇〇一年）、『ポスト・デモクラシー――格差拡大の政策を生む政治構造』（山口二郎ほか訳、青灯社、二〇〇七年）などがある。

[▼2] クラウチが作った用語で、議会制民主主義の形骸化（投票率の低下傾向、選挙結果と政策決定の切り離し）と労働組合の影響力の低下が進み、これに対応して、政治が企業の利益代表と政府の交渉によって決定されるようになった、一九八〇年代以降の体制のこと。資本主義と民主主義が両立する時代が終わった、という意味でも用いられる。

図表5-1　日本経済の成長率の推移

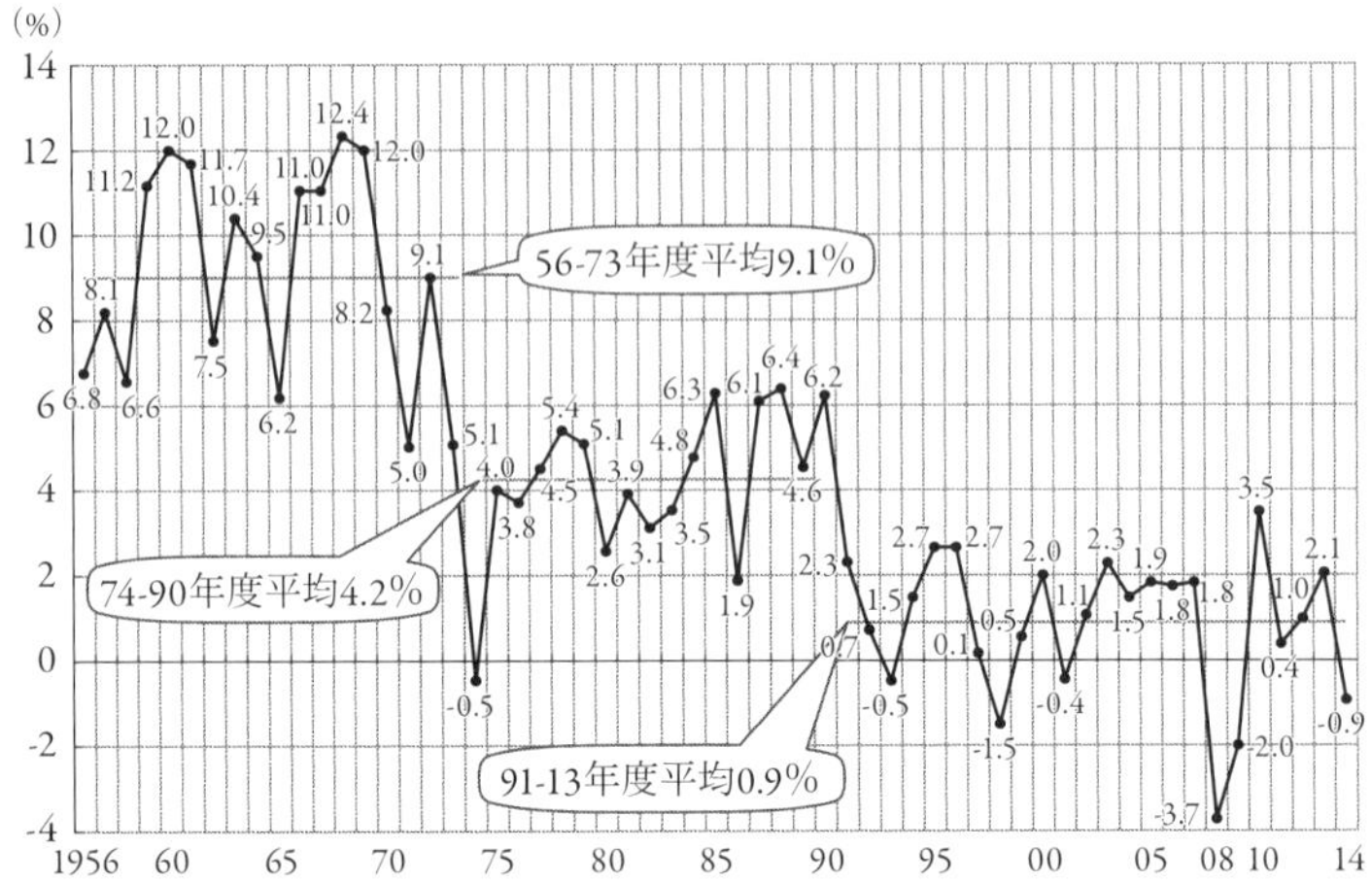


(注) 年度ベース。93SNA連鎖方式推計。平均は各年度数値の単純平均。1980年度以前は「平成12年版国民経済計算年報」(63SNAベース)、1981～94年度は年報(平成21年度確報)による。それ以降は、2015年1-3月期2次速報値〈2015年6月8日公表〉。
(資料) 内閣府SNAサイト。

ように、一九七〇年代初頭（一九七四年の第一次オイルショック）から低下し続け、二〇〇八年秋のアメリカ発の金融危機（リーマンショック）による世界金融恐慌によってよりいっそう低落しました。とくにEU諸国では、多くの国がマイナス成長やゼロ成長から抜け出ることができないでいます。

やや詳しく見ると、先進国（アメリカ、ドイツ、イギリス、フランス、イタリア、日本など）の実質GDP成長率は、高成長の時期である一九六〇年代の五・七％をピークに長期的な下落傾向にあり、二つのオイルショックを経験した一九七〇年代の四・二％、輸出競争が激化した一九八〇年代の三・二％、冷戦の終結とグローバル化の進行を経験した一九九〇年代の二・八％、ITバブルの崩壊と二〇〇八年秋以降の世界金融危機に見環われた二〇〇〇年代の一・八％というように、しばしばマイナス成長を記録しながら低下してきました。日本の成長率は高度成長期の一九五六〜一九七三年度の九・一％、低成長期の一九七四〜一九九〇年度の四・二％と先進国平均を大きく上回っていましたが、失われた二〇年といわれる一九九一〜二〇一三年度には先進国平均を下回る〇・九％にまで低下しました。

この四〇年間に先進各国では、生産の伸びよりも貿易の伸び、貿易の拡大よりも国境を超える金融取引の拡大が超スピードで進行する経済のグローバル化のもとで、経済活動と産業部門に占める金融部門の優越を意味する金融化（山田［二〇一二〕、知見〔二〇一二〕）が著しく進行しました〔▼3〕。

## 政府・企業・家計の負債の増大

このように資本主義的発展が金融化という形態をとるとともに、政府や企業、金融機関、家計の負債が急上昇しました。債務総額（対GDP比）の上位一〇カ国と各国の債務割合を示した図表5-2「先進各国の債務分布」によれば、債務総額（対GDP比）の大きさは、イギリス（九五〇％）、日本（六〇〇％）、ユーロ圏（四七五％）、スウェーデン（四五〇％）、ノルウェー（四五〇％）、スイス（三五〇％）、アメリカ（三二五％）、カナダ（三〇〇％）、ニュージーランド（二〇〇％）という順位です。政府債務は日本を別とすれば必ずしも大きくはなく、金融機関が各国の債務の最大の割合を占めています。対GDP比の家計債務も、ほとんどの国で一〇〇％を超えています。

二〇〇八年秋の金融危機とそれに続く経済危機から早く立ち直り、先進国のなかで比較的高い成長率を維持しているイギリス（二〇一三年度：一・七％、二〇一四年度：二・六％）について見れば、政府、金融機関、非金融機関、家計の負債を合計した総債務残高の対GDP比は九五〇％に達し、政府債務の比率は日本と比べて相対的に小さいとはいえ、金融機関の債務は対GDP比で六〇〇％となり、



〔▼3〕世界の金融資産（株式時価総額、債券発行残高、マネーサプライ）の対実物資産（名目GDP）に対する倍率は、一九九〇年の一・七倍から二〇〇七年の三・五倍に上昇しており、また、金融取引は株や証券、社債などの取引からなるが、二〇〇四年における金融取引は実物取引の八三倍に達した。アメリカ経済の金融化について見れば、金融取引総額の対GDP比は一九八〇年の六倍から二〇〇〇年の五二倍と急上昇しており、株式を保有する個人は一九七〇年の一六％から二〇〇五年の五〇％以上に達している。

図表5-2　先進各国の債務分布

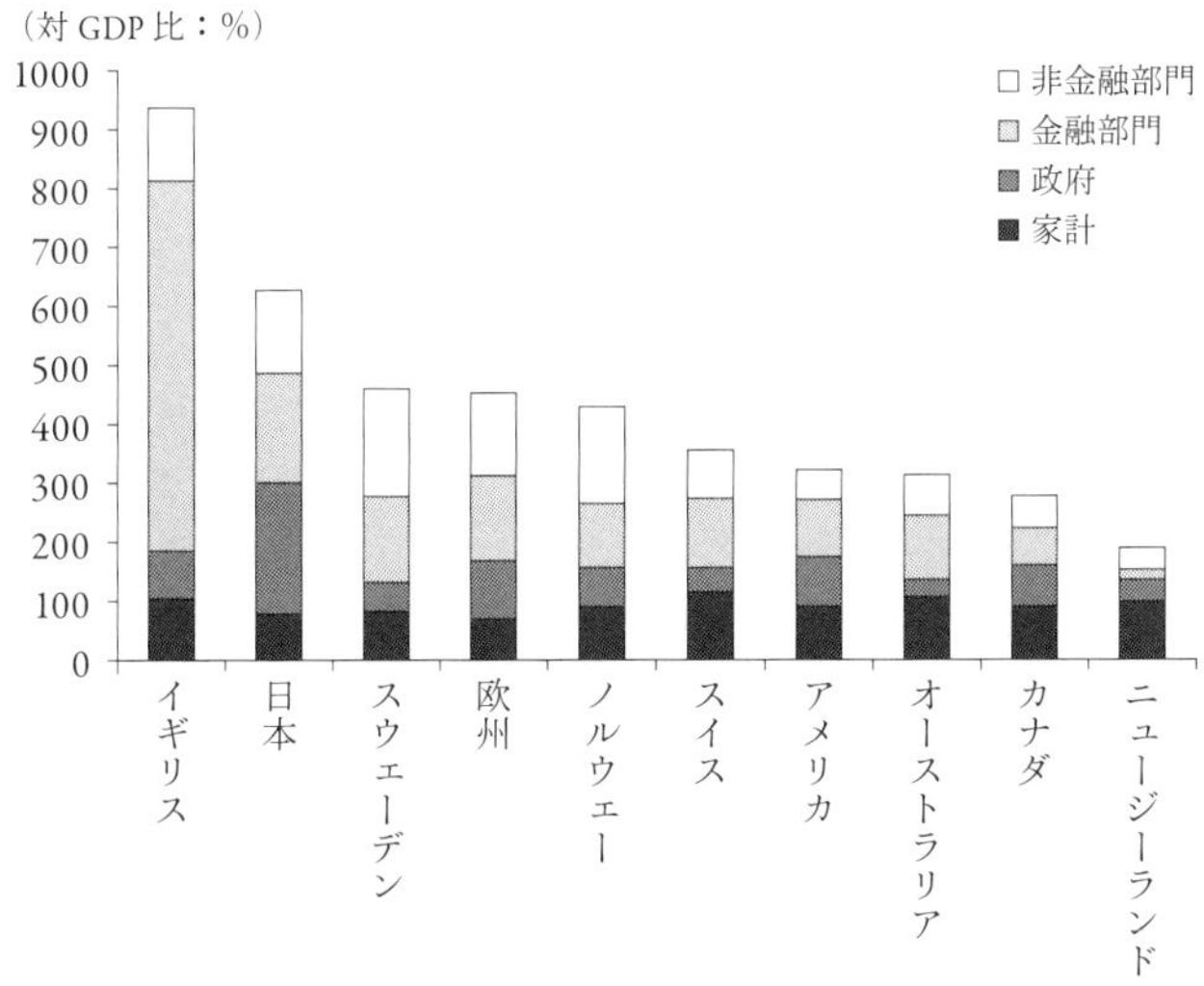


（出所）：Haver Analytics, Morgan Stanley Research, 2012.1.

異常な高さに達しています。

政府債務の上昇は先進国のなかでは日本、アメリカ、イギリスが大きく、二〇〇〇年から二〇一五年までに政府債務残高（対GDP比）はそれぞれ、一三六・一％から二三三・八％、四八・一％から一一〇・〇％、四四・一％から九七・六％へと上昇しました。このように負債依存の拡大が政府支出、家計支出、企業投資を促進し総需要を増大させることで経済成長が維持される、という負債依存型の成長体制はイギリスに限らず先進国に共通なものになっています。

## 経済的不平等の増大

また、経済的不平等の状態を示すジニ係数も一九九〇年代から急上昇し、二〇〇〇年代にさらに上昇しました。二〇一四年一二月に公表されたＯＥＣＤの「不平等と成長に関する報告書」（OECD [2014] Focus on Inequality and Growth,OECD December）によれば、大半のＯＥＣＤ諸国で一九八五年代から二〇一一年までのあいだに、最上位一〇％の所得層と最下位一〇％の所得層との格差が最大になりました。格差を測るジニ係数（完全な所得平等を示す〇から、一人が全所得を独占する一までの範囲）も上昇し、ＯＥＣＤ諸国のジニ係数はこの間に〇・二九（一九八五年）から〇・三二（二〇一一年）へと三ポイント上昇しました。データ入手可能なＯＥ

CD二一カ国のうち一六カ国で上昇し、そのうちアメリカ、フィンランド、スウェーデン、イスラエル、ニュージーランドの五カ国では五ポイント以上も上昇しましたが、フランス、ベルギー、オランダではほとんど変化はなく、ギリシャとトルコではやや低下しました。

注目すべきは、これらの長期的動向が相互に絡み合っていることです。生産性の改善の動機を減退させ国内需要を弱める不平等の増加は、成長を弱める要因の一つです。低成長は分配をめぐる紛争を強め、労働分配率を低下させることによって、経済的不平等を強めている。さらに、債務の増加は、経済成長の低下の阻止要因になっているよりも、賃金生活者や消費者が少くなった賃金や公共サービスの削減によって増大した経済的不平等を補うためにますます負債依存を強めざるをえない、という状態を示しています。政府や家計や企業の負債依存の高まりは低成長や経済的不平等の縮図になっている、ということもできます。

## 五つの慢性的な病状

ドイツの経済社会学者、ヴォルフガング・シュトレーク[▼4]の『資本主義はどのように終るのだろうか?』(Streeck [2016])によれば、新自由主義に主導される今日の資本主義は、その暴走や制限なき市場領域の拡大を抑制する対抗運動や

[▼4] Streeck, Wolfgang (1946－)。ドイツの社会学者。フランクフルト大学で社会学を専攻し、ビーレフェルト大学で大学教授資格取得。ウィスコンシン大学マディソン校を経て、マックス・プランク研究所所長、ケルン大学教授を兼任。国際的視野から資本主義社会における経済と政治の相互作用や民主主義の多様性について研究。

民主主義や社会的制度を後退させ、その勝利と成功によって飽くなき利潤追求とあらゆるものの商品化を推し進めることができるにもかかわらず、①経済停滞(stagnation)、②特権的富裕層への再分配（金持ち支配）、③公共領域の略奪、④道徳的腐敗、⑤グローバルな無秩序、という五つの慢性的な破損状態に陥っています。以下でそれぞれ解説してみましょう。

①経済停滞：一長期化する経済停滞の予測が流行しています。ロバート・ゴードン[▼5]は、非経済的要因（低成長と絡み合った不平等と政府・消費者の債務の増加を含む）によって低成長またはゼロ成長を予想しています。ラリー・サマーズ（クリントン大統領の金融規制緩和の設計者、オバマ大統領時代の最初の連邦準備制度理事長）は、新しい正常としての長期的停滞という予言を提唱し、予見しうる将来において、ゼロ金利が経済成長をもたらすことを諦めねばならないと主張しています。サマーズの主張は、クルーグマンを含む経済学者に支持されました。経済停滞論者によれば、不平等の増加と歩調を合わせているマイナス金利は投資を再活発化することに失敗することになります。

ケインズが主張したように、富裕層への所得の集中は有効需要を減少させ、資本所有者を実物経済の外にある投機的な利潤機会に誘導するのです。これは実際、一九八〇年代に始まった資本主義の金融化の原因の一つです。グ



［▼5］Gordon, Robert James（1940－）。アメリカの経済学者。ハーバード大学、シカゴ大学を経てノースウェスタン大学教授。専門はマクロ経済学、社会経済学。ニューケインジアン。

ローバル資本主義のパワーエリートは、ゼロ成長からの回復という名目で、中央銀行によって提供されるゼロ金利の通貨供給を甘受しているように見えます。これは、中央銀行によって提供される安い通貨による、投機的取引や金融機関が高利潤を稼ぐことを排除するものではありません。生まれつつある停滞経済は定常状態の経済とはまったく違うものです。というのも、成長が低下し、リスクが増加し、生き残るための闘争がますます激化しているからです。バブルの周期的発生をともなう経済低迷のシナリオは、おそらく万人の万人に対する闘争としてイメージされるでしょう。

②特権的富裕層への再分配：雇用や賃金の増加にかかわる生産的投資よりも投機的投資を促進することで、具体的には金持ち層や金融機関に公債や株式への投資による利殖機会を与えることで、富裕層への再分配を強め、ますます貧しくなっている社会から資産を収奪する手段になっています。

③公共領域の略奪：公共領域の略奪は、財政の削減や公共サービスの民営化を通じて行われます。この略奪は具体的には、一方では大企業や富裕層が政府からの減税を強奪することによって、他方では、それにより生じた財政赤字を抑制するために社会保障費や人的資本投資を削減することによって行われます。所得がトップの一％に集中するのに比例して、資本主義経済の公共領

域は委縮することになります。この過程は部分的には、公共投資が生産性に貢献し、社会統合が経済成長に寄与してきたにもかかわらず、民営化を通じて行われます。緊縮政策による財政の健全化は、経済成長を引き下げるにもかかわらず、社会に課せられてきました。これは、金持ち支配の経済が普通の人びとの経済から分離していること、富裕層は貧者を犠牲にして彼らの所得を最大化させることに対してもはや代償を支払わないことを示しています［▼6］。

④道徳的腐敗：経済活動の金融化が進み、資本主義が金儲け・増殖を自己目的として掲げるようになった結果、詐欺と堕落が蔓延し、単なる拝金主義や貪欲と資本主義の利潤動機とを区別することができなくなり、資本主義の道徳的堕落が顕著になりました。資本主義を貪欲と混同されることを防ごうとしたヴェーバーの試みは失敗し、資本主義を倫理的に擁護することは難しくなりました。二一世紀の資本主義的世界では、最後に残されている利殖機会をめぐる闘争は策略や欺瞞を伴って激しさを増し、世界的な規模での資産略奪合戦が展開されています。

⑤グローバルな無秩序：現代資本主義はグローバルな無秩序に苦しんでいます。というのも、アメリカがもはや安定した通貨体制を保障するという、グロー



［▼6］金融という産業では、法を曲げる革新と法を破る革新を区別できない、違法な活動による報酬は高い。エンロンとワールドコム以来、アメリカ経済では、詐欺・欺瞞と腐敗・堕落（corruption）が恒常的になった。

バル資本主義の中心としての役割を果たすことができないからです。通貨の安定は、貿易や国際資本移動にとっても、資本蓄積にとっても不可欠です。経済成果の低落や公的・私的な債務の増大、最近のいくつかの巨大な金融危機のために、基軸通貨としてのドルの機能は挑戦を受けています。それに代わりうる国際的な対案としての通貨バスケット制は、アメリカが自国通貨で世界から借金が可能であるという特権を手放すことができないために、実現されない状態が続いています。

## 資本主義の調整原理の喪失

資本主義には、中央銀行の異次元の金融緩和（インフレターゲット）や緊縮財政（財政健全化と社会保障費の削減）、あるいは法人税・累進税の引き下げぐらいしか生き残り策が残されていません。一％と九九％との対立という階級社会が生まれたということもできます。この五つの病は、資本主義経済の失敗からではなく、その成功から生じてきたものであり、資本主義が自ら生み出している自己崩壊の徴候であるのです。藤原［二〇一二］が報告しているように、大卒の二〇％が正規雇用、四〇％が非正規雇用、四〇％が失業というイタリアでは、資本主義に依存したり適合したりしない生き方をする人びとが四〇代で増えています。二一世紀の資本主義は、国家の介入や労働運動やさまざまな社会的合意形成の仕組みを縮小または根絶させることによって勝利を得ました。しかしこの勝利によりその無制限の拡大衝動を制限することで資本主義に規則性と安定をもたらし、資本主義を社会（多数の普通の市民）に適合させる調整の原理が失われたのです。

前記の五つの慢性的な病状は、資本主義の勝利のゆえに生まれたその自己崩壊の徴候です。二一世紀の資本主義には、冷戦時代の社会主義のような、とって代わりうる対抗的社会経済システムは存在しません。それゆえ、資本主義の崩壊後の新しいシステムを描くことはできません。資本主義が、解決策のない破損状態や腐敗を増殖させ、世界のいたるところで亀裂と紛争と階級的民族的対立を拡大させ、停滞と混乱と無秩序を生み出し続けていく崩壊の過程をたどっていくというシナリオ、あるいは、新しいものの誕生が見えないのに資本主義が朽ち果てていくようなプロセスを、現実的なものとして予想することができます。資本主義がいつ、どこで、どのように崩壊するか、予測することはできません。しかし、フランス革命やロシア革命（あるいは第二次世界大戦の終結宣言）から連想されるような事件や出来事としてではなく、過程として見るならば、資本主義は確実に崩壊過程に入っているのです。経済学、社会学、政治学を含む二一世紀の社会科学にとって、資本主義を始まりと終わりを持つ一つの歴史的現象として考察する姿勢が重要になっています。

## 2　世界システム論から見た資本主義の終焉

### 中核／半周辺／周辺の三層構造

イマニュエル・ウォーラーステインが提唱した資本主義的世界システム論によれば、史的システムとしての資本主義は、一六世紀に成立して以来、中核／反周辺／周辺という三地域間の垂直的な単一の世界的分業体制として発展してきました。利潤極大化をめざす諸資本の経済活動は、この世界的分業において統合されます。中核は、高利潤・高賃金・高度技術によって特徴づけられ、マルクスのいう「二重の意味で自由」な賃労働者の労働力を管理＝搾取している地域です。

周辺は、低利潤・低賃金・低技術によって特徴づけられ、各種の強制労働の諸形態（奴隷制、小作制、分益小作制、クーリー制度など）に基づいて一次産品を中核地域に輸出する地域です。

これら二つの地域の特徴を混在させる半周辺は、中核と周辺の直接対決を回避させる位置にあり、世界システムを安定させるうえで重要な役割を演じる地域なのです。「労働の調達、充用、再生産のあり方」を意味する労働管理様式から見るならば、資本主義世界経済の核心は、中核地域における賃労働(自由な労働)と半周辺・周辺地域における強制労働(不自由な労働)との結合にあります。彼によれば、周辺における強制労働は歴史的な残存物ではなく、世界システムとしての資本主義の本質的な構成要素です。いい換えれば、賃労働の利用(完全なプロレタリア化)は中核地域を特徴づける労働管理様式にすぎません。剰余は周辺から中核・半周辺へ、半周辺から中核へと下から上に一方的に移転されるので、システム内のあらゆる地域が同時に発展することは不可能です。中核の発展・開発と周辺の低開発状態という両極化が避けがたいわけです。

## 世界システムの構造変動

しかし、資本主義世界経済は、両極化という構造的不変性を伴いながらも静態的ではなく、世界的供給(個別的生産者の意志決定の関数)と世界的需要(各国の階級闘争に規定される所得分配の関数)との矛盾を通じて、拡大(A局面)と収縮(B局面)からなる約五〇年の長期波動を描きながら動態的に運動してきました。拡大が生じるのは世界の総生産が世界の総需要よりも少ないときであり、収縮が生じるのは世界の総生産が世界の総需要を上回るときです。

ここで重要なことは、世界システムが内包的にも外延的にも拡大し、中核／半周辺／周辺の三層への諸地域の編入に大きな変化が生じるような「大変動」が、拡大局面ではなく収縮局面に発生する可能性が高いということです。なぜなら、中核地域の支配的資本は、世界経済の収縮局面で、不況脱出戦略として労働者階級の一層の商品化（女性を含む世帯構成員の労働力の商品化、各種の自営業者・小商品生産者の賃労働者への転化）により賃金購買力＝世界需要を増加させますが、この実質賃金の増加は利潤率の低下に結果し、それゆえ、中核地域の資本は利潤率の低下を防ぐために、高賃金の地域から低労働コストの地域に産業を移転すると同時に、未開拓の地域を周辺として世界システムに組み込むことによって新規の強制労働を利用しようとするからです。要するに、資本主義世界システムは、中核地域で内包的に発展するだけでなく、周辺や半周辺に属する地域において新たに拡大することで、外延的にも拡大するのです。

## ヘゲモニー国家の歴史的変遷

このような世界システムの構造変動を政治的に表現するのが、国家間システムにおけるヘゲモニー国家の勃興・優越・没落という歴史的変遷です。ヘゲモニーは何よりも、農業・工業、商業、金融の三つの経済領域における優越性に依拠しています。経済領域の一つ、たとえば農業・工業の優位性が失われれば、ヘゲモニー状態は成立しなくなります。それゆえ、ヘゲモニー国家の地位は永久不変ではなく歴史的な変化を免れません。一七世紀中ごろのオランダ、一九世紀中ごろのイギリス（パクス・ブリタニカ）、二〇世紀後半のアメリカというように、世界システムが構造変動するとともにヘゲモニー国家は歴史的に変遷してきたのです。

## 新たな周辺の枯渇と世界システムの終わり

中核の高利潤・高賃金は周辺・半周辺からの剰余の移転・収奪に依存しているので、一部の周辺地域が半周辺化し半周辺の一部が中核化し、周辺に編入される未開拓の地域が枯渇すれば、利潤率は漸進的に低下し世界システムは終わりに接近していくことになります。今日のグローバリゼーションの進展は、世界システムから収奪可能な未開拓な地域が限界に達して、世界システムとしての資本主義の中核が維持困難になっていることを示しています。

たとえば、水野和夫は『資本主義の終焉と歴史の危機』（水野［二〇一四］）において、先進各国の国債利回り（利子率）が一九七四年を頂点として低下し始め、長期的な利潤率の指標となる利子率（具体的には一〇年国債の利子率）が一九七四年のオイルショック以来低下を続け、日本の場合、一九九七年から二・〇％以下という超低金利が二〇年近く続いていること、アメリカやドイツの国債の利子率も二〇〇八年秋の金融危機後にしばしば二％を下回るようになっていることを指摘します。そして、低い利潤率の長期化を、資本主義が設備投資によって十分な利潤を生み出すことができなくなった異常状態への突入として、「資本主義の終わりの始まり」として認識する視点を打ち出し、アメリカ主導の金融化の進行（電子・金融空間に利潤機会を求める金融帝国化）を「資本主義が崩壊しつつあるのに続けようとしている状態」と把握しています。中核地域の内部における非正規雇用の増大（二〇一三年の総務省就業構造基本調査によれば、日本の非正規雇用労働者は二〇四三万人で、労働者全体の三八・二％に当たる）は、資本主義世界経済が未開拓の地域を枯渇させ新たな周辺を外部に作り出すことができなくなったために、周辺を中核地域の内部に作り出さねば生き残ることができない事態を示していることになります。資本主義は中核を構成する諸国家の内部に中心／周辺関係を作り出す必要に迫られているので、中核の中間層と労働者は、今後、新しい周辺の役割を果たすべくますます周辺化されていくことが予想されます。

## 混沌と無秩序に突入する世界システム

ウォーラーステインは、一九九五年に刊行された『アフター・リベラリズム――近代世界システムを支えたイデオロギーの終焉』（原著［一九九五］、日本語訳［二〇〇〇］松岡利道訳、藤原書店）のなかで、冷戦と世界システムにおけるアメリカのヘゲモニー（覇権）が終わった一九九〇年代を、一九六八年から一九七三年に始まる長期波動の下降・収縮局面の最終段階として理解したうえで、二〇〇〇年から二〇二五年までの長期波動の上昇・拡大局面を、日米同盟とEUとの覇権争い、南から北への移民圧力の増大、中核地域の中間層の減少と没落、エコロジー的基盤の弱体化、周辺的労働力の枯渇による生産コストの上昇と利潤率の低下、普通の人びとに進歩と改良という夢を与えるイデオロギーとしてのリベラリズム（リベラリズムは世界システムの地政文化として、フランス革命以来、無際限の資本蓄積の要求と普通の人びとの平等化・民主化要求とを調整する役割を果たしてきた）の衰退として展望しています。

次に彼は、二〇二五年から二〇五〇年までの長期波動の下降局面を、国内秩序を維持するという国家の能力の低下、社会的混乱と（犯罪の増加というよりも）内戦状態の激化、人びとのエスニック的・宗教的集団への依存拡大、核拡散と地域的戦術核戦争、南北間の移民の拡大、南側同士の戦争（イラン・イラク戦争や湾岸危機のような）の増大と南北間の小戦争（アメリカのイラク進攻のような）、世界的な流行病といった、混沌と無秩序の時代に突入するものとしてイメージしています。

## 新しいシステムのタイプ

そして彼は、二〇五〇年または二〇七五年には、われわれは資本主義世界経済のなかには生きておらず、ある新しい史的システムのなかに生きることになるだろうが、新しいシステムのあり方は混沌の時代を生きるわれわれの政治的・知的な闘いに依存する、と考えています（ウォーラーステイン［一九九七］四五－七六頁）。

ウォーラーステインは、資本主義世界経済にとって代わる新しいシステムのタイプとして、『史的システムとしての資本主義』の末尾において、①一種の新封建制（自給自足的な性格を持つ諸地域、地方別の階層秩序）、②一種の民主的ファシズム（ヒトラーの新世界秩序のビジョンのような、高度に平等主義的な分配が保障される上の階層［二〇％］と残りの八〇％の労働プロレタリアートとのカースト的階層制）、③高度に分権化され高度に平等化された世界秩序、という三つのタイプがありうることを展望し、三つの歴史的選択のどれを選ぶかは、二〇〇〇年から二〇五〇年までの「きたるべき五〇年間に、われわれが世界的集団としてどのように行動するかにかかっている」と述べています（ウォーラーステイン［一九九七］一三〇－一三三頁）。

## 3　負債道徳による九九%の支配と絆としての負債

### 負債依存型の成長体制

先に見たように、政府、金融機関、家計、非金融機関の負債増大によって経済成長が維持されるという負債依存型の成長体制は、先進国に共通なものになっています。アメリカやイギリスをはじめとする多くの国で、実質賃金は増加せず低下傾向にあり、家計債務の増加が個人支出を増加させ経済成長を支えています。このような家計債務依存の経済成長のもとでは、ますます多くの人が住宅ローン、自動車ローン、学生ローン、医療ローン、クレジットカードによる借入などによる負債を背負い込まずに普通の暮らしを維持することができなくなっていきます。ネグリとハートが二〇一二年に公刊された『宣言』で指摘したように、「今日、借金を負うことは、社会生活をおくるうえで、一般的な条件になりつつある。……社会のセイフティネットは『福祉』システムから『負債による福祉(デットフェア)』システムへと移行したのである。借金＝貸付が社会的ニーズを満たす主要手段となったからである」(ネグリ・ハート［二〇一四］二五頁)。

ここできわめて不思議な事態があります。債務の返済を債務の増大で解決する手法は無際限に続けられず、周期的に債務不履行と金融危機が負債依存型経済を見舞うことになりますが、負債を背負ったものという点では各国政府や金融機関と家計は同じであるのに、前者の大きな負債は減免されたり国際機関や公的機関によって肩代わりされ、後者には神聖な債務返済の義務が強要される、ということです。たとえば、二〇〇八年秋の住宅バブルの崩壊によって引き起こされた金融危機に際して、アメリカ政府は「大きすぎて潰せない」という理由で、これまで債務を負う人びとに債務返済を強要してきた世界最大手の保険会社、アメリカン・インターナショナル・グループ（AIG）などの巨大金融機関を救済するために、七〇〇〇億ドル（約七〇兆円）の公的資金を投入しました。デヴィッド・グレーバーは、二〇一一年に刊行された『負債――最初の5000年』（Graeber [2011]）において負債の観念そのものを問い直し、歴史を振り返って、富裕者層や政府が借りた負債は常に政治や交渉で弾力的に調整され、減免や債務帳消しによって救済されてきたのに対し、貧乏人の負債の返済は神聖な義務として扱われてきたことを明らかにしました。そして、社会的危機を招くような金融危機の際には、「借りたものは返済しなければならない」という負債の道徳を破棄して、負債に対し政治的な判断によって柔軟に対応することが可能であり、そうすべきである、という認識を示しました。

### 負債の道徳

グレーバーは、負債の道徳が社会的規範として妥当し債務を負う人びとの内面を支配する根拠について、負債の定義から明らかにしようとします。彼は負債を次のように定義します。

「私たちが『負債』と呼ぶものは、それが支払われうるからであり、平等性が回復されうるからである」(ibid., p. 121)。

つまり、負債は、法的に対等で平等な関係と、負債により一時的に失われる平等な状態を回復する手段が存在する関係を前提としています(不平等な状況を救済する道が考えられないような借入や貸付なら、それを負債と呼ぶことはできないのです)。債権者と債務者の関係という、強制的な取り立てを含む階層性の論理が持続するのは、負債が未払いにとどまる期間のあいだです。債務を負うものは、返済を完遂するまで、債権者に対して経済的にも法的にも道徳的にも劣位な立場に置かれ、負い目を背負う存在となります。ここから、「借りたものは返済しなければならない」という負債の道徳が生じるのです(若森[二〇一四])。

債務者は負債を完遂すれば最初の対等な地位を回復することができるという

信念から、可能なかぎり返済の義務を果たそうとします。そして、債務不履行の行為は社会的に許されない犯罪行為のように見なされるようになり、負債の道徳が強化されることになります。この返済の義務という負債の道徳が勤労の義務と同じような社会的規範として作用することによって、ウォール街に代表される金融業界や金融機関に対する九九％の人びとの従属的関係が作り出され、維持されているわけです。世界銀行やＩＭＦなどの国際機関と各国の金融機関は、劣位な立場にある債務者や債務国を保護するためではなく、債権者の権利を保護し代弁するために機能する存在になっているのです。

## 負債による支配からの解放

ではどうすれば、負債を負うものは債権・債務関係という従属的な拘束から脱することができるのでしょうか。グレーバーによれば、債務者の階層的な社会関係からの解放は、支払わねばならないのは負債の「すべて」ではなく、そのある部分であることに債務者自身が自覚することから始まります。というのは、債務者が返済しなければならない負債の限度を決めることは、人間の社会にとって、経済問題というよりも道徳的および政治的テーマにほかならないからです。

また、高利のために負債がますます増加し返済の完遂が不可能な負債を負う人びとや、失業や低賃金や病気のために債務の返済を続けることができない人びとにとって、彼らの背負う負債はすでに「不平等な状況を回復する可能性が考えられないような借入や貸付」となっており、もはやそれを負債と呼ぶことはできないからです。

グレーバーは人類学が示す政治的結論として、債務の返済猶予や一定の債務不履行を認めたり、累積的な負債を減免したり帳消しにしたりする「贈与の道徳」を提唱します。贈与の道徳の提唱には、人びとの相互依存関係や協力関係を破壊するまでに膨れ上がり社会を疲弊させている負債を大幅に縮小させ、人びとが生きる上でお互いに負っている負債を自覚することで社会を根底から変える力を呼び覚ますというねらいがあるのです。

## 不当債務の概念

また、債務による支配から解放を助ける方法として、不当債務（odious debt）の概念が注目されています。不当債務は一九二七年にロシア人、アレクサンダー・サック[▼7]によって提唱された概念で、国家は債務が三つの条件を満たすならば、不当債務としてその返済を拒絶できるという考え方です。三つの条件とは、①独裁体制の場合のように、政府が国民の承認なしに融資を受けた場合、②融資され



［▼7］Nahom, Alexander Sack 帝政ロシア時代の元大臣で、一九一七年のロシア革命後は法律学者として活躍した。

た資金が国民の利益に反する用途（外国からの武器購入など）に使用された場合、③貸し手側がこのような状況を知って貸した場合、というものです。このような不当債務を拒絶した史実として、一九世紀末のアメリカ・スペイン戦争[▼8]（一八九八年）の結果、勝利したアメリカの事実上の保護国となったキューバが、スペイン植民地時代の膨大な債務の返済を拒絶した先例があります。

最近では、過去の独裁政権が先進国の企業と結託して推し進めたインフラ投資で背負った債務[▼9]の七〇％を不当債務と認め、その支払い停止を宣言したエクアドルの事例があります。二〇〇七年に大統領に就任したラファエル・コレアは、国家予算の約五〇％（石油輸出代金のほとんど）が債務の返済を通じて先進国に吸い上げられ、国民には何も残らないような借金漬け状態から脱却する方法として、不当債務を拒絶することを選んだのです。

そして、アメリカを中心とする融資各国は、二〇〇三年三月のイラク戦争開始後一カ月で崩壊したフセイン政権後の新生イラクが負った債務の大幅減額（八〇％削減）に応じましたが、これは事実上、不当債務の拒絶の事例に入れることができるでしょう。ギリシャの債務問題についても、調査を通じて不当債務が多く含まれていることがわかれば返済を拒否すべきである、という主張が強くなっていくと思われます。



[▼8] 一八九八年、スペイン領キューバの独立戦争に介入したアメリカとスペインの戦争。アメリカ国が勝利を収め、キューバはスペインから独立した。

[▼9] 途上国を不当債務によって借金漬けにして、途上国の富を先進国の企業や銀行に吸い上げる仲介者はエコノミック・ヒットマンと呼ばれている。エコノミック・ヒットマンは、石油などの資源をもつ途上国の政治指導者にエコノミストという肩書で「世界銀行からの融資による経済開発事業」を働きかけるが、融資された資金は国民の利害に反して先進国の企業に流れるだけで、国民には膨大な債務だけが残ることになる。

## 債務帳消しのプロジェクト

グレーバーも参加した「ウォール街を占拠せよ」という、二〇一一年九月一七日から始まり約二カ月にわたって続いたデモは、負債を背負った若者や学生、労働組合員や失業者、アーティストやミュージシャンなどの一般の人びと（九九％）が、金融危機に際して政府の公的支援によって救済されながら、一般の人びとに対して「負債の道徳」を説く金融機関と富裕層（一％）に抗議する運動として展開されました。ウォール街占拠に参加した活動団体、ストライキ・デット（負債を打倒せよ）によって、二〇一二年、ローリング・ジュビリー（Jubileeは、旧約聖書レビ記の「ヨベルの年」に由来する、負債のために売り渡した土地が無償で戻される五〇年ごとの大恩赦のこと）という債務帳消しプロジェクトが開始されました。このプロジェクトは、銀行が不良債権を債権回収業者に安価で売り渡し、次に債権回収業者が債務者から債務の全額を回収しようとする仕組みに抗議して、回収業者の手に渡る前に債権を安く買い上げ（債権一ドル当たり数セントで買い上げることができる）負債を帳消しにしようとする運動です。ウォール街占拠運動から生まれたストライキ・デットは、経済の金融化によって全般化されて普通の人びとを孤立させる装置となっている負債を、九九％を結びつけるきずなに転換することを提案します。ストライク・デットの宣言文は次のように述べています。

「負債は九九％を結びつける絆だ。停滞する賃金、構造的な失業、公共サービスの縮減によって、私たちは基本的な生活費のために借金を負い、そうして私たちの将来を銀行にゆだねざるを得なくなっている。負債は、私たちを孤立させ、恥や恐れを感じさせようとするウォール街の利益と権力の源泉である。直接行動や研究教育、そしてアートを用いることで、オルタナティブを想像し創造しながら、私たちは共同してこの不正なシステムに挑戦する。私たちは、一％に対してではなく、自分たちの友人や家族、コミュニティに対して恩恵や責任を負うような経済を望んでいるのである」（樹本［二〇一四］一一一頁）。

## 4　グローバル化に対抗するコミュニティ——互酬と再分配

### コミュニティの破綻

経済のグローバリゼーションが進行するなかで資本主義は、一九世紀初頭の産業革命期や第一次世界大戦後の緊縮財政期を上回る規模で、人びとの暮らしや自然環境、それらを保護してきたコミュニティ（共同性）に対して破壊的な影響を及ぼしています。今日のコミュニティへの関心の高まりには、このようなグローバル資本主義の破壊的影響があります。

コミュニティの問題をグローバリゼーションの文脈でいち早く取り上げたのは社会学者です。ジグムント・バウマン［▼10］は二〇〇一年に刊行された『コミュニティ』（バウマン［二〇〇八］）のなかで、人びとが「コミュニティ」という今日では失われた楽園をなぜ熱心に探し求めているかを問い、その理由を、人びとが巻き込まれている不安に求めています。

> 「流動的で予測できない世界、すなわち規制緩和が進み、弾力的で、競争的で、特有の不確実性をもつ世界に、わたしたちはみなすっかり浸っているのだが、それぞれ個々別々に己れの不安にさいなまれている。つまりは私的な問題として、個々の失敗の結果……として、不安に見舞われるのである。……わたしたちは、システムの矛盾に対して、伝記的な［個人一人ひとりの］解決策を探し出すように求められている。わたしたちは、人と困難を共有しながらも、自分一人の救済策を探すことになるのである。……さらに言えば、この個人的な基地や技量への後退こそがと願う不安をこの世



［▼10］Bauman, Zygmunt（1925－2017）。ポーランド出身の社会学者。英・リーズ大学およびワルシャワ大学名誉教授。主な著書に、『幸福論――〝生きづらい〟時代の社会学』（高橋良輔・開内文乃訳、作品社、二〇〇九年）、『リキッド化する世界の文化論』（伊藤茂訳、青土社、二〇一四年）などがある。

［▼11］Delanty, Gerard（1960－）。イギリスの社会学者。ユニバーシティ・カレッジ・コーク、リヴァプール大学を経てサセックス大学教授。おもな著書に『グローバル時代のシティズンシップ――新しい社会理論の地平』（佐藤康行訳、日本経済評論社、二〇〇四年）、『コミュニティ

界に注入しているのである」（バウマン［二〇〇八］一九八頁）。

## コミュニティ概念の再定義

また、ジェラード・デランティ[▼11]は、コミュニティの概念をグローバリゼーションの文脈のなかで再定義することを試みた、二〇〇三年刊行の『コミュニティ』（デランティ［二〇〇六］）のなかで、共同体（コミュニティ）と社会（ソサエティ）の関係について議論した古典的文献、フェルディナント・テンニース[▼12]の『共同体と社会（ゲマインシャフトとゲゼルシャフト）』（一八八七年）やエミール・デュルケム[▼13]の『社会分業論』（一八九三年）に立ち返ります。そして、議論の対象となるのは、閉鎖的で個人を拘束するような伝統的なコミュニティ概念ではなく、脱伝統的なコミュニティ（あるいは近代社会に固有なコミュニティの問題）であることを指摘したうえで、帰属についての新しい可能性が生まれていることを強調します。

「グローバル化時代としての現代社会におけるコミュニティの紐帯や文化的構造は——工業社会や伝統社会とは逆に——宗教、ナショナリズム、エスニシティ、ライフスタイル、ジェンダーを基礎にしており、数多くの帰属についての可能性を切り開いてきた。……コミュニティの永続性は、何



——グローバル化と社会理論の変容』（山之内靖・伊藤茂訳、NTT出版、二〇〇六年）などがある。

[▼12] Tönnies, Ferdinand（1855–1936）。ドイツの社会学者。社会を共同社会（ゲマインシャフト）と利益社会（ゲゼルシャフト）に分類。現代社会は、人間同士の有機的統一を欠いたゲゼルシャフトであるとし、協同組合にゲマインシャフトの復活を託した。

[▼13] Durkheim, Émile（1858–1917）。フランスの社会学者。社会学の分析対象は、個人の行為や考え方を拘束する全体社会に共有された習慣や思考の様式（集合意識）としての「社会的事実」であることを明

よりも、次第に不安定性を増す世界という文脈の下にあって帰属のあり方について語り合う能力にかかっている。その意味で、帰属としてのコミュニティは、制度的な構造、空間、ましてや象徴的な意味形態などではなく、対話的なプロセスの中で構築されるものである」（デランティ［二〇〇六］二六一頁）。

ここで、デランティは、帰属についての経験と帰属感が多様なコミュニケーションへの参加によって生み出されることに重点を置いて、従来のコミュニティ論が帰属感や社会組織（家族、親族、階級）と場所とを混同してきたことを批判し、新しい帰属ときずなを提供するものとして対話的コミュニティ論を提唱しています。

しかし、バウマンも指摘するように、今日建設されるコミュニティは、しばしば盗難警報機や防御壁、守衛によって守られた「安全のためのコミュニティ」（ゲーテッドコミュニティと呼ばれる、富裕者層が住む壁で隔てられたコミュニティ）のように、不安の根源を直視するのではなく、そこから注意とエネルギーをそらすだけに終わっています（バウマン［二〇〇八］一九四―一九五、二〇三頁）。また、デランティも認めているように、対話的コミュニティは「帰属の感覚を提供することによっ



示することによって、方法論的集団主義に立脚する総合的社会学を確立した。

て、寄る辺なさや不安定性の経験に対する中和剤となっているが、その一方で、結局のところグローバリゼーションの力に抗することができない」(デランティ[二〇〇六]二七二頁)のです。

それゆえ、不安の高まりやそれを和らげる帰属感の提供といったポストモダン的なコミュニティ論を超えるには、不安の原因に立ち入ってコミュニティ再生への期待の高まりの理由を理解しなければなりません。

**コミュニティ再生への期待**

そこには、四つの理由が考えられます。第一に、人びとは急速にグローバル化する世界のなかで、ますます強まる相互依存関係にあり、この相互依存関係のゆえに誰一人として自分で自分の運命を決めることはできません。相互依存関係の高まりは人びとの制御を超える非人格的な諸力として、失業や倒産、産業の衰退や技能・資格の陳腐化というかたちで襲ってきます。このような相互依存関係の強化から生じる諸力を制御するという課題は、共同的にしか対応できないものなのです(バウマン[二〇〇八]二〇四頁)。

第二に、グローバリゼーションが諸個人の制御を超える相互依存関係の強化を生み出しているにもかかわらず、リスクとチャンスをともなうこの新しい事態に対し諸個人は自力で自己責任において適応し対応すべきである、という新自由主義の論法が世論とマスコミを支配しています。人びとは、経済環境の変化に適応することを求められる「耐え忍ぶ自由」を、耐え難い負荷として感じています。この新自由主義の論法に対抗する戦略として、コミュニティの再生が提唱されているのです。

第三に、資本主義と市場経済の破壊的影響によって雇用や所得、人びとの暮らしや生活環境が悪化しているのに、国家は再分配の機能を通じて市場経済による分配の歪みを是正することができず、社会保障や教育の機会均等保障も後退させているために、国家への不信と不満が高まっている、ということがあります。人びとは、市場と国家に代わりうるものとして、自分たちの手によるコミュニティの再生を模索しているのです（伊豫谷・斉藤・吉原［二〇一三］）。

第四に、現代の日本の文脈では、これまで人びとの福祉と安心を支えてきた企業（長期雇用）と家族（子育てや介護といった家族福祉）が不安定化（部分的崩壊）してきている、ということがあります。企業や家族に代わるべき制度と政策対応が欠けているなかで、地方や地域におけるコミュニティの再生が期待されています。

要するに、経済的な相互依存関係とつながりが強まった一方で、それに見合った連帯の形や共同性の感情が育っていない、というグローバリゼーションが作り出した現実を背景として、コミュニティのあり方とその再生が議論されているのです。

## 現行システムに依存しないコミュニティの実験

コミュニティの再生を社会システムとして考え直すことは簡単なことではありませんが、企業や銀行、行政機関、あるいはそれらが構成する現行の経済システムに依存することを止め、自分たちで生き延びる試みとしてのコミュニティに注目すると、生きる希望を与えてくれるコミュニティの設立が多く存在することが見えてきます。大阪の十三にある第七芸術劇場で私が最近観た『アラヤシキの住民たち』（本橋成一監督）では、長野県小谷村にある共働学舎の集団的生活を取り上げ、競争社会よりも協力社会の方が生きやすいことが描かれていました。高橋源一郎と辻信一の対談集『弱さの思想』（高橋・辻［二〇一四］）も、精神障害を抱えた当事者の生活者共同体、働く場としての共同体、ケア共同体という三つの性格を持つ、北海道浦河にある社会福祉法人「べテルの家」、脱原発運動を展開する祝島の人びとの暮らし方、日本で最初に子どもホスピスを開設した東淀川病院の経験、現代美術家の佐藤夫妻が志摩半島に作った、ダウン症の子どもたちが絵を描いたり働いたりできる施設「エレマン・プレザン」、静岡県富士市にある重症度心身障がい児の施設「でら～と」、試験や学年制のない「きのくに子ども村学園」のカリキュラムなど、小さなコミュニティを作る営みを伝えています。このような利他的な試みが日本の多くの場所で日夜営み続けられていると思われます。

## 互酬と再分配の新しい同盟

では、既成の資本主義的市場システムに依存しないで、その破壊的影響に対抗しうるコミュニティを構想できるのでしょうか。ここで手がかりとなるのが、『大転換――市場社会の形成と崩壊』（ポランニー〔二〇〇九〕）の著者として知られているカール・ポランニーの経済社会学です。彼は「社会における経済の位置とその変化」という晩年の研究プロジェクトにおいて、人類学と経済史の実例から、互酬（必要な財・サービスと負担・コストの分かち合い）、再分配、交換という経済行為の三つのパターンを検出し、これまでの大部分の時代の経済では、互酬と再分配の組み合わせが支配的で交換は副次的な要素であったのに対し、一九世紀初頭の産業革命を通じて生まれた市場社会では、交換が支配的な経済パターンで、互酬と再分配は副次的な要素になっていることを明らかにしました（若森みどり〔二〇一五〕）。そして、一九二九年の大恐慌とそれに続く一九三〇年代の世界経済の崩壊期におけるアメリカのニューディールや、「ケインズ主義なきケインズ政策」を実施したスウェーデンの経験を踏まえて、民主的政治に市場経済が従うという条件のもとで互酬と再分配の新しい同盟が交換を制御するような社会経済システムを構想しています。また、井手英策は財政社会学の立場から、これまで国家財政が再分配を、地方財政が互酬性を担ってきた経緯を踏まえて、今日の課題を引受けることができるような互酬と再分配の新たな同盟による公共性の再建について提唱しています（井手［二〇一五］）。

## 5　二一世紀の社会民主主義の可能性

### 社会民主主義の政策理念

井手が財政学の立場から提唱する互酬性（地方財政）と再分配（国家財政）の新たな同盟による公共性の再建は、社会経済システムとして考えるならば、一九八〇年代からのグローバリゼーションの進展によって影響力を失った社会民主主義の再生といい換えることができる、と私は考えています。社会民主主義は、一九三〇年代の世界経済危機の時期にスウェーデンで開花した政策思想で、失業や貧困、経済恐慌といった資本主義の害悪を民主主義によって抑制・緩和しながら、二〇世紀の根本問題である、資本主義、民主主義、社会的安定（社会的連帯）のあいだの緊張関係を解決しようとする政治思想であり、それに基づく社会経済システムです（Berman〔2011〕）。資本の国際移動を制限し、各国が完全雇用政策を追求する政策余地を確保していたブレトンウッズ体制が崩壊して、国際資本移動の増加と国際競争の激化、国家による企業活動の規制緩和、寛大な福祉国家の後退が進むグローバリゼーションの文脈では、社会民主主義は確かに困難に直面しています。社会民主主義はもはや時代遅れだ、という見方が流布していますが、そのような通説に反して、北欧の社会民主主義諸国の社会経済（スウェーデン・モデル）は生き残っています。高い経済競争力、高福祉（低い貧困率、小さな格差）、民主主義（高い得票率、高い労組加盟率、高い教育力、ジェンダー平等）が両立しているのです。

社会民主主義は時代遅れだという通説を打破するには、社会民主主義再生の前提として、その固有の基礎原理を再発見する必要があります。社会民主主義は、資本主義的市場経済は適切な管理がなければ暴走しさまざまな社会的経済的害悪をもたらすが、適切な規制があれば大きなプラスを生み出す、という政策思想です。それは西ヨーロッパのもっとも成功した時期（一九四五年以後の社会政治的秩序）の核心にあるものです（Berman〔1998〕）。ヨーロッパ諸国には、物的豊かさを生み出す資本主義を、機能する民主主義と社会の安定に結びつけることに成功した経験があります。日本も、ある程度までこのような社会民主主義的経験をしました。しかし、最近の二〇～三〇年のあいだに、社会民主主義の成功体験はマスコミや政治家、普通の人びとの記憶から忘れられてしまったように見えます。新自由主義的資本主義が民主主義と福祉国家を後退させ、失業や雇用不安、格差拡大や貧困層の増加といった、資本主義によって生み出された苦難を解決する唯一の方法として、構造改革によるさらなる市場社会化（市場全体主義）の推進が提唱されている二一世紀初頭の今日、私たちは、社会民主主義者だけが資本主義、民主主義、社会の安定の両立のための原理と戦略を提起し、それを歴史的達成に成功したことを想起する必要があると思います。

## ブレアの「第三の道」の失敗

新自由主義的グローバリゼーションと民主主義や各国の生活様式の多様性が対立する状況において、社会民主主義は、国民を資本主義の破壊的影響から保護する機能を維持するかぎりでのみ、存在価値を発揮できます。一九九〇年代の末に政権に就いたイギリス労働党のブレアは、サッチャーの新自由主義と従来の伝統的社会民主主義とのあいだの「第三の道」を提唱し、日本を含め世界的に大きな影響を与えましたが、この「第三の道」の理論は、社会民主主義のコアの原理が、民主的政治の優位性と、獲得した政治権力を民主的に用いて資本と市場の経済諸力を集団主義的善のためにに奉仕させることにあることを、理解していませんでした（Berman［2006］）。それは効率を最重要視して、市場の諸力をより根本的な社会的目標の達成に方向づける必要性を拒絶し、市場と利潤追求の原理への挑戦を避けました。しかし、効率は、社会民主主義にとってただ一つの重要な基準ではないのです。

第三の道はしばしば誤解されていますが、西欧の社会民主主義の系譜に入らないと思っています。人間の顔をした資本主義、やさしい資本主義という議論は、第二次世界大戦後の秩序の根本にある起動力と原理（資本主義、民主主義、社会の安定性の両立）を誤解しています。社会民主主義の目標は、やさしい資本主義をつくることではなく、「市場の社会的政治的生活への衝撃をできるかぎり制限すること、抑制すること」にあります。それは、資本主義制度に固有な傾向（市場の範囲と射程の拡大）に対抗し、脱商品化を押し進めるものです。雇用不安や格差の拡大を新自由主義的な労働市場改革（福祉依存から労働による自立へ）によって解決しようとした第三の道の失敗によって、社会民主主義は北欧以外のヨーロッパ諸国で政治的影響力を失いました。

## 二一世紀の社会民主主義の条件

二一世紀の社会民主主義が新自由主義に対するオルタナティブになるためには、すでに指摘した政治的民主主義による市場の破壊的影響の是正に加えて、さらに三つのことが必要です。第一は、社会民主主義が政治の優位を強調しなければならないとすれば、互酬性を含む共同体主義の価値を再発見しなければならないということです。共同体主義は、単独では右派勢力のスローガンとして用いられることが多いのですが、資本主義的市場経済によって引き起こされた社会構成員のあいだの原子化、不一致、分断に対する対抗する価値を持っていて、民主主義と結びつくことで社会民主主義の中心的原理を促進する要因となる、と私は考えています。共同体主義は、民主主義と同じように手段であるとともに目的でもあるのです。

第二は、金融のグローバリゼーションや欧州統合のような経済統合を通じて、国民国家は、資本主義的市場経済を管理する自立性とパワーのいくつかを失ったとはいえ、依然として法律を制定し、税を徴収し歳出を決定する正当な権限を有し、国民を保護する義務を負うとともに、国際条約や国際的取決めを承認または否認する権限をも保持しています。二一世紀の社会民主主義は、国家の法的介入を通じての競争的市場秩序の構築を主張する新自由主義の国家論に対抗して、新しい国家の役割を研究する必要があります。社会民主主義は、国家による競争的秩序の構築と「小さな政府」を主張する新自由主義を三〇年にわたって放置して、国家の役割を再考する議論と対抗戦略を打ち出せなかったのです。

第三に、社会民主主義は、国民国家の自立性とパワーの一部が失われた現実を直視して、国際的領域に関心を移す必要があります（Block〔2011〕）。これは、いうはやさしく行うは難しいことです。なぜなら、国民国家に匹敵する国際的な政治的権威はまだ存在しないからです。しかし、EU、IMF、WTO、世界銀行などの国際的機関に、グローバル資本主義の投機的な動きを管理するように働きかけることは可能です。これらの国際機関は、巨大金融機関や金融市場の利害と市民や普通の人びとの利害が対立した場合には金融機関を擁護する決定をしがちですので、絶えず国際機関に説明責任を求めることが重要になると思います。そして、国際的資本移動を制限することで、社会民主主義的政策を実行する政策余地を各国に保障していたブレトンウッズ体制を、今日のグローバリゼーションの文脈でアップデートするような制度が求められています。グローバルな融資メカニズムの民主化、金融的な透明性を確保するルール、トービン税や金融取引税、ピケティのいう資本に対する国際的な累進課税、タックス・ヘイブンの共同規制と税の透明性の確保などが提唱されています。

図表5-3　世界経済の政治的トリレンマと社会民主主義

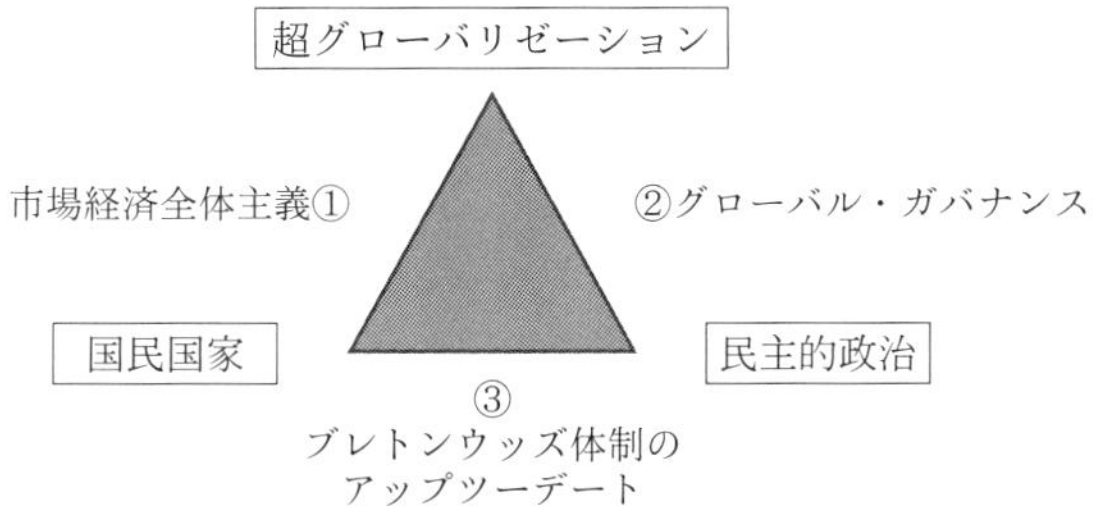


出所：ダニ・ロドリック『グローバリゼーション・パラドクス――世界経済の未来を決める三つの道』（柴山桂太・大川良文訳、白水社、2013年）234ページに加筆

## 世界経済のトリレンマと社会民主主義

最後に、市場領域の拡大、公共領域や共同体的領域の縮小、資本の国際移動や国際競争の激化、各国の独自の生活様式の画一化、という現在のグローバリゼーションの文脈で、いかにして資本主義、民主主義、社会の安定の関係の両立が可能であるか、その条件について考えておきます。社会民主主義的道を支えるグローバル改革を考えるうえで、ダニ・ロドリック[▼14]が提唱する世界経済のトリレンマの枠組みが手掛かりになります。彼は図表5-3「世界経済の政治的トリレンマ」に見られるように、一国の民主主義と、ワシントンコンセンサスに従って推進される新自由主義的グローバリゼーションとの緊張を解消するうえで、三つの選択肢があることを指摘します。政



[▼14] Rodrik, Dani（1957ー）。トルコ出身の経済学者。専門は国際経済学。ハーバード大学を卒業後、プリンストン大学で学位を取得。ハーバード大学などを経て、現在、プリンストン高等研究所教授。

治的トリレンマとは、超グローバリゼーション、一国の民主主義、国家主権（国民の自己決定）の三つを同時に満たすことはできない、三つのうちの二つだけしか実現できない、という意味です。

第一の選択肢は、国民国家と超グローバリゼーションの組み合わせを選択して民主主義の犠牲をともないながら、各国の政府が、市場の信認を獲得し国際的資本を引き付けることができるような政策を追求する道です。財政の健全化（緊縮策）、社会福祉の削減、低い税率、規制緩和、流動的労働市場、民営化などが、普通の人びとの要求を抑えて実行に移されていきます。

第二の選択肢は、超グローバリゼーションと民主主義の組み合わせを選択して、国民国家を犠牲にする道です。これは、国民国家を超えた民主的なグローバル・ガバナンスを志向していますが、現在の時点ではその実行可能性に疑問が持たれています。

第三の選択肢は、国民国家と民主主義の結合を選択して、過度のグローバリゼーション化を制限し、国内の民主的正当性を確立するとともに、国際資本移動の制限を含む戦後のブレトンウッズ体制のアップデートを志向する道です。この道は、二一世紀の社会民主主義の可能性を拡大する必要条件になります。

ギリシャ危機に見られるように、グローバリゼーションの高度化と国内の民主主義との緊張の激化に折り合いをつける方向として、さらなる新自由主義的な市場化を追求する市場経済全体主義的な進路と、民主主義を取り戻す二一世紀の社会民主主義とがある、と考えられますが、現実は前者の方向に進んでいます。

## 参考文献


井手英策［二〇一五］『経済の時代の終焉』岩波書店

伊豫谷登士翁・斉藤純一・吉原直樹［二〇一三］『コミュニティを再考する』平凡社

ウォーラーステイン、イマニュエル［一九九七］『新版 史的システムとしての資本主義』川北稔訳、岩波書店

ウォーラーステイン、イマニュエル［一九九七］『アフター・リベラリズム――近代世界システムを支えたイデオロギーの終焉』松岡利道訳、藤原書店

ウォーラーステイン、イマニュエル［一九九九］『ユートピスティクス』松岡利道訳、藤原書店

樹本健［二〇一四］「アメリカの負債問題から見る新自由主義の構造的矛盾と対抗運動」、三宅・菊池編［二〇一四］『近代世界システムと新自由主義グローバリズム――資本主義は持続可能か?』作品社

クラウチ、コリン［二〇〇七］『ポスト・デモクラシー――格差拡大の政策を生む政治構造』近藤隆文訳、青灯社

斉藤日出治［二〇一五］「グローバル・リスク社会から連帯社会へ」、似田貝香門・吉原

直樹編『震災と市民1　連帯経済とコミュニティの再生』東京大学出版会
デランティ、ジェラード［二〇〇六］『コミュニティ――グローバル化と社会理論の変容』山之内靖・伊藤茂訳、NTT出版
高橋源一郎・辻信一［二〇一四］『弱さの思想』大月書店
知見邦彦［二〇一二］『アメリカにおける保険の金融化』唯学書房
ネグリ、アントニオ／ハート、マイケル［二〇一三］『叛逆――マルチチュードの民主主義宣言』水嶋一憲・清水和子訳、NHK出版
バウマン、ジグムント［二〇〇八］『コミュニティ――安全と自由の戦場』奥井智之訳、筑摩書房
広井良典［二〇〇九］『コミュニティを問いなおす――つながり・都市・日本社会の未来』筑摩書房
藤原章生［二〇一二］『資本主義の「終わりの始まり」――ギリシャ、イタリアで起きていること』新潮社
ポランニー、カール［二〇〇九］『［新訳］大転換――市場社会の形成と崩壊』野口健彦・栖原学訳、東洋経済新報社
水野和夫［二〇一四］『資本主義の終焉と歴史の危機』集英社
ラトゥーシュ、セルジュ［二〇一〇］『経済成長なき社会発展は可能か？――「脱成長」（デクロワサンス）と「ポスト開発」の経済学』中野桂裕訳、作品社
八木紀一郎［二〇一七］『国境を越える市民社会――地域に根ざす市民社会』桜井書店
山田鋭夫［二〇一二］「世界金融危機の構図と歴史的位相」、宇仁宏幸・山田鋭夫・磯谷明徳・植村博恭著『金融危機のレギュラシオン理論――日本経済の課題』昭和堂

若森みどり［二〇一四］「贈与――私たちはなぜ贈り合うのか」、橋本努編『現代の経済思想』勁草書房
若森みどり［二〇一五］『カール・ポランニーの経済学入門――ポスト新自由主義時代の思想』平凡社
Block, Fred [2001] "Reinventing Social Democracy for the 21st Century", *Journal of Australian Political Economy*, No67.
Graeber, Davit [2001] *Dept: The First* 5,000*Years*, Melvillehouse.
Streeck, Wolfgang [2016] How will Capitalism End?, Verso.
Berman, Sheri [1998] *The Social Democratic Moment*, Harvard University Press.
Berman, Sheri [2006] *The Primacy of Politics Social Democracy and the Making of Europe's Twentieth Century*, Cambridge University Press.
Berman, Sheri [2011] Social democracy's past and potential future, in L.Mook et al.eds. What's left of the left, Duke University Press.

対談▼

# 「資本主義の終わり」の始まりとオルタナティブをめぐる討論

## 「資本主義の終焉」論（Ⅰ）——マルクス／ローザ・ルクセンブルク／ウォーラーステイン

**若森**——議論に入っていきたいと思います。最初に、「資本主義の終わり」をいかに考えるか、について議論しましょう。これまでさまざまな資本主義の終焉論がありました。マルクスが『共産党宣言』や『資本論』で展開した議論、それからローザ・ルクセンブルクの『資本蓄積論』やヨーゼフ・シュンペーター[▼15]の『資本主義・社会主義・民主主義』（中山伊知郎・東畑精一訳、東洋経済新報社、一九九五年）における議論がよく知られています。また、伝統的マルクス主義は、一九一七年のロシア革命以後の資本主義を全般的危機の段階にある資本主義として理解し、腐敗し死滅しつつある資本主義として特徴づけ、全般的危機論の立場から、主要資本主義諸国の資本主義を国家の介入によってのみ維持されている国家



[▼15] Schumpeter, Joseph Alois（1883–1950）。オーストリアの経済学者。オーストリアの大蔵大臣、ウィーン大学を卒業後、ハーバード大学教授などの歴任。企業家が行うイノベーション（新しい品質の財の生産や新しい販路の開拓などの、経済活動への創造的応答）こそが経済発展をもたらすという理論を構築した。主な著書として、『経済発展の理論』（一九一二年）、『資本主義・社会主義・民主主義』（一九四二年）などがある。

独占資本主義と規定していました。今では議論されることは少なくなっていますが、伝統的マルクス主義は、全般的危機の時代の資本主義を社会主義にかぎりなく近いものとして理解していました。その他、著名な経済学者や社会学者が資本主義の終焉について議論してきました。

逆の立場からの議論もあって、資本主義経済は生産力と技術の進歩によって無限の豊かさを可能にする、資本主義と人類の進歩や自由とは不可分である、といった経済的自由主義者からの資本主義永続論も繰り返し議論されてきましたが、それに対抗する形で、さまざまな社会学者や哲学者が資本主義の限界や終焉について考察してきました。報告で取り上げたヴォルフガング・シュトレークやイマニュエル・ウォーラーステインの議論は、そういったさまざまな資本主義の崩壊論の現代版ということができます。今日の報告では落とした、マルクスとかローザ・ルクセンブルクなどの資本主義の終わり、あるいは終焉論に関して、補足して説明いただけたらありがたいと思います。植村さんいかがでしょうか。

**植村**――マルクスの場合、よく知られているのは『資本論』第一巻の最後のところだと思います。「否定の否定」によって「収奪者が収奪される」という個所ですね。これについては第4章でも議論になりましたが、マルクスの議論はかなり曖昧なんです。客観的に資本主義がどう行き詰まってどうなるのか。労働者階級が、つまり「資本主義の墓堀人」が自動的に生まれてきて、彼らが墓を掘って新しい仕組みができる、というわけですが、客観的なプロセスとその主体形成の論理は実はよくわかりません。主体形成の基本的な論理そのものは、『哲学の貧困』や『共産党宣言』の方がもっとはっきりとはしています。労働者が集められて、企業のなか、工場のなかで協業が組織される。資本自身が労働者を組織するわけです。そうすると労働者が労働組合を結成して、労働組合のなかで階級意識が熟成されていく。しかし『資本論』はその主体形成の話をあまり前面に出さずに、ただ、協業や分業という形で集団性ができていく客観的側面を強調した形になっています。

もう一つ、後のローザ・ルクセンブルクにつながる話ですが、『資本論』第二巻の草稿のなかには、資本主義の基本的矛盾とは何かということを書いたところがあります。有名な再生産表式論の少し前あたりだったと思いますが、資本主義的生産においては、結局は需要と供給のミスマッチが起きる。つまり、資本主義は必然的に過剰生産になる。問題は消費者です。マルクスのいい方によれば、資本主義は労働者を生産物の買い手としてあてにするけれども、他方では労働者の労働力の価格を最低限に引き下げようとする傾向がある。それが基本的矛盾だということです。要するに、生産物が全部売れることはありえない。そのような資本主義的生産様式の基本的矛盾という想定がローザ・ルクセンブルクに受け継がれるわけです。

資本主義は資本主義の外部に買い手を見つけないと成立しえないから、資本主義的生産様式が地球を覆い尽くしたら資本主義は不可能になる。それが『資本蓄積論』(全三分冊、長谷部文雄訳、青木書店、一九五二―一九五五年)の議論です。ローザは、正統派からは自動崩壊論といわれますが、資本主義には常に外部が必要で、外部に対する本源的蓄積をやり続けているかぎりでしか存続しえないといっています。

この論点は『資本蓄積論』よりもむしろその少し後の『経済学入門』(岡崎次郎・時永淑訳、岩波書店、一九七八年)の方が明確です。そこでは彼女は「資本主義世界経済」という言葉を使っていて、資本主義は初めから「世界経済」という枠組みでしか成立しえないので、「国民経済」などというものはありえない、という話をしています。「世界経済」は初めから、世界的規模での資本主義と非資本主義的領域との関係のなかで成り立っているので、本源的蓄積が地球上を覆い尽くしたら資本主義の不可能性は明らかになる。

もう一つ面白いのが、この『経済学入門』では、資本主義世界経済が経済的な基礎(土台)であって、それに対して国家間システム、つまり国家間の対立関係や帝国主義というのは、その政治的上部構造だといっていることです。その土台と上部構造のあいだの矛盾が「資本主義世界経済の基本的矛盾」だというういい方をしています。それはのちのウォーラーステインの「世界システム」と「国家間システム」というういい方と完全に一致します。

その意味で、ウォーラーステインはローザ・ルクセンブルクをちゃんとそのまま受け継いでいることがよくわかります。私自身は最近、ローザ・ルクセンブルクから世界システム論へという流れを整理しています（『ローザの子供たち、あるいは資本主義の不可能性――世界システムの思想史』平凡社、二〇一六年）。最近の水野和夫の『資本主義の終焉と歴史の危機』（集英社、二〇一四年）なども、完全にウォーラーステインに乗っかった議論ですが、さかのぼれば、基本はやはりローザ・ルクセンブルクの議論になります。本源的蓄積、あるいは略奪的蓄積の対象となる外部がなくなったら資本主義はおしまいだという話になる。ローザはかなり現実をよく見ていて、リアリティや説得力があるという気がしています。

**若森**――そうですね、資本主義というのは世界経済としてある、資本主義が拡大していくためには周辺が必要になる、それで、周辺がなくなったら、つまり略奪的な蓄積の対象がなくなったら、資本主義は崩壊する、というローザ・ルクセンブルク、それを継承したウォーラーステインの世界システム論からの議論がグローバル化の文脈でリアリティを持っていますね。資本主義は周辺を必ず必要とする、という議論は、一連の水野和夫の資本主義終焉論でも注目されています。ウォーラーステインの世界システム論の議論は一九九〇年代までさかんに読まれましたが、二一世紀に入ると、『〈帝国〉――グローバル化の世界秩序とマルチチュードの可能性』(水嶋一憲他訳、以文社、二〇〇三年)や『叛逆――マルチチュードの民主主義宣言』(水嶋一憲他訳、NHK出版、二〇一三年)におけるアントニオ・ネグリとマイケル・ハートの議論が日本では注目を集めています。『〈帝国〉』には、フォーディズムからポストフォーディズムへの移行にともなう、管理様式や労働の変化に焦点を当てた議論があります。彼らは現代の資本主義の矛盾をどこに捉えていて、矛盾の激化、あるいは終焉ということについてどんな議論をしているのですか。

## 「資本主義の終焉」論(2)――アミン/ネグリ&ハート

**植村**――『〈帝国〉』の議論と世界システム論には密接な関連があります。最近、ローザ・ルクセンブルクを世界システム論がどういうふうに具体的に使っているかを集中的に調べてみて、アミンもフランクもウォーラーステインもみんなローザを援用しているということは文献的に確かめました。それを調べているときに、サミール・アミンの『世界的規模における資本蓄積』（全三分冊、野口祐・原田金一郎訳、柘植書房、一九七九－一九八一年）をもう一度読み直しました。そのなかで、アミンは「不等価交換」[▼16]をキーワードにしていますが、一九七〇年の時点で「周辺」から「中心」への価値移転、不等価交換が行われているけれども、これから先の展望では、周辺はもっと工業化する。高度でない製造業はどんどん周辺に下ろして、周辺が工業化していく流れが進んでいくだろう。さらに、周辺から中心への移民が増えるだろうという議論をしています。つまり、中心部における「周辺部の内部化」とか「不等価交換の内部化」ということをアミンもいっているわけです。

他方、『〈帝国〉』のネグリとハートは、世界システム論を批判して、もはや「中心―周辺」という関係がなくなって、世界が「平滑な空間」になり、「周辺」は都市郊外にスラムができるというような形で内部化される、という議論をしているわけです。この議論は一見「世界システム論」の「中心―周辺」論の対極にあるように見えますが、「中心―周辺」論自体は、アミンに見られるように、〈帝国〉的な状況をもう予測しているわけです。そうすると、先ほどのローザの話に引き戻していうと、「周辺」あるいは「外部」がなくなった段階をもう少し先の



[▼16] 発展途上国の開発の遅れや貧困状態を、周辺から中心への価値移転によって、具体的には、先進国の高価格の工業製品と途上国の低価格の一次産品との国際交換を通じて剰余が先進国に移転されることから説明する理論。

未来に想定すると、それが〈帝国〉であって、それは実は世界システム論者が予測していた範囲の話になるのではないかと思われます。だから、『〈帝国〉』のイメージをウォーラーステインなどと比べると、「世界システム」が「世界の封建化」になるのか、それとも「民主的ファシズム」になるのか、世界の具体的なあり方がどうなるのか、という議論は、それこそ〈帝国〉対 マルチチュード[▼17]というような〈帝国〉の議論と重なり合うところがあるんじゃないかなと思いました。

**若森**――先進国が中核で途上国が周辺という垂直的な支配と従属の関係だけではなく、先進国のなかに周辺ができるといった、一種の融合状態のようなイメージですね。そういう議論もできると思います。しかし、ネグリやハートが『〈帝国〉』においてフォーディズムからポストフォーディズムへの転換に即して分析しているのは、労働を管理し搾取する様式の変化です。労働生産性の源泉が機械化とテイラーシステムに基づいていたフォーディズムの段階では、資本が支配している空間がはっきりしていて、資本はフーコー的な規律訓練によって労働を管理し搾取していました。ところが、一九六八年の五月革命以降になると、情報化やインターネットの発展によって、資本が搾取する労働、あるいは富を作り出す労働に関して、工場のような資本に直接支配される空間とその外部の空間との仕



[▼17] アントニオ・ネグリとマイケル・ハートが「帝国」と呼ぶ、グローバル資本主義の支配下に置かれている「すべての人びと」のこと。彼らは帝国に対抗する主体としてのマルチチュードが、賃金労働者、失業者、主婦、学生、老人、移、移民、障がい者などの「多様な人びとの群れ」から構成されると考えている。

切りができなくなってきました。「ネットワーク的分業の発展」という人もいますが、企業や、工場を超えて分業関係が広がり、単に労働だけが富を作るのではなく、デザインする人とか、知識を持った人、あるいは提案する人による広い意味でのネットワーク型の分業、すなわち新しく富を作り出すような活動が広がりました。だから、労働とそれ以外の活動、たとえば家庭で子供を育てる活動などとの区別がなくなってしまい、両者が資本の価値増殖の源泉となっています。資本の支配は、単に工場で直接的に労働を管理・支配する段階から、社会全体を管理する段階に達しています。もはや労働と活動との区別はなく、両者が資本の剰余価値を生み出す源泉になっています。『〈帝国〉』には、資本の労働に対する支配は工場や生産設備の範囲を超えて、再生産の領域を含む社会全体を支配しながら富を蓄積する、という論理があります。それはさきほど植村さんがいった、中核のなかに周辺があり中核と周辺は空間的に区別できなくなったという議論と重なるように思われます。

## 「資本主義に依存しない人」による市場経済全体主義との闘い

**植村**——資本主義の中心部に、資本主義にとって必要とされていない人間がたくさん生まれてきています。

**若森**――世界システム論の議論が、ある意味で『〈帝国〉』の議論を先取りしているというか、世界システム論の中心部―周辺部の議論と『〈帝国〉』の議論とに共通性があるということはすごく大事だと思います。世界システム論も、資本主義の最新の変貌、つまり、新しいグローバル関係のなかでの資本主義の新しいあり方に照明を当てています。ただ、まだ完成しているとはいえず、わかりにくさも残っているのですが。

　話を戻しますが、資本主義というものは周辺地域がないと世界システムで生きていけません。したがって、先進国の中に移民や非正規雇用も含めて新しい周辺を作っていく必要があります。だから中核のなかで周辺的部分が拡大していく、ということでした。さらにいうと、中心部のなかで資本主義やシステムが認めるような周辺性と、そうでない周辺があると思います。たとえば協同組合や自営業を含む生産の多様なあり方とか、共生的な生き方とか、市場システムのなかに入らないようなもの、あるいは利潤動機に乗っからないような周辺というのを、資本主義やシステムは拒絶する動きにあるように思います。どうでしょうか。

**植村**――せめぎ合いは起きているという気はしますね。

**若森**――そうですね。

**植村**——だから、第4章でもいくつか例に出たような、自分たちの手で地域再生をしようとする運動や、若者が過疎の村に入って何か始めるとかいう動きは始まっていて、それは「資本主義の終わりの始まり」系の議論のなかではたくさん出てきます。しかし、他方では、「地方創生」という形で、いわば下からの運動をつぶしてもう一度資本主義のなかに包摂しようという動きもあります。そもそも今の自民党が大々的にやろうとしている「地方創生」というのは、やっぱり下からの運動を取り込もうとする対抗運動ではないかという気はします。

**若森**——少し議論がずれるかもしれませんが、国家や自治体が、教育バウチャー制度[▼18]のような形で、教育サービスの提供者である学校に、親が消費者としてより質の高いサービスを要求する仕組みを作り出そうとする動きがあります。市場の仕組みを教育に導入する新自由主義的試みです。親が学校を選ぶ選択の自由を持っていますので、学力テストの結果で評価される公立学校は、学力の向上をめぐる競争に駆り立てられることになります。このような競争と企業形式を、医療や農業に導入する動きも進んでいます。公立病院の民営化や、規制緩和による企業の農業分野への進出も進んでいます。政府主導の新自由主義的地方創生は、教育や医療や農業の分野における競争的秩序の拡大や企業のための市場領域の拡大という形をとって展開されていくと考えられます。そういう点では、市場



[▼18] 子どもをもつ家庭にバウチャー(Voucher)という現金引換え券を交付したうえで、保護者や子どもが自由に学校を選択し、学校は集まったバウチャーの数に応じて行政から学校運営費を受け取る仕組み。

の役に立たないような、あるいは企業の活動に役立たないような商品やサービス、ニッチ的なニーズをつぶしていく傾向にあると思います。地方創生をめぐって、市場化され競争関係のもとに置かれるものと市場化されないものがせめぎ合っているのではないでしょうか。政府主導に対抗的な地方再生は、たぶん、そのせめぎ合いのなかから生まれてくるのではないでしょうか。

**植村**――現在の資本主義は、資本主義からある程度自立して生産したり暮らしたりする人びとに対して寛容でなくなってきています。資本主義は、さまざまな非正規雇用の形態で労働市場にたえず復帰することを目ざす人びとしか認めないわけですよね。

**若森**――そうですね。資本主義は低成長で雇用を拡大することができなくなっているのに、資本主義に依存しない人びとの増加を容認できない、ということなのですね。今日の二一世紀資本主義において、支配をしている側による取り込みと排除が、経済領域のみならず、社会のさまざまな分野で出てきたと思います。まあ、せめぎ合いということもあるでしょうが、資本が市場にとって役に立つと認めるもの以外は許容しないという点では、私の友人の斉藤日出治〔斉藤［二〇一五］〕が強調していますように、一種の市場帝国主義であり市場経済全体主義ですね。

**植村**――そうですね。

**若森**――今日の社会状況は、政治学者丸山眞男の弟子の藤田省三[▼19]のいう市場全体主義（藤田［一九九四］『全体主義の時代経験』みすず書房）、すなわち互酬性や再分配、協働といった非市場的原理を容認しないような、市場経済の全体主義化ということが一方的に進んでいるということですね。桑田学氏の注目すべきオットー・ノイラート[▼20]の研究、『経済的思考の転回』（以文社、二〇一四年）の言葉を借りれば、さまざまな経済のあり方、多様な生業《なりわい》のあり方を認める「経済的寛容」が失われています。ちょっと恐いですね。

**植村**――資本主義と国家が、資本主義の発展から排除された人びとや資本主義の競争に適応できない人びとを、犯罪もあるが活気もあるスラムのようなものとして残すのか、排除された人びとの存在や暮らしまで徹底的に管理するに至るのか。そこを注意して観察していく必要があると思います。

**若森**――資本主義の終わりに関して、いろいろ議論が発展しましたけれども、マックス・ヴェーバーの議論と、それからシュンペーターの議論も重要なので、触れておく必要があります。ヴェーバーは経済的合理化を含めた合理化というものが経済領域のみならず、あらゆる社会領域に浸透するプロセスを追求しました。経済的合理性を追求していく結果として、経済的合理性の担い手としての官僚制が、国家のレベルでも企業のレベルでも発達します。精神なき専門家集団として



［▼19］愛媛県出身の思想史家、政治学者（一九二七－二〇〇三年）。丸山眞男に師事。東京大学法学部政治学科卒業。中断をはさんで一九九三年三月まで法政大学教授。近代天皇制国家の内面構造を分析した『天皇制国家の支配原理』（未來社、一九六六年）は戦後思想史に画期的な意味を持つと高く評価された。

［▼20］Neurath, Otto (1882－1945)。オーストリアの社会科学者、科学哲学者。経済的自由主義者ミーゼスに対抗して、実物タームでの経済計算に基づく非市場型の経済秩序の構想を打ち出した。統計情報を視覚化して大衆に伝えるアイソタイプ（国際的な絵ことば）の開発者としても有名。

の官僚制によって資本主義が主導されるようになると、資本主義の発展はダイナミズムを失い、枯渇に直面することになります。

もう一つマックス・ヴェーバーの議論で押さえておかなければいけないのは、合理的な経済計算に基づく形式的合理性の追求と、人びとがそれぞれの価値観に応じて多様な生を営むという実質的合理性との緊張関係の問題、すなわち、実質的合理性と資本主義の形式的合理性が衝突する事態が生まれてくるという問題です。もっと簡単にいってみると、ヴェーバーは、民主主義的な要求に基づく社会政策的な平等の要求が高まると、それらが形式的合理性と衝突する、という議論をしています。私は専門家でないので詳しくは説明できませんが、経済史家の大塚久雄のマックス・ヴェーバー研究は、たとえば、資本主義がいかに始まったのかという視点から「近代社会とは何か」を問う議論を展開しましたが、二〇世紀末から始まった晩年のヴェーバーについての研究は、山之内靖の『マックス・ヴェーバー入門』(岩波書店、一九九七年)や小林純の『続ヴェーバー講義　政治経済篇』(唯学書房、二〇一六年)に見られるように、官僚制化による資本主義の最後をどう捉えるかとか、資本主義は形式的合理性と実質的合理性の対立という難問を解決しうるか、という論点を掘り下げています。

**植村**——シュンペーターの『資本主義、社会主義、民主主義』における資本主義の終焉論については、塩野谷祐一の『シュンペーター的思考――総合的社会科学の構想』（東洋経済新報社、一九九五年）がおもしろい議論をしていますね。

## 「資本主義の終焉」論（3）――シュンペーター

**若森**――資本主義の終わりに関する考察で忘れてはいけないのが、二〇世紀を代表する経済学者、シュンペーターの議論です。彼は資本主義の本質を革新（イノベーション）のなかに見出しました。革新（創造的破壊とも呼ばれています）は、新技術の発明、新商品の開発、新生産方法の開発、新しい市場の開発、新しい産業組織の開発、という五つの要素から構成されています。彼は資本主義の経済発展を、革新の過程と適応の過程に区別して理解します。革新を担うのは企業家で、創造的意志や英雄主義といった非合理主義的精神を持った人間です。適応の過程を担うのは、与えられた環境に適合的な行動をとるのが得意な合理主義的精神を持った人間です。

彼は晩年の著作となった『資本主義・社会主義・民主主義』（一九四二年）のなかで、資本主義が経済領域において経済の合理化を推し進め、革新が日常的なルーティン的業務としてビルトインされる結果、革新を担ってきた創造型の人間である企業者が不要になり、適合的行動をとる人間タイプばかりが増加することによって、次第に資本主義の本質的過程である革新が衰退することから、資本主義の終焉を論じています。彼の議論は、「資本主義の成功のゆえの衰退」と呼ばれています。彼はイギリスや北欧諸国における福祉国家と再分配政策の発展のなかに、私的領域の縮小と公的領域の拡大という社会主義への趨勢を読み取り、彼自身は資本主義と民主主義の両立したシステムを支持しているのですが、資本主義のオルタナティブとして社会主義の出現を避けられない歴史的傾向として理解しています。

しかし、塩野谷のシュンペーター解釈によれば、新しいものを作り出そうとする非合理的な創造的精神は、経済の領域で衰えると、その代りに経済的な豊かさを前提にして、芸術や文化といった非経済的領域においてイノベーションや革新を作り出すようになります。だから、革新能力やその発現の場であった経済領域が衰退する結果、資本主義は衰退することになりますが、非経済的領域においてイノベーションが作り出され、芸術的な活動が発展していきます。それが、公的領域の拡大としての社会主義の発展とどう関連するかについてはわからない点がありますが、塩野谷が解釈したシュンペーターの資本主義終焉論は、資本主義の発展がもたらした非経済的領域の重要性に注目しています。

**植村**――そういう資本主義の終焉論と負債論の議論とはどのように関連するのでしょうか。

## 普通の人びとが負債を通して支配される――新自由主義の収奪メカニズム

**若森**――それでちょっと話を変えます。報告にもあったように、負債論、債務論は資本主義の終わりの議論とオルタナティブの議論をつなぐような位置にあります。負債は、金融機関(ウォール街)や一%の富裕層が九九%の人を支配する源泉にもなっていますが、逆にいえば、負債は金融によって支配されている人びとのきずなを作り、連帯させる契機にもなっています。これは、〝ウォール街を占拠せよ〟という、金融機関と富裕層に対する抗議運動の思想的よりどころとなったデヴィッド・グレーバーの負債論のコアにある考え方です。

**植村**――九九%から一%への富の移転という新自由主義の収奪のメカニズムは、経済活動の金融化を負債論という枠組みで捉えることによって明らかになる、ということですか。

**若森**――学生ローンが半端じゃないですよね。日本も数百万円を超える奨学金の返済を抱えている大学生や大学院生はざらにいます。数千万円の住宅ローンの返済という重荷を多くの人が背負っています。でも日本では、アメリカのウォール街に相当するような、金融市場の中核にある経済権力を象徴する金融機関が社会運動の標的になることはありません。高い収益を上げている大企業の多くは、三菱ＵＦＪや三井住友、みずほといったメガバンクや大手総合商社、輸出企業、情報通信関係の企業ですが、これらの企業の本社が集結する丸の内一帯が公的な批判の対象になることもありません。経済権力、とくに金融権力を握っている金融機関の寡頭的支配に格差や貧困の原因がある、という見方は日本にはほとんどありません。その理由には、マスメディアが権力の監視という本来の役割を果たしていないとか、あるいは財界や政府による世論操作がうまいといったこともあるでしょう。普通の人びとが負債を通して支配され、九九％の人から一％の富裕層に富が再分配される（吸い上げられる）仕組みが隠されているように見うけられます。産業部門における金融部門の支配的役割や、金融セクターの収益と従業員増加率の上昇といった経済活動の金融化については議論されますが、この議論が家計や企業、政府の負債の増加についての議論と切り離されて行われているのも問題です。

**植村**――経済学者は新自由主義のもとでの経済活動の金融化（産業部門における金融部門の比重の増大、周期的なバブルの発生と崩壊）について研究していますが、金融化を負債論の視角から研究する議論は少ないように思いますね。

**若森**――経済学者がやっている経済の金融化の議論と、債務を通して普通の人びとが金融機関によって支配されている問題がうまくつながるようになればいいなと思います。そこは研究も議論も弱いところです。そういう点でいうと、ネグリとハートが『叛逆』――これは二〇一二年に『宣言』というタイトルで公刊された本の邦訳です――のなかで、二〇一一年に始まった一連の社会的闘争、すなわち、「アラブの春」から始まり、スペインの一五M運動を経てウォール街の占拠に至る運動を見ながら、今の金融危機やマスメディアや代表制に対して異議を唱えることを提起しています。たとえば、銀行と金融市場が作り出した「借金を負わされた状況」、テレビの画面やスマートフォンに夢中になっている「メディアにつなぎとめられ状況」、孤立した不安な個人が「セキュリティ(安全)に縛りつけられた状況」、形骸化した代議制民主主義のもとで、市民が単に投票を通じて代表される受動的な存在になっている状況は、現代社会における支配される側の四つのタイプを示すものです。そのようにつなぎとめられている状況を突破する回路の一つとして、「返済を拒否する」ことで負債の論理から自分たちを離脱させる論理と工夫が試みられてきました。

**植村**――負債の話というと、第1章でも少し出ましたが、そもそも資本主義をどう定義するのかという問題があります。生産様式なのか、結局金融なのかという。それに関していうと、世界システム論は、もうローザの段階でもそうだし、第1章で話に出たジョヴァンニ・アリギもそうですが、基本的に資本主義的な支配と従属というのは、とくに世界的な形で考えるときには、国家債務なんです。ローザの『資本蓄積論』にも出てきますが、当時の経済的従属関係、たとえばイギリスとトルコとか、イギリスと中国とかの関係では、トルコや中国が鉄道敷設やインフラ、武器などをイギリスから買うんです。大量に買うので輸入超過になりますが、支払ができないから、代金を払うためにイギリスのシティから国債発行という形で金を借ります。そうすると国債の利子を支払わないといけないから、利子を支払うために国内で重税をとったり、搾取を強化したりするわけです。第1章で詳しく説明しましたが、ジョヴァンニ・アリギがジェノヴァやオランダ、イギリスの金融資本を取り上げる場合も、基本はやはり国家間関係、つまり国際投資なんです。金を貸す側がヘゲモニーを握って支配するという構図です。

先ほどの不当債務論というのも、基本的には国家間関係の問題なのですが、今起きているのは債務が個人化していくことです。これはすごく大きなファクターです。アメリカでクレジットカードやローンが始まるのは、二〇世紀初めぐらいですが、そもそも資本主義の仕組みのなかでの負債というものの意味は大きいです。個人間の金貸しに関しては昔から高利貸しがありましたが、ある意味組織的に個人をターゲットにして、負債による従属関係が一般化し、民主化したことが、一つ大きな転換点としてあるのではないかと思います。

## 金融についてのルール順守を強いるヘゲモニー国家

**若森**――確かに、世界経済のレベルで中心に位置し、貿易や投資、金融についてのルールを作り他の諸国にルールの順守を強いるヘゲモニー国については、金融の支配と強い国家の結合というアリギの議論が妥当するように思います。たとえば、マルクスも有名な経済学批判プランにおいて、資本主義の国内的編成を分析する前半体系(資本・賃労働・土地所有)と国家・外国貿易・世界市場からなる後半体系を構想しました。そして後半体系では、貿易と金融の中心となり自由貿易のルールを他国に強制するイギリス経済の矛盾が、経済恐慌を通じて世界に波及する過程を描いています。しかし、マルクスは前半の体系(現行の『資本論』はほぼ経済学批判プランの前半体系に相当します)では、資本が機械制大工場に基づいていかに人間と自然を大規模に搾取し、大規模な生産力と剰余価値を生み出しているか、そして生み出された剰余価値が利潤、利子、地代として支配的階級にどのように分配されるかについて分析しています。やはり、資本主義の長期動態と変容を理解するためには、資本主義の国内的編成の解明も重要だと考えます。

ウォーラーステインについていいますと、彼はこれまでの人類の歴史に、互酬的ミニシステム、再分配的世界帝国、資本主義世界システムという三つの種類の社会システムがあったことを指摘し、新石器時代における牧畜と定住農法による食糧生産革命によってミニシステムから世界帝国への移行が、産業革命によって世界帝国から資本主義世界システムへの移行が引き起こされたという認識を示しています。また、世界システムの長期変動を構成する長期波動は上昇局面と下降局面からなっていますが、下降局面で試みられる新市場開拓や技術の革新は次の上昇局面を生み出す原動力になっています。ウォーラーステインも、資本主義の長期動態を解明するためには、金融よりも技術や労働管理、労働編成に注目していると思います。

**植村**——新自由主義的資本主義のもとで、低所得者層や貧困層は、社会保障を通じた再分配に依存できなくなり、賃金の不足分を銀行から借金することで教育や住宅の費用をやりくりしています。低賃金のために、債務によって人間と労働力の再生産を維持せざるをえなくなってきています。今は、そういう状況なのでしょうか。

**若森**——サブプライムローンの問題もやはり、アメリカという資本主義の最先端を走る国が、中核のなかに作り出した周辺だといえます。貧しい人にお金を貸し、貧しい人が住宅の値上がりを期待して賃金では返済できないような債務を負って住宅を買う。銀行の側は、低所得者が債務を返済できないリスクを想定し、リスクの高いサブプライムローンの債権を商品化して金融商品として売ることで、リスクを分散する。アメリカの金融機関は、リスクの高い金融商品を投機的な投資ファンドや日本などの外国の投資家に売ることでさらに金融収益を儲けている。このように、貧しい人に貸した債権を証券化するという金儲けの手段が生み出されて金融市場は膨れ上がりましたが、住宅バブルが崩壊し、低所得者が債務を支払えなくなったことをきっかけに、二〇〇八年秋の大手投資銀行リーマンブラザーズの倒産とともに、金融危機が勃発しました。金融危機に際しては、巨大銀行やGMなどの巨大企業は「大きすぎて潰せない」という理由で公的資金(税金)の投入により救済されたのにたいして、低所得者や学生は救済措置を講じられることなく、「借りたものは返さねばならない」という道徳の履行を強いられました。ここに「ウォール街を占拠せよ」という社会運動の根拠があります。

**植村**——そうですね。最先端の資本主義は、生産という実態に依拠しないで、負債を通した収奪によって、債権を証券化した金融商品を通じて収益を上げています。

## 収奪の先に「小さな共産主義的関係」の萌芽が見える

**若森**——その負債の論理をコミュニティの論理に転換するきっかけになるのが、負債を負っている者同士がお互いに協力関係にあるということです。具体的にいえば、仕事をするときには協働し助け合って仕事をする、口が渇いている人がいれば「水を飲めよ」とすすめる、などというように、お互いが他者への負債、他者の贈与に依存し合っていることを自覚することではないでしょうか。小さい例ですが、よく見ると、家族のなかや友人、あるいは仕事仲間はお互いに助け合って協力し合って生きています。グレーバーはこれを「小さな共産主義的関係」といっています。

**植村**——かつての共同体や親子関係のなかには、借りたものを返さない、貸したものの返済をあえて要求しないで、関係を維持するような慣行がありました。一種の贈与である貸し借りを経済的な債権債務関係と捉えて、債務を返済したら親子関係もなくなってしまった、という話もあります。貸し借りの関係をいつも作っておく知恵が共同体的関係にありそうです。

**若森**――お金を返さなければ、不均衡が残ります。その不均衡が残っているあいだは、支配従属関係や債権者と債務者の関係、つまり一種の一時的な従属関係が発生します。また、不均衡が残っているということは、ギブアンドテイクが完結しないということです。したがって、もし残っている負債をもう返さなくてもいい、免除するということになれば、単に借金や負債がなくなるということだけではなく、自由で対等な人間関係が回復することになります。ですから、贈与を通して人間関係が、新しい人間関係として作り直されるということにもなります。贈与というのは何も返ってはこず、返済を期待しないで一方的に与えるだけですが、それを通して新しい社会関係と人間関係が生まれることを、グレーバーは強調しているわけです。それが、負債の道徳に代わる贈与の道徳ということになると思います。

**植村**――そうですね。

**若森**――ネグリとハートの言葉でいうと、「ともに存在する」ということです。消費者と企業の関係のように貨幣を媒介した関係ではなく、ともに存在していることをお互いが自覚し合うことだといっています。関心のあるテーマについて今日のように議論し合っているとき、ともに存在していることがわかります。グレーバーもそれと同じようなことをいっているのです。だから、負債や債務について議論することは、ともに存在するということを自覚し合うことにつながるのではないでしょうか。
**植村**――今の話は、クレジットカード会社や銀行から借りた負債の話ではなく、コミュニティ関係の話ですよね。
**若森**――報告でも述べましたように、「ウォール街を占拠せよ」の運動を呼びかけた団体「ストライキ・デット」が立ち上げた債務帳消しプロジェクト「ローリング・ジュビリー」は、銀行が不良債権を債権回収業者に売り渡す前に、債権を安く買い上げ負債を帳消しにする運動です。負債帳消しの達成額はあまり多くないみたいですが、これには、「負債の道徳」を説く、金融機関に対する抗議運動としての象徴的意味があります。負債の問題をしばしば取り上げる「デモクラシー・ナウ」[▼21]というテレビ放送には、ノーム・チョムスキーやナオミ・クラインも出て発言しています。大学院生や若い研究者も債務の問題を社会問題として議論しています。
**植村**――みんな元気ですよね。今、海外では研究者も若い。
**若森**――そういうことで、債務関係を通して金融化の構造やコミュニティのあり方が見えてくることがある。金融の論理とコミュニティの論理がせめぎ合っているこ ともある。資本の側は市場経済に包摂できないものは認めない、という冷酷



[▼21] ニューヨーク発の非営利独立報道番組。一九九六年開設。報道の独立性を保つために、企業広告や政府の助成金はいっさい受けず、視聴者からの寄付と民間財団からの支援で運営している。「戦争と平和のレポート」をテーマに、人々の生存に関わる問題を取り上げ番組を制作している。

さを持っています。われわれは資本主義とは根本的に異なる論理をいつも考えていかなければならないと思います。

## ダウンシフター――「会社に依存しない生き方」の可能性

**植村**――今、一つ思いついたことがあるのですが、先ほど若森さんが紹介した藤原章生の『資本主義の「終わりの始まり」――ギリシャ、イタリアで起きていること』(新潮社、二〇一二年)のなかにも、イタリアやギリシャではインフォーマル経済というか、ヤミ経済というか、仕事が終わったあとの副業がけっこう増えているという話がありましたよね。それとちょっと似ているのですが、今までしばらく、東ドイツとは何だったのかを研究する「東ドイツ研究会」というのをやっていたんです。二年半にわたる研究会の成果が二〇一六年の八月にようやく本になりました(川越修・河合信晴編『歴史としての社会主義――東ドイツの経験』ナカニシヤ出版、二〇一六年)。

そのなかで論じられていますが、東ドイツ、あるいは東欧全体の「社会主義」圏の大きな特徴の一つは、インフォーマル・セクター、いわゆる「ヤミ経済」がかなり大きい。工場に働きに行って帰ってきたあとの時間で、お互いの助け合いの組織化を行っているんですが、たとえばちょっとした家の修理だとか、少し技術がいるようなことをお互いにやり合う。助け合うというよりは、家の修理をするとか、電化製品の修理をするなど、そういうサービス労働をする。そこでは対価としてのお金が動くわけではなくて、ネットワークを作ってお互いに助け合うのです。そういう意味では、負債というのか贈与というのかわかりませんが、そういう助け合いがあるわけです。それをもし経済計算したらかなりの規模になる。その際に、工場から部品とか何かを持ち出してきて、それを使って修理したりするということもあります。これから資本主義が終わっていくなかで、これからおそらくそういうヤミ的なものが広がっていくのではないかと考えられています。

**若森**——先進国のなかで、経済成長や消費社会から降りて会社に依存しない生き方が生まれています。資本主義経済が支配する社会のなかで、自由な生き方は可能かという問題を原理的抽象的に考えると、それはとても無理なことだということになりがちですが、システム全体ではなく個人の生き方の選択のレベルで見ると、先進国には資本主義や雇用関係に依存しない生き方や労働のあり方を試みる動きがあります。

藤原章生『資本主義の「終わりの始まり」』によれば、若年者失業率が四〇%を超えているイタリアでは、大卒のうちで就職できるのは六割、正規雇用につける者は二割にすぎませんが、ここでは資本主義に期待も依存もしない人びと、「自ら進んで終身雇用に背を向け、できるだけ好きな仕事をしたい」「収入は少なく結婚はしていないが、互いにできる範囲で助け合う」人の割合が増えています。

日本でも二〇一〇年代になってから、塩見直紀の『半農半Xという生き方』（ソニー・マガジンズ、二〇〇八年、筑摩書房、二〇一四年）、伊藤洋志『ナリワイをつくる──人生を盗まれない働き方』（東京書籍、二〇一二年）、高坂勝の『減速して自由に生きる──ダウンシスターズ』（幻冬舎、二〇一〇年、筑摩書房、二〇一四年）といった本が若者に読まれています。

塩見のいう半農半Xとは、労働や活動に当てることができる自分の時間の半分を米や野菜や味噌などを作るのに使い、これで自活を確保し、残りの半分の時間を自分にとって有意義なことや使命感を感じることに利用するという生き方です。半Xのに何を入れるかは、人によってさまざまで、多様な選択が可能です。半農半Xには、半農半ライター、半農半保育士、半農半プログラマーなどがあります。

高坂の提唱するダウンシスター（減速生活者）とは、「収入を減らして出費も減らして、手づくりと仲間を増やして好きなことをして生きていく」ことで、彼自身が小さな居酒屋を自営し、人と交流しやりたいことをして生きる人のことです。

円（カネ）よりも楽しさや縁（つながり）を重視する、ダウンシフトする人が増えていくならば、社会は変わり、資本主義に依存しない「総自営的社会」（高坂によれば、人口の半分ぐらいがダウンシスターを志向する社会）が始まる、といえるかもしれません。高坂も米と大豆（大豆から味噌と醤油ができる）を自給しながら好きなことをやっていますので、彼も大きくは半農半Xのカテゴリーに入ると思います。

伊藤は、働くことと生活の充実が一致していて、「心身とも健康になる仕事」を「ナリワイ」と呼び、人びとが市場化されていないニッチ的なニーズを満たすナリワイを複数持つことで自分の生活を成り立たせ、自給力を確保し、仲間を増やしていく働き方を提案しています。

最近公刊された西きょうじの『仕事のエッセンス――「はたらく」ことで自由になる』（毎日新聞出版社、二〇一五年）は、「はた」（周囲の人間）を「楽にする」という、働くことが人間社会において持っている根源的な意義から塩見、高坂、伊藤の「企業に属さない生き方」の提案を総括し、「はたらくことで社会とつながり、互酬性が信じられるコミュニティが形成されることで、セーフティネットが生まれ、自由な行動が大きなリスクでなくなる」という働き方のあり方、「〝はたらく〟ことで自由になる」生き方を構想しています。

以上のような会社に依存しない生き方は、より多くのカネ（賃金）を稼ぐために生活や健康を犠牲にする時間を減らしていくことで、働くことが楽しくなり、人びとの絆の形成につながることを示していて、二〇代から四〇代の世代の共感を集めているようです。これは、「ウォール街を占拠せよ」のような社会運動とは違った意味で、社会を変える原動力の一つになるかもしれません。

**植村**——会社に依存しない生き方は、最近になって急に生まれたのではなく、日本の伝統的な生き方として継続しています。日本のヤミ市や戦前からの商店街も、一種の互助組織として、自分たちで身を立て暮らしていくシステムとしてできあがってきました。

**若森**——ああ、なるほどね。

**植村**——新自由主義的な資本主義が中間層を解体し雇用を不安定にする状況のもとで、自営業をやりたい、半分の時間で農業をやり他の半分の時間で自分にとって有意義なことをやりたい、といった欲求が生まれています。既成のシステムから外れた層の欲求と、少しでもいいから自分の意のままに自分の時間を使いたいという欲求が、経営を自分でしたいという形で出てきています。

## 有限の時代をいかに生きるか

**若森**――今までは資本主義の終わりとオルタナティブについて議論してきましたが、だいたい議論は終わりに近づいたと思います。ここでちょっと挑発的な議論をします。資本主義の終わりを資本主義の始まり（大航海時代から見れば約五〇〇年、イギリスの産業革命から見れば約二〇〇年）からだけでなく、人類の歴史のなかで議論することも必要です。

現代の資本主義は、経済を高度に発達させた結果、地球環境や資源・エネルギー、人口の有限性という条件に直面しています。社会学者、見田宗介が提起した仮説によれば、二一世紀初頭の人類は有限性という条件に初めて直面して、客観的に見れば「いかに生きるべきか」を問い、有限性の時代の生き方を支える新しい哲学を探求せざるをえない状況におかれています。このような状況は、氏族や部族のような共同体から都市的生活への移行や国際交易の発展によって生み出された無限性の出現という経験のもとで、ギリシャの哲学思想からユダヤ教、キリスト教、仏教、老荘などの巨大な思想と宗教が同時多発的に世界の各地で形成された、紀元前八世紀から紀元前三世紀の人類の状態に対応しています（見田宗介

『現代社会はどこに向かうか――生きるリアリティの崩壊と再生』弦書房、二〇一二年）。見田はヤスパースに従って、無限性という未知の存在に向き合うことを余儀なくされた状態を「軸Ⅰの時代」、有限性に直面した状態を「軸Ⅱの時代」と呼んでいます。有限性の時代は、無限性という条件を想定して幸福や生の充足、産業化を追求してきた人類の文明の到達点として位置づけられています。

現在は、ロジスティックス曲線で見ると、人口も伸びないとか資源が枯渇するとかで、あまり成長を期待できないような段階になっており、無限性の条件で生産し交易してきた段階から、環境も含め有限性を自覚しながら経済活動や日々の生活をやっていかねばならない段階になっています。そういう有限の時代をいかに生きていくかという人類の課題は、二〇世紀の終わりごろから顕在化し、二〇〇八年のアメリカ発の金融危機、とりわけ大量消費の時代を象徴していたGMの倒産によって明白なものになりました。ですから、有限の時代を生きる人間にとって大事になってくるのは、お金や物質的豊かさよりも、友情とか芸術とか、愛とか、そういうようなものだと思われます。すなわち、人間関係をいかに豊かにするか、あるいは、人と自然および人間集団と人間集団のあいだの共生というのが非常に大事になってくるのではないでしょうか。

そういう点では、ギリシャ・ローマの時代から二〇〇〇年ぐらいのときを経て、現在は有限のもとで生きることに直面しており、それに向かって社会や経済をいかに作り直すか、という問いにすべての人が向き合っています。しかし、見田が指摘するように、人類は有限性という条件に初めて直面したことに恐れおののき当惑し、「世界は有限であるという真理に正面から立ち向かい、その有限な生と世界を肯定する力を持つような思想」が生み出されなければ生き延びることができないはずなのに、まだ無限性を自明の前提とする経済成長から脱却できない状態として現在の時期を捉えています。

大きくいうと、資本主義の終わりとオルタナティブの議論は、無限の時代から有限の時代に入った今日、有限の時代をいかに生きるかという課題と深く関連しています。それが今の社会科学の一番大きなテーマではないでしょうか。経済学や政治学、社会学は、有限性の時代の課題に応える社会科学になることが期待されていると思います。

**植村**――そういう点では市場経済と資本主義を切り離して考えることができるということですね。ここが重要ですね。

**若森**――たとえば、デヴィッド・グレーバーは『負債論――貨幣と暴力の５００0年』（酒井隆史監訳、以文社、二〇一六年）において、一九七一年の金ドル交換停止以降の時代を「負債の帝国の時代」と呼んでおり、この時期を、過去五〇〇〇年の人間の歴史において、世界の大部分の人びとが現代版の債務奴隷になる恐ろしい特異な時代の幕開けとして位置づけています。彼の視野は通常の近代的な社会科学の視野とまったく違っています。五〇〇〇年の視野で現在の金融危機を見ています。資本主義の歴史はたかだか、長く見ても五〇〇年です。

**植村**――そうですね。

**若森**――産業革命から見たら、まだ二〇〇年ちょっと。そういう点では、専攻が経済学であろうが、政治学あるいは社会学であろうが、専門にこだわらずに貪欲にあらゆる本を読んで、新しい現象とか世界的な出来事について考え抜く、討論し合うということが大事だということですね。

**植村**――そうですね。何一つ自明のものはない、というのが今の状況です。本当にね。

## オルタナティブをいかに考えるか

**若森**――今回の討論では、第一に、「資本主義の終わり」の見通しを現実の資本主義の危機から出発して議論したマルクス、ローザ、シュンペーター、アミン、ウォーラーステイン、ネグリの資本主義終焉論について検討し、第二に、負債を通して九九%の普通の人びとから富を吸い上げる新自由主義の収奪メカニズムを取り上げ、負債が金融によって支配されている人びとをつなぎ、「共に存在していることをお互いに自覚し合う」契機になりうることについて考えました。そして第三に、資本主義のオルタナティブについて検討し、地域のレベルでさまざまなコミュニティの立ち上げや半農半Xといった「会社に依存しない生き方」を試みる人たちを紹介して、資本主義のオルタナティブはすでに始まっていること、オルタナティブの議論は資源や環境の枯渇する「有限の時代」をいかに生きるか、という課題と密接に結びついており、有限の時代では、お金では買えない友情や芸術のような、人間関係をいかに豊かにするかということが課題になること、について検討しました。

新自由主義が金融化、規制緩和、市場化を押し進め、競争による調整原理を経済領域のみならず、教育や医療、福祉・介護、地方自治体の分野にまで拡張している二一世紀の初頭の今日、競争と金融による経済の統治とそのような経済による社会全体の統治(一種の市場全体主義)に対するオルタナティブとして、次の二つの方向が考えられます。

第一は、無際限の利潤追求や制限なき市場領域の拡大を抑制する対抗的措置や、民主主義の機能を弱体化・後退させながら暴走する新自由主義的資本主義に対するオルタナティブとしての「社会的連帯経済」です。社会的連帯経済とは、廣田裕之の『社会的連帯経済入門』（集広舎、二〇一六年）によれば、二〇世紀前半にフランスで生まれた社会的経済（協同組合や共済組合を指す用語）と、一九九〇年代にラテンアメリカで貧困層が自立的に問題を解決しようとすることから生まれた「連帯経済」とを結合する新しい言葉です。社会的連帯経済は、二〇〇八年秋の世界金融危機をきっかけに住宅バブルが崩壊し経済状況が悪化したスペイン（約五〇％の若年者失業率）で大きく発展しています。工藤律子の『雇用なしに生きる』（岩波書店、二〇一六年）が的確に紹介しているように、金融危機以後、スペインでは時間銀行の多様な活かし方や革新的な地域通貨の利用、労働者協同組合や家族企業が参加する連帯経済ネットワークとそれを支える金融機関の設立を通じて、「雇用なしでも一定の生活が成り立つ地域社会」、「資本主義を離れても生きていける経済領域」の構築が可能であることが示されています。社会的連帯経済は経済の統治を市民に取り戻し、市民による政治につながっていると思いますが、既存の新自由主義的資本主義にとって代わるものではなく、既存の経済を補完する「もう一つの経済」として存在価値を増していくと考えられます。経済システム全体としては、税収を通じた政府の再分配機能が著しく縮小していくなかで、新自由主義的資本主義と、それを補完する互酬性の原理に基づく社会的連帯経済の両方が、緊張をともないつつ共存していくことになると思います。

第二に、競争と金融による経済の画一的統治とそのような経済による社会の諸領域の統治という、現在の市場経済全体主義を、新しい民主的な統治に組み替えていくような方向です。この統治のあり方を根本的に変えるようなオルタナティブは、まだ熟していない構想としてしか語ることができません。オルタナティブ経済では、資本主義市場経済、富の再分配経済、互酬経済の三つのタイプの経済がそれぞれの特性を生かす仕方で存在し、資本主義市場経済は環境破壊や労働力の過度の利用や投機的な金融取引を規制する諸制度によって調整されます。この資本主義市場経済は、広井良典が『ポスト資本主義』（岩波書店、二〇一五年）で論じている、資本主義から「経済成長」志向を取り除いた「市場経済」に近い状態になって、市場経済が再分配と互酬の同盟による統治を補完するようになる、と考えられます。それとともに、経済が政治や倫理や教育といった他の社会領域を支配してきた近代の統治のあり方が終焉し、根本的に新しい統治の可能性が生まれてくると思います。しかし、このような市場経済による統治が見直されるためには、国際的国内的な諸関係の転換が必要です。『グローバリゼーション・パラドクス』を書いたロドリックの「世界経済のトリレンマ」の議論（超グローバル化、国民国家、民主主義の三つは同時に成り立たない）によれば、論文のところでも触れましたように、現在の新自由主義的グローバリゼーションは、「超グローバル化」と「国民国家」が連携して各国の民主主義と社会保障制度を犠牲にする形で進展していますが、市場経済による統治を是正するには、グローバリゼーションの水準を低め（たとえば、国際的資本移動の制限）、国民国家と民主主義の連携を強化していくことが不可欠なのです。

エピローグ

# 三つの危機に応えられない資本主義

## ——二一世紀の社会民主主義

若森章孝　WAKAMORI Fumitaka

一九七〇年代末から二〇一五年までの約四〇年間を通して、国際資本移動の制限やフォーディズム的労使妥協、労働市場・金融市場の規制、市場経済のリスクから国民を保護する福祉国家、といった制度的枠組みに埋め込まれていた資本主義的市場経済が離床し、拘束や規制を受けずに暴走し、雇用環境や大多数の住民の暮らしや自然環境に破壊的な影響を与えています。このようなグローバルに国境を超えて運動する自由を資本に付与したのが、新自由主義(市場原理主義)に基づく国家の介入によって実行に移された規制緩和や民営化、経済の金融化です。新自由主義は、規制緩和や金融化といった、資本の収益を高めるための新しい諸制度を作り出した、ということもできます。この新しい諸制度のもとで運動する資本主義的市場経済を調整するものは「競争」だけです。競争という調整様式がさまざまな経済活動を調整し経済成長と雇用を改善する、と考えられています。

しかし、競争による調整によって実際にもたらされた結果は、第一に繰り返される金融危機、とくに二〇〇八年秋の世界金融危機とそれに続く大景気後退、第二に各国における民主主義の後退と危機、第三に地球環境の破壊・汚染の深刻化です。これらの三つの大きな危機を新自由主義的資本主義が解決できるか、これが問題です。

第一の金融危機は、株主価値の最大化（株価至上主義経営の台頭）と資産価格の上昇によって主導される金融資本主義が、繰り返されるバブルの形成と資産価格の暴落によって周期的に危機に陥ることから生じます。金融危機は、一九八七年のブラックマンデー（アメリカ発の史上最大規模の株価大暴落）、一九九七年のアジア通貨危機、二〇〇八年秋のリーマンショック（アメリカ大手投資銀行リーマンブラザーズの倒産）と世界金融危機、その後の欧州の通貨・債務危機というようにほぼ一〇年ごとに発生しています。二〇〇八年秋のアメリカ発の世界的な金融危機と大不況の直接的な原因は、住宅価格の低下によって低所得者向けの高利の住宅貸付（サブプライムローン）が返済不能となり、この住宅貸付の債権を証券化した金融商品を売買して収益を稼いでいた投資銀行が次々と破綻に追い込まれました。最終的に破綻し倒産したのはリーマンブラザーズだけで、米政府系住宅抵当金融会社ファニーメイおよびフレディマック、世界最大手の米国保険会社ＡＩＧは破綻したものの、一時的な国有化によって救済されています。金融機関だけでなく、アメリカを代表する自動車会社のクライスラーとGMも破綻しましたが、国有化によって再建されることになりました。福祉国家を縮小させるという意味で「小さな政府」をめざしてきた新自由主義主導の金融資本主義が、危機に陥った金融機関や大企業を国家が介入して救済する事態になりました。金融危機が生じたときに国民の税金を使って解決するのは国家と中央銀行の役割、というわけです。

しかし、暴走する金融資本主義とその危機を救済する国家という構図の背後に隠れている金融危機の原因に目を向ける必要があります。二〇〇八年の金融危機の直接的な原因は、低所得者向けのサブプライムローンが回収不能になり不良債権になったことにありました。低所得者は減少する家計所得を補うために銀行から借り入れをし、負債でクルマや住宅を購入します。賃金の上昇はなくても、銀行から負債を増やすことによるこのような個人消費の増加がアメリカの経済成長を押し上げています。ここには、富裕層と低所得者との経済格差が拡大するなかで、低所得者が家計を補うために負う債務が経済成長に寄与し、この債務（債権）を証券化する投資銀行が膨大な収益をあげる、という仕組みがあります。格差拡大と低所得者および普通の人びとの負債の増大とがリンクしているのです。ここから、金融危機、とくに「新自由主義的大景気後退」と呼ばれる二〇〇八年の金融危機の根本的な原因は、アメリカ社会および先進国における格差の拡大とそれに起因する負債の増大にある、という命題がでてきます。ピケティは、資本主義における格差の変容を統計的に解明した『二一世紀の資本』では、この命題に関して懐疑的ですが、ウォーラーステインと並ぶ歴史的社会学者のマイケル・マンは、『社会的力の源泉第四巻　グローバリゼーション』のなかでこの命題を肯定的に議論しています。

「新自由主義的大景気後退は、規制緩和された金融資本の力が増大したことから生じた。拡大する不平等のもとでの消費とグローバルな不均衡は、新自由主義者によって支持され、持続不可能な水準の負債によってのみ持ちこたえられた。金融資本家と彼らに随行する経営トップは新自由主義によって約束された自由を望み、それを獲得した。なぜなら、新自由主義が大部分の諸国の金融セクターを支配したからである」(Michael Mann, The Sources of Social Power, Vol. 4; Globalization, 1945-2011, Cambridge University Press, 2013, p. 355)。

第二の民主主義の後退も新自由主義に主導された金融資本主義の発展のもとで深刻化し、危機的な状態にあります。第一章「新自由主義と民主主義の後退」

で述べているように、政治家不信あるいは政治への幻滅を背景に、各国で国政選挙の得票率がピーク時に比べて二〇%ぐらい低下しています。たとえば日本の衆議院選挙の得票率のピークは一九八〇年の七四・七〇%でしたが、直近の二〇一四年の得票率は五二・三二%となっています。なぜ、民主主義への期待が低下したのでしょうか。その理由は二つあります。

一つは、競争を原動力とする市場経済は個人の手に届かないような作用を通じて敗者や経済的弱者を生み出しますが、このような市場経済の否定的な影響を制御し抑制する機能を発揮できないと、民主主義の後退が始まります。いい換えますと、市場経済の破壊的影響によって生じた、貧困や失業、不安定就業、国際競争で不利な条件にある産業部門や企業やそこで働く人、あるいは地震や津波のような自然災害によって被災した人たちを保護する制度や政策を作ることが、普通の人びとの民主主義への信認と期待を高めることになります。民主主義には、市場の自己調整能力では及ばない領域を政治によってカバーする役割があります。そのような民主主義の機能が発揮できないとか、その発揮が阻止されているとき、市場経済のなかで不利な立場にある人やその家計は貧困や失業状態のまま放置されることになります。高度の福祉国家で民主主義の伝統も長いヨーロッパにおいても、近年の新自由主義的競争と金融化が進行するとともに、長期失業者や若者無業者、技能訓練や社会保障制度（医療保険、年金保険、失業保険）、社会的帰属から排除された人びとが増加しています。EU加盟国に限っても、二〇一一年の時点で人口の二四％（一億二〇〇〇万人）が貧困のリスクに陥っています。日本でも労働者派遣法などの労働市場の規制緩和（柔軟化）が推し進められた結果、雇用労働者の四〇％以上が非正規雇用労働者で、賃金や医療・年金などの社会保障において不利な立場にあります。このように市場経済で不利な立場にある人が放置されたままにあるのは、民主主義が機能していない証拠です。それは、「民主主義の赤字」または「民主主義の不足」と呼ばれている状況です。EUでも、競争の進展に比べて民主主義の機能が遅れている現状は「民主主義の赤字」と形容されています。多数の非正規雇用が放置されている日本社会も「民主主義の赤字」は深刻だと思います。イギリスの週刊誌『エコノミスト』系列のシンクタンク「エコノミック・インテリジェンス・ユニット」（EIU）が毎年発表している世界の民主主義ランキングによれば、二〇一五年度の日本は二三位で、前年度までの「完全な民主主義」から「不十分な民主主義」に転落してしまいました。ちなみに隣の韓国は日本よりも一ランク上の二二位ですが、同じように「不十分な民主主義」に転落しています。両国とも、政治参加や政治文化の指標が低いという厳しい評価となりました。

民主主義が後退しているもう一つの理由は、妥協と不満をともなう政治領域（民主主義を通じての時間のかかる合意形成）が縮小して、売り手と買い手の交渉による合意形成（これに反対する人はいないので、市場の売買は満場一致の合意形成になる）が拡大し、政治領域で行われていることが民営化や市場化によって市場領域で代替できるようになればなるほど個人の自由は拡大する、という新自由主義、とくにフリードマンの『資本主義と自由』に代表されるシカゴ学派の自由論が、経済政策の理念として浸透したことです。第1章の報告でも説明していますが、重要な政策課題についての決定が総選挙における政治的選択の争点になることが次第になくなり、選挙で選ばれたのではない専門家あるいは有識者からなる委員会に政策の決定が委ねられています。たとえば、金融政策や為替政策（円安か円高か）は、選挙で選ばれた議員たちが国会で決定するのではなく、各国の中央銀行によって決定されます。労働市場に安定性を付与する最低賃金の額は労働者にとって重要ですが、これは最低賃金改善委員会（日本の場合、厚生労働省の中央最低賃金審議会）で決められます。また、環境問題にとって大切なエネルギー政策の決定は審議会・諮問委員会に委ねられることが多く、たとえば日本における原子力発電所の安全と再開の認定（事実上の決定権）は原子力規制委員会が決定しています。アメリカやEU、日本をはじめ世界のいたるところで、経済政策や社会政策の選択と決定を有権者や市民から隔離して、市民社会に対する説明責任を回避する傾向が進んでいます。各国の中央銀行や政府の専門委員会は、政策決定が総選挙を通しての有権者の意見に左右されることなく、市場経済から信任を得るための装置として機能しています。このような政治過程の脱政治化（選挙や政治の争点にならない事項が多くなること）によって、市場経済の破壊的影響から国民の生活と雇用を守る民主主義の能力が低下していることは、多くの人が民主主義に幻滅し、民主主義が後退しているもう一つの理由なのです。

第三の地球環境危機は、地球の温暖化や生物多様性の喪失、砂漠化や酸性雨に見られるように、経済活動の高度化と人口の増加が地球の環境容量を超えていることでもたらされたものです。これらの環境危機は環境的に持続不可能な現実（〝不都合な真実〟）を示しています。七〇億人に達した人類の活動が地球環境に与える負荷の大きさを示すエコロジカル・フットプリントは一九八〇年代の後半に地球の生物学的生産力（廃棄物の吸収能力と自然界の再生能力）を超え、二〇〇三年には約二五%、二〇一四年には約五〇%も上回ってしまいました（WWF〔2014〕）。現在の私たちは、生産し消費するために一・五個分の地球を使っていることになります。一九九二年にブラジルのリオで開催された国連の環境開発会議では、産業革命以来の環境破壊が二〇世紀の後半になってますます深刻になっている現実を反省し、「持続可能な開発」という理念のもとに、先進国と途上国が協力して環境保全と開発の両立に努める、という環境宣言と二つの環境保全条約（温暖化防止条約、生物多様性条約）が調印されました。それにもかかわらず、新自由主義に主導された金融資本主義は、環境保護よりも開発・成長と収益の増大を優先しています。

地球の有限な環境資源を排他的に利用する先進国の現代世代と、抗議する術のない将来世代や貧困状態にある途上国の人びととの「環境をめぐる不平等」が拡大しています。地球温暖化防止に向けた画期的取り組みとして期待された京都議定書は、全排出量の四〇％を占めるアメリカと中国が不参加を決めたために、実効性を発揮できないまま有効期間の終了に至りました。一九九七年一二月に京都で採択された京都議定書は、二〇〇八－二〇一二年の約束期間までに先進国の温室効果ガスを一九九〇年度比で五％削減する共通の数値目標を設定し、法的に拘束力のある各国ごとの削減目標を定めていました。京都議定書に代わる温暖化防止の新しい枠組みとしての「パリ協定」が、二〇一五年末の地球温暖化条約締約国会議（COP21）で、アメリカや中国、EU諸国、日本を含む一九六ヵ国・地域によって採択されました。パリ協定は、産業革命前からの気温上昇を二℃未満に抑えるために、温室効果ガス排出を二一世紀の後半までに実質ゼロにするという目標を掲げています。また、その目標を達成する方法として、①各国が実情に応じて自主的に削減目標を作り、国内で対策を実施する、②各国は五年ごとに削減量を増やす方向で削減目標を見直す、③途上国の気候変動対策への資金支援（総額は未定）をする、④何よりも期待されることとして、温室効果ガス排出量を削減するような根本的なイノベーション（技術革新）と技術移転に向け努力する、という四点があげられています。パリ協定は、アメリカや、中国などの新興国、途上国を含む「すべての国・地域」が参加している点では京都議定書よりも前進しています。しかしそれは、地球環境の不平等な利用の是正や、約束期間内の温室効果ガス削減の各国数値目標とその法的な達成義務といった、温暖化防止の根本問題を回避することでやっとたどり着いた、一種の妥協のように思われます。日本政府は「温室効果ガスを二〇三〇年までに対二〇一三年比で二六％削減する」という控えめな目標を掲げていますが、京都議定書での日本の目標（一九九〇年比で六％削減）よりも後退した内容で、国際的には評価されていません。国家はこれまで「環境よりも経済」を優先し、国境を超えた環境保全の取り組みの促進者としてではなく、その妨害者として動いてきました。新自由主義に主導される資本主義も、環境保護より収益を優先してきました。私は、資本主義と国民国家が地球環境問題を解決できることについて悲観的です。とはいえ、資本主義と環境保護が両立するか否かは、結論を急ぐことなく研究と議論を重ねていくべき争点です。

新自由主義的政策理念と金融化によって主導される二一世紀の資本主義が、金融危機や大不況、民主主義の危機、環境危機という三つの危機を解決できず、混沌と無秩序をもたらすとき、緊急事態のなかで全体主義的なファシズムが社会秩序を確保する体制として出現する恐れがあります。第一世界大戦後のヨーロッパでは、カール・ポランニーが一九四四年に公刊した『大転換』(新版、東洋経済新報社、二〇〇九年)で分析したように、金本位制と通貨安定の維持のために要請される財政緊縮策や労働市場の柔軟化と、議会制民主主義に基づいて雇用や福祉を求める国民の要求とが衝突し、資本主義と民主主義の両立が困難になって各国で失業増大や企業収益の低下といった経済危機と民主主義の危機が同時進行したとき、フランスやイギリスを除くヨーロッパのほとんどの国でファシズムが台頭し、権力を掌握しました。ファシズムは民主主義の機能を奪って資本主義の機能を救った、といわれています。ポランニーは、ヒトラーが一九三三年に政権に就く前の年に執筆した論文「経済と民主主義」のなかで、「経済と政治との間の機能不全は、破局的な対立にまで発展する。経済は……生産や消費の不可避的な下落、また倒産や大衆にとって悲惨である失業の避けられない増大に対する責任までも、すべて民主主義に負わせたのだった。……ファシズムは、民主主義によってつくられた経済政策が労働者に期待はずれになったことをエネルギーとして、突如発達する。政治や政党や議会が疑われるようになる。……大衆は左翼も右翼も民主主義に対立するようになる」（カール・ポランニー『市場社会と人間の自由』大月書店、二〇一二年、七五、七七頁）と述べています。

二〇〇八年秋のアメリカ発の金融危機の影響から生じた欧州債務危機とユーロ危機を背景に、ギリシャでは、通貨安定と貸付の返済のための財政緊縮を求める金融市場（金融機関）と、年金や失業給付や公務員の削減に反対する大多数の国民の要求とが衝突し、経済危機（マイナス成長、財政危機、四〇％以上の失業率）と民主主義が国内で機能しない状態が進行しています。そして、ギリシャの経済破綻と民主主義の無力化を背景に、二〇一二年の総選挙以来、「血、名誉、移民排斥」を掲げる極右政党「黄金の夜明け」が台頭し、二〇一五年の総選挙では三〇〇議席中の八議席（六％）を獲得しました。海外からファシスト政党と見られている「黄金の夜明け」の動向に注目していく必要があります。また、地球環境危機を市場的方法や国家間協力や民主的な方法によって解決できないと、環境ファシズムが登場するだろう、という議論があります。

私は、資本主義と民主主義との破局的な対立とそのファシズム的解決を回避する道として、社会民主主義の再生に期待をかけています。社会民主主義は、一九三〇年代の世界経済危機の時期にスウェーデンで開花した政策思想で、失業や恐慌といった資本主義の害悪を民主主義によって抑制・緩和しながら、二〇世紀の根本問題である、資本主義、民主主義、社会的安定(社会的連帯)の間の緊張関係を解決しようとする政治思想です。国際資本移動の増加と国際競争の激化、国家による企業活動の規制緩和、寛大な福祉国家の後退が進むグローバリゼーションの文脈では、社会民主主義はもはや時代遅れだ、という見方が流布していますが、そのような通説に反して、北欧の社会民主主義諸国の社会経済(スウェーデン・モデル)は生き残っています、高い経済競争力、高福祉(低い貧困率、小さな格差)、民主主義(高い得票率、高い労組加盟率、高い教育力、ジェンダー平等)が両立しているのです。

スウェーデン・モデルについては詳しく説明する余裕がありませんので、レグランド塚口淑子編の『スウェーデン・モデルは有効か』(ノルディック出版、二〇一二年)、岡澤憲芙・斉藤弥生編著『スウェーデン・モデル』(彩流社、二〇〇五年)などをご覧いただきたいと思います。そして、二一世紀の社会民主主義モデルが新自由主義のオルタナティブとして世界的に広がるには、国際資本移動の制限や、投機目的の短期資本の国際移動に対する金融取引税などによって、超グローバリゼーションの水準を引き下げ、各国がそれぞれの事情に応じて経済・福祉・環境を両立させる社会経済システムを構築していく必要があります。そのための条件として、グローバリゼーション、国家、民主主義の相互関係を検討することが重要ですが、この点についてはロドリック『グローバリゼーション・パラドクス――世界経済の未来を決める三つの道』(柴山桂太、大川良文訳、白水社、二〇一四年)が興味深い議論をしています。国家は最近の四〇年近くの間、グローバリゼーションを推進する枠組み作りに専念して、国内の民主主義を犠牲にし、多国籍企業や金融資本の収益を拡大する政策を追求してきました。しかし、国家の役割を見直して政治領域の機能を回復させ、諸国家が国内の民主主義と連携して、国内の民主的な改革(たとえば、グリーン・ニューディール政策)を妨害しない程度にまでグローバリゼーションの水準を引き下げることが、社会民主主義の再生に不可欠な条件である、と私は考えています。

# あとがき

人間にとって資本主義は何を意味するか。雇用や生活の安定、人びとの毎日の暮らしを破壊しながら暴走し、負債に依存しなければ成長を続けることができない現在の資本主義とどのように付き合えばいいのか。新自由主義と呼ばれる暴走する資本主義は、市場競争を唯一の調整原理としているにもかかわらず、なぜ人種主義や「想像の共同体」としての国民、ナショナリズム、移民排斥といった、「共同体」と「排除」に関わるイディオロギー的次元を必要とするのだろうか。このようなことを考えるうえで、経済学を含む社会科学はいかなる意味を持ちうるのであろうか。このような問題を私たちは、マルクスの『資本論』とならんで、サミール・アミンの「世界資本主義論」、イマニュエル・ウォーラーステインの「世界システム論」を手掛かりにして長らく考え続けてきたが、本書で正面から取り上げることになった。

私たちが上記のような問題を考え始めたのは「社会・政治経済学研究会」での

討論である。この研究会は、社会主義体制の崩壊と市場経済の自己調整に対する信仰の復活という時代の文脈のなかで、資本主義と近代世界に対する従来の認識の根本的な見直しと新しい社会経済学または政治経済学の必要性を感じていた、関西の『資本論』研究者が中心となって一九九四年に発足した。研究会には、当時まだ四〇代であった故松岡利道、正木八郎、若森章孝、斉藤日出治、梅澤直樹、向井公敏、岡田光正、太田仁樹、伊藤正純、植村邦彦が参加した。一九九六年三月の研究会で、バリバールとウォーラーステインの共著『人種・国民・階級』(大村書店、一九九五年)を取り上げ、討論が行われたのがきっかけとなって、一九九九年に刊行された『歴史としての資本主義』(若森章孝・松岡利道編、青木書店)が生まれた。この本は、バリバールとウォーラーステインの議論に刺激を受けながら、松岡の言葉で言えば、「排他性と共同性、統合するために選別するシステムの形成、外部化と内部化」という「近代世界のジレンマ」を明らかにし、その解き方を探求したものであった。

本書『滅びゆく資本主義をどう生きるか』は、ナショナリズムと人種主義の古典として多数の読者を得ながらも、長らく絶版状態にあった『人種・国民・階級』が刊行から約二〇年後に唯学書房から再刊されたことを記念して企画された。本書は、新自由主義がもたらした二〇〇八年秋の世界金融危機や民主主義の後退、不平等の拡大といった経済的、政治的、社会的問題や、グローバリゼーションがもたらした労働力移動や移民の増大による「国民の脱人種化」(国民が事実上、さまざまなエスニシティによって構成されることで、もはや国民を人種的に単一に定義できなくなり、ナショナリズムと人種主義との「接合」の矛盾と無理が露呈する事態)の進行という現在の文脈において、『人種・国民・階級』を読み直し、その現代的意義を明らかにすることを意図している。世界金融危機や民主主義の後退、国民の脱人種化という局面は、『人種・国民・階級』が執筆された当時にはまだ顕在化していなかった。これが本書の副題を「人種・国民・階級2・0」とした理由である。本書には新自由主義的グローバリゼーションがまだその全容を見せていない一九九〇年ごろにバリバールとウォーラーステインによって執筆された『人種・国民・階級』をアップデートしたいという野心が込められている。

本書の企画には、専門の研究者だけではなく、現代日本という文脈のなかで二〇代、三〇代の若い人たちに読んでいただき、「社会のなかにおける自分の立ち位置を相対的に認識し、何をなすべきかを自分自身で考え、自分自身の言葉で語ることができるような、そんな環境を作っていきたい」という願いが込められている。このような企画方針は、企画段階に参加され有益な提言をされた酒井隆史さん、唯学書房代表の村田浩司さん、若森、植村の四人が何度か集まって議論したなかで固まってきた。本書は『人種・国民・階級』と若い人たち、学問と若い人たちをつなぐような役割を担うことをめざして企画されている。

このような方針に沿って私たちは、本書の各章を論文部分と討論部分で構成し、討論部分では重要な論点について分かりやすい言葉で議論し、論文部分のテーマを対話形式で再展開するとともに、若い人たちに読んでもらいたい古典や重要な本のポイントを紹介し、全体にわたってキーワードや人名にかなり多くの脚注を付けた。本書の企画がどこまで実現されたかは読者の判断にゆだねるほかはないが、私たちが全力投球をしたことは確かである。

最後になったが、本書の刊行を強く勧め、企画と校正、脚注と索引その他、まさに出版の全過程にわたって献身的な労を惜しまれなかった唯学書房代表の村田浩司氏に、ただ感謝するほかない。氏の貢献がなかったならば、ここまで漕ぎつけることはできなかったであろう。また、いちいちお名前は申し上げないが、本書のゲラを読み誤字や誤植を指摘されただけでなく、いくつかの貴重なアドバイスを提供された方々に謝意を表したい。

二〇一七年九月一五日

若森章孝
植村邦彦

## 【や行】



## 【ら行】

【た行】



【な行】



【は行】



【ま行】

# 人名索引

## 【あ行】



## 【か行】



## 【さ行】

## 【は〜ひ】



## 【ふ】



## 【へ〜ほ】

【そ】



【た】



【ち〜て】



【と】



【な〜の】

## 【す】



## 【せ】

【さ】



【し】

## 【く〜け】



## 【こ】

# 項目索引

# 著者紹介


## 若森章孝（わかもり・ふみたか）

一九四四年静岡県生まれ。横浜国立大学経済学部卒業、名古屋大学大学院経済学研究科修士課程修了（経済学博士）。関西大学経済学部教授などを歴任し、現在、関西大学名誉教授。

主な著書に、『資本主義発展の政治経済学――接合理論からレギュラシオン理論へ』（関西大学出版部、一九九三年）、『レギュラシオンの政治経済学――21世紀を拓く社会＝歴史認識』（晃洋書房、一九九六年）、『新自由主義・国家・フレキシキュリティの最前線――グローバル化時代の政治経済学』（晃洋書房、二〇一三年）。

主な訳書に、ポランニー『市場社会と人間の自由――社会哲学論選』（共訳、大月書店、二〇一二年）、バリバール／ウォーラーステイン『人種・国民・階級――「民族」という曖昧なアイデンティティ』（共訳、唯学書房、二〇一四年）などがある。

## 植村邦彦（うえむら・くにひこ）

一九五二年愛知県生まれ、名古屋大学経済学部卒業、一橋大学大学院博士課程修了（社会学博士）。現在、関西大学経済学部教授、専門は社会思想史。

著書に、『マルクスを読む』（青土社、二〇〇一年）、『マルクスのアクチュアリティ――マルクスを再読する意味』（新泉社、二〇〇六年）、『市民社会とは何か――基本概念の系譜』（平凡社新書、二〇一〇年）、『ローザの子供たち、あるいは資本主義の不可能性――世界システムの思想史』（平凡社、二〇一六年）。

訳書に、マルクス『ルイ・ボナパルトのブリュメール18日』（平凡社ライブラリー、二〇〇八年）などがある。

# 壊れゆく資本主義をどう生きるか
## ——人種・国民・階級2.0


二〇一七年一一月一五日　第一刷発行

著　者　若森章孝／植村邦彦

発　行　有限会社　唯学書房

発　売　有限会社　アジール・プロダクション

〒一〇一-〇〇五一
東京都千代田区神田神保町二-一三　アセンド神保町三〇二
TEL　〇三-三二三七-七〇七三
FAX　〇三-五二一五-一九五三
URL　https://www.yuigakushobo.com/

印刷・製本　中央精版印刷株式会社

デザイン　米谷豪

ＤＴＰ　株式会社　ステラ





ISBN978-4-908407-12-3　C3030